rororo

Zu diesem Buch

Seit Jahrzehnten eine bewährte Einführung in die Aggressionspsychologie: Anders als die meisten Bücher zum Thema, die sich vorwiegend mit den Formen und Ursachen menschlicher Aggression befassen, widmet sich das vorliegende Grundlagenwerk im gleichen Maße den Möglichkeiten der Aggressionsverminderung. Hans-Peter Nolting bietet eine wissenschaftliche Orientierung in verständlicher Sprache. Die vorliegende Ausgabe wurde vollständig überarbeitet und neu gestaltet.

Der Autor

Dr. Hans-Peter Nolting lehrt Pädagogische Psychologie an der Universität Göttingen. Er hat sich in verschiedenen Veröffentlichungen mit den Problemkreisen Aggression und Frieden befasst.

Hans-Peter Nolting

Lernfall Aggression

Wie sie entsteht – wie sie zu vermindern ist

Eine Einführung

Rowohlt Taschenbuch Verlag

Vollständig überarbeitete
und erweiterte Neuausgabe November 2005

7. Auflage Juli 2021

Veröffentlicht im Rowohlt Taschenbuch Verlag,
Reinbek bei Hamburg, Mai 1978

Umschlaggestaltung ZERO Werbeagentur München
(Bildnachweis: Illustration Frau Irma Schick)
Satz aus der Minion Roman PostScript (InDesign) bei
Pinkuin Satz und Datentechnik, Berlin
Druck und Bindung CPI books GmbH, Leck
Printed in Germany
ISBN 978 3 499 62080 5

Inhalt

Vorwort

Dieses Buch habe ich jetzt zum vierten Mal geschrieben. Nach der ersten Ausgabe von 1978 kam *Lernfall Aggression* 1987 und 1997 jeweils in gründlichen Überarbeitungen heraus, und die vorliegende Ausgabe ist abermals eine umfassende Neugestaltung.

Geblieben sind drei Zielsetzungen:
- einen geordneten Überblick über die Psychologie der Aggression zu geben,
- theoretische und praktische Fragen miteinander zu verbinden, insbesondere in Hinblick auf Möglichkeiten der Aggressionsverminderung,
- trotz der engen Orientierung an der empirischen Forschung in einer Sprache zu schreiben, die auch für interessierte Laien verständlich ist.

Und was hat sich geändert?
Die Änderungen beziehen sich auf inhaltliche Akzente und auf den Aufbau des Buches.
- In der Psychologie hat die Beschäftigung mit grundsätzlichen Fragen zur Erklärung «der» menschlichen Aggression abgenommen, die Erforschung individueller *Unterschiede*, besonders auch die Forschung zum Problem hoch aggressiver Menschen, hat dagegen zugenommen. Dieser Akzentverschiebung versucht vor allem das neue Kapitel 9 über Personen-Aspekte Rechnung zu tragen.
- Weiterhin richtet sich das Interesse heute mehr auf einzelne *Kontextbereiche* und *Praxisfelder*. Dies wird berücksichtigt durch das Kapitel 10 über die Rolle von Situationsfaktoren und durch eigene

Kapitel zur Aggressionsverminderung in Paarbeziehungen, in der familiären Erziehung und in der Schule sowie durch ein Kapitel zu Frieden im gesellschaftlich-politischen Kontext.

- Selbstverständlich wurden überdies alle Kapitel aktualisiert, indem interessante Forschungsergebnisse der letzten Jahre aufgenommen wurden.
- Was den *Aufbau des Buches* betrifft, so wurden die Kapitel zur Erklärung aggressiven Verhaltens doppelt gegliedert: einerseits nach theoretischen Ansätzen, andererseits nach Kernfragen, unter denen vielfältige Erklärungsaspekte integriert werden. In ähnlicher Weise wurden die Kapitel zur Aggressionsverminderung nach Ansatzpunkten und nach Praxisfeldern geteilt. Dieser Aufbau soll es erleichtern, nach persönlichem Interesse selektiv zu lesen.
- Das Buch umfasst nunmehr 20 Kapitel (vorher 16), ist aber quantitativ nicht umfangreicher geworden. Ich habe einiges weggelassen oder gekürzt, was primär von «historischem» Interesse ist und bald ins psychologische Museum gehört, und ich habe überdies den Text selbst gestrafft.

Ich hoffe, dass das Buch eine gute Mischung aus grundsätzlichen Erörterungen und Ausführungen zu konkreten Lebensproblemen bietet und dass zugleich der *einführende* Charakter gewahrt ist.

Danksagungen: Für nützliche Literaturhinweise danke ich Dr. Marianne Gras, Enrico Weigelt und Prof. Dr. Werner Greve. Für hilfreiches Gegenlesen des Manuskriptes danke ich Prof. Dr. Franz Thurner und Alois Thomas sowie ganz besonders Anne Hermes, die in der Rolle des interessierten Laien viel zu inhaltlichen und stilistischen Verbesserungen des gesamten Manuskriptes beigetragen hat. Meiner Lektorin beim Rowohlt Taschenbuch Verlag, Frau Julia Vorrath, danke ich für die gute Betreuung und die angenehme Zusammenarbeit.

Göttingen, Juli 2005 H.-P. N.

Einführung

- Aggression – ein schillernder Begriff
- Populäre Vorstellungen und Irrtümer
- Erklärung und Verminderung: Vorschau

1 Aggression – ein schillernder Begriff

Allein mit Erörterungen zum Begriff der Aggression könnte man ganze Bücher füllen. Ich möchte mich hier auf wenige Seiten beschränken. Diese sind jedoch notwendig, um auf typische Missverständnisse aufmerksam zu machen und um klarzustellen, was mit der «Aggression» gemeint ist, um deren Erklärung und Verminderung es geht.

1.1 Wirrwarr im Sprachgebrauch – Klarstellungen

Unter Aggression kann sich jeder etwas vorstellen. Die Frage ist nur: Stellen sich alle dasselbe vor? Folgende Äußerungen habe ich so oder ähnlich alle schon gehört und hier zu einer fiktiven Gesprächsrunde komprimiert. Verwenden die beteiligten Personen das Wort Aggression für dieselben Sachverhalte?

A: «Was für eine unglaubliche Aggression, einen Mitschüler so zu malträtieren» – Aggression als absichtliches Verletzen

B: «Aggressiv sind doch alle Menschen irgendwie. Schon kleine Kinder können richtig wütend brüllen oder aufstampfen» – Aggression als erregtes, wildes Verhalten

C: «Jeder Mensch muss ja auf die eine oder andere Weise seine Aggressionen rauslassen» – Aggression(en) als innere Impulse oder Emotionen

D: «Aggression würde ich nicht nur negativ sehen. Bei manchen

Menschen äußert sie sich in gesundem Ehrgeiz oder gesunder Durchsetzung» – Aggression als aktives, offensives Verhalten oder als entsprechende Energie dafür

Der faktische Sprachgebrauch ist keineswegs einheitlich, und ohne eine begriffliche Verständigung redet man leicht aneinander vorbei. Dabei zeigen die vier Beispiele nicht einmal die ganze Vielfalt des subjektiven Begriffsverständnisses. So denken manche Menschen nur an «massives» Verhalten wie körperliche Gewalt, Beschimpfungen und Zerstörungen, andere denken hingegen auch an subtile Formen wie Missachtung oder Ausgrenzung. Für manche gehört zur Aggression eine affektive Erregung (Ärger, Wut), während andere gerade eine kühl berechnete Attacke als besonders aggressiv empfinden. Viele Menschen sprechen nur von Aggression, wenn sie die Handlung inakzeptabel finden; selbst Waffengebrauch ist dann keine Aggression, wenn er der Verteidigung dient. Andere sprechen gar schon von «aggressiver» Werbung, «aggressiver» Musik und dergleichen.

Trotz dieser Unterschiede scheint es jedoch auch einen gemeinsamen Kern im Aggressionsverständnis der meisten Menschen zu geben. Er umfasst drei Merkmale: (1) Schaden, (2) Intention und (3) Normabweichung (Mummendey et al. 1982). Vorfälle wie die Malträtierung des Mitschülers würde also jeder als Aggression bezeichnen, auch wenn das Begriffsverständnis in anderen Punkten differieren sollte. Die ersten beiden Bestimmungsmerkmale, Schaden und Intention, sind auch typisch für Definitionen in der Psychologie, das dritte, die Normabweichung, hingegen ist es nicht (hierzu S. 24).

«Schädigen» – «Wehtun»

Auch die Wissenschaft kann nicht sagen, was Aggression *ist*, sondern nur, welche Sachverhalte unter diesem Wort zusammenfasst werden sollten, um sie von anderen Sachverhalten *sinnvoll abzugrenzen* und eine klare *Verständigung* zu erleichtern.

Typische Definitionen in der Psychologie bestimmen Aggression im Kern als ein auf Schädigung gerichtetes Verhalten (nicht als Emotion), auch wenn sie sich im Detail unterscheiden. Beispiele: «Aggression umfasst jene Verhaltensweisen, mit denen die direkte oder indirekte Schädigung eines Individuum, meist eines Artgenossen, intendiert wird» (Merz 1965, S. 571). Oder «Aggression besteht in einem gegen den Organismus oder ein Organismussurrogat gerichteten Austeilen schädigender Reize» (Selg et al. 1997, S. 14). In beiden Definitionen steckt das Wort «schädigen», in anderen ist stattdessen von «verletzen» die Rede. Fürntratt (1974, S. 283) nennt Verhaltensweisen, die andere zielgerichtet «in Angst versetzen», ebenfalls aggressiv und spricht damit eine psychische Beeinträchtigung an. Da psychische Wirkungen mit dem Wort «schädigen» nicht so gut ausgedrückt werden, spreche ich auch von «wehtun». Man zeigt z.B. jemandem die «kalte Schulter», um ihm wehzutun, nicht eigentlich zu schädigen (s. Tafel 1).

Das Spektrum der Verhaltensweisen, die nach Definitionen dieser Art aggressiv zu nennen wären, ist potenziell riesengroß. (Der nächste Kapitelabschnitt wird sie systematisieren.) Zugleich bleiben Verhaltensweisen aber *ausgeschlossen*, die zu einem *sehr weiten* Aggressionsbegriff gehören, nämlich alle möglichen Formen des «In-Angriff-Nehmens» und des offensiven Handelns: selbstbewusstes Auftreten, Wetteifern, ehrgeiziges Arbeiten, zupackendes Helfen usw. – also Handlungen, die mit Schädigen oder Wehtun wenig zu tun haben, ja teilweise mit dem Gegenteil. Ein solch weites, unspezifisches Aggressionsverständnis wurde zwar auch von einigen Autoren

Tafel 1: Aggression und einige verwandte Begriffe

- *Aggression:* Verhalten, das darauf gerichtet ist, andere Individuen zu schädigen oder ihnen wehzutun
- *Aggressivität:* Individuelle Ausprägung der Häufigkeit und Intensität aggressiven Verhaltens («Eigenschaft» einer Person)
- *Gewalt:* Schwerwiegende Formen aggressiven Verhaltens
- *Mobbing:* Aggressive Handlungen gegen eine schwächere Person über einen längeren Zeitraum (gewöhnlich im Kontext des Arbeitsplatzes)

vertreten (z. B. Mitscherlich 1969, Hacker 1971), hat sich in der Psychologie aber nicht durchgesetzt – und zwar aus gutem Grund: In der weiten Fassung ist der Begriff «Aggression» unbrauchbar und überflüssig, denn er meint im Kern dasselbe wie «Aktivität». Tatkraft und Destruktion werden in einen Topf geworfen, und man kann sich verhalten, wie man will, man ist praktisch immer aggressiv. Bei einer solchen Definition bleibt mithin reichlich verschwommen, welche Phänomene man eigentlich erklären oder auch vermindern möchte.

Neben der Aggression gibt es noch den Begriff der *Aggressivität.* Auch hier ist der Sprachgebrauch nicht ganz einheitlich. In der Psychologie meint er meistens die individuelle Disposition zu aggressivem Verhalten, die Ausprägung dieser «Eigenschaft», die sich in der Häufigkeit und Intensität aggressiven Verhaltens manifestiert («Karl ist aggressiver als Franz»).

Als *Gewalt* werden gewöhnlich nur schwerwiegende Formen der Aggression bezeichnet, leichtere hingegen nicht (z. B. Anschnauzen, böse Blicke). Üblich ist es, körperliche Angriffe als Gewalt zu bezeichnen, doch zunehmend ist in der Alltagssprache und manchen Publikationen auch von «verbaler Gewalt» oder «psychischer Gewalt» die Rede. Das macht einen gewissen Sinn, solange man damit auf eine «schwerwiegende» Wirkung hinweisen möchte (z. B. bei einer seelischen Misshandlung). Nicht für sinnvoll halte ich es aber, alles als Gewalt zu bezeichnen, was man heftig verurteilt. Das führt zu einem inflationären Gebrauch und erleichtert nicht gerade die Verständigung über die Sache. (Zu Aggression und Gewalt als Werturteil s. S. 24 ff.).

Während Gewalt nach dieser Eingrenzung ein engerer Begriff ist als Aggression, gibt es noch den oft zitierten Begriff der «strukturellen» oder «indirekten» Gewalt (Galtung 1975). Er meint die «stille» Schädigung durch ein ungerechtes Gesellschaftssystem: Menschen gehen zugrunde, weil ihnen der Zugang zu Nahrung, zu medizinischer Versorgung etc. versperrt ist. Da hier die Schädigung nicht direkt durch verletzendes Handeln herbeigeführt wird (wiewohl es «Verantwortliche» geben kann), sollte die strukturelle Gewalt nicht zur Aggression gerechnet werden.

Eine spezielle Variante aggressiven Verhaltens ist das *Mobbing.*

Der Begriff ist mittlerweile auch einer breiten Öffentlichkeit geläufig und meint Handlungen, die sich wiederholt und über einen längeren Zeitraum gegen eine bestimmte Person richten, wobei die «Mobber» dem Opfer an Macht überlegen sind (vgl. Esser 2003). Ursprünglich waren nur kollektive Handlungen mehrerer Personen gemeint («Mob»), inzwischen hat sich die Bedeutung ausgeweitet. Von Mobbing spricht man vor allem in der Arbeitswelt, aber auch hier gibt es inzwischen eine Ausweitung auf andere Lebensbereiche, z.B. die Schule. In der psychologischen Fachliteratur wird für den Bereich der Schule gewöhnlich der Begriff des *Bullying* bevorzugt (z.B. Scheithauer et al. 2003); er hat aber eine ähnliche Bedeutung wie Mobbing.

«Intendiert» – «gerichtet»

Als Aggression wird gewöhnlich nicht einfach das Schädigen, Wehtun usw. definiert, sondern das «intendierte», «zielgerichtete» oder wenigstens «gerichtete» Schädigen. Die Schmerzzufügung beim Arzt, der versehentliche Tritt gegen das Schienbein und ähnliche Falle sollen damit ausgeklammert bleiben. Ein Problem liegt darin, dass die Intention oftmals fraglich ist, zuweilen sogar bei massiver Gewaltausübung (z.B. im Zustand der «Unzurechnungsfähigkeit»). Eher wahrnehmbar und eindeutiger ist da in vielen Fällen das Merkmal der «Gerichtetheit» des Verhaltens (Definition von Selg, s.o.). Bei einer versteckten Aggressionsform wie der Verleumdung ist die Gerichtetheit allerdings schwer zu beobachten, die Rufschädigung dennoch klar beabsichtigt.

Ob Intention oder Gerichtetheit, die Entwicklung kleiner Kinder macht deutlich, wann ein Verhalten zur «echten» Aggression wird. In den ersten zwei Lebensjahren ist das Schreien, Schlagen, Zerren, Treten usw. ein ungezielter Affektausdruck. Das heftige Verhalten richtet sich auf die Aneignung eines Objektes (z.B. eines Spielzeuges) und nicht gegen eine Person. Es ist auch unwahrscheinlich, dass das Kind eine schädigende Wirkung seines Verhalten erkennt und beabsichtigt. Insofern ist es voraggressives Verhalten. Als Unterscheidungskriterium kann nach Selg et al. (1997; angeregt durch Blurton-Jones) der *Blick* des Kindes dienlich sein: Schaut es kurz vor oder während des Verhaltens die angegriffene Person an? Ein deutliches Fixieren, so Selg, tritt etwa am Ende des zweiten Lebensjahres auf und spricht für Gerichtetheit. Aber der Übergang ist fließend.

Auch wenn nicht immer klar zu erkennen ist, welche Absicht hinter einem Verhalten steckt – im Alltag oder vor Gericht wird gerade danach gefragt. Wie wesentlich die Intention ist, sehen wir daran, dass selbst dann von «Aggression» gesprochen wird, wenn gar kein Schaden eingetreten ist, er aber beabsichtigt war (z. B. wenn der Schuss danebenging). Nehmen wir den Fall, dass eine Frau über ihre Nachbarin verbreitet, sie sei Alkoholikerin, obwohl dies nicht stimmt. Hier wird man wissen wollen, ob die Frau ihre Nachbarin herabsetzen wollte oder sich lediglich geirrt hat, um zu entscheiden, ob es sich um aggressives Verhalten handelt oder nicht.

Wie ist es nun aber, wenn die Schädigung gar nicht das «eigentliche» Ziel des Verhaltens ist, z. B. wenn Eltern ihr Kind schlagen, um es «zur Vernunft zu bringen»? Auch dies muss als Aggression gelten, da die Erzeugung von unangenehmen Empfindungen (das «Wehtun») beabsichtigt ist, wenn auch «nur» als Mittel zum Zweck. Dasselbe gilt, wenn Polizisten einen Verbrecher jagen oder wenn jemand in Notwehr zuschlägt. Würde durch einen «positiven Zweck» eine Handlung ihren aggressiven Charakter verlieren, dann wäre unsere Welt fast aggressionsfrei. Denn wo lässt sich ein solcher Zweck nicht finden? Der «heilige Krieg» liegt da auf derselben Linie wie das Motto: «Wer sein Kind liebt, der züchtigt es».

Aus diesem Grunde spricht die folgende Definition das Problem des «eigentlichen» Zieles ausdrücklich mit an: «Aggression wird hier definiert als eine Handlung, mit der eine Person eine andere Person zu verletzen versucht oder zu verletzen droht, unabhängig davon, was letztlich das Ziel dieser Handlung ist» (Felson 1984, S. 107; eigene Übers.). Nur in einem Fall passt diese Definition nicht: nämlich wenn die andere Person ausdrücklich wünscht, dass man sie verletzt und ihr wehtut – also im Falle des Masochismus. Da würde man das Peinigen wohl nicht als Aggression bezeichnen dürfen.

Wie immer man definiert, eine scharfe Grenze zwischen aggressiven und nichtaggressiven Handlungen lässt sich nicht ziehen. Weder das Merkmal des Schädigens oder Wehtuns noch das Merkmal der Intention oder Gerichtetheit ist in jedem Einzelfall immer eindeutig vorhanden oder nicht vorhanden, sondern manchmal eben nur «ein bisschen». Das ist keine Schwäche der Definitionen, das liegt in der Sache selbst.

1.2 Aggressive Verhaltensweisen, aggressive Emotionen

In den meisten Definitionen (auch in den vorgestellten) heißt es, Aggression sei ein «Verhalten, welches ...». Nur selten ist statt von Verhalten von inneren Vorgängen die Rede, z.B. von Impulsen oder Emotionen. Doch genau so etwas ist gemeint, wenn im Alltag davon die Rede ist, dass jemand «Aggressionen» (Plural!) in sich habe (zu diesem problematischen Ausdruck s. Kapitel 2). Innere aggressive Empfindungen und äußeres aggressives Verhalten scheinen so eng zusammenzugehören, dass man beides in demselben Wort vereinigt und oft kaum zu erkennen ist, ob jemand ein Verhalten oder eine Emotion meint oder beides. «Er richtet seine Aggressionen gegen den Vater» kann dann z.B. bedeuten: Er ist wütend auf seinen Vater, er hasst seinen Vater, oder aber: Er beschimpft, verspottet, schlägt seinen Vater, oder auch beides.

Für die Erklärung und Verminderung aggressiven Verhaltens ist es nun wichtig, dass man diese beiden Bedeutungen auseinander hält. Denn (wie später noch erörtert wird): Nicht jedes aggressive Gefühl äußert sich in aggressivem Verhalten, und nicht jedes aggressive Verhalten ist Ausdruck aggressiver Gefühle! Beispielsweise beruhen aggressive Handlungen aus Gehorsam oder zwecks Bereicherung nicht auf aggressiven Emotionen.

Zwischen aggressivem *Verhalten* und aggressiven *Emotionen* gibt es also keine feste Verbindung! Wegen der Verwechslung der beiden Ebenen wäre es daher eigentlich am besten, den Terminus

Aggression ganz zu streichen und stets von aggressivem Verhalten/Handeln einerseits und von aggressiven Emotionen, Bedürfnissen, Impulsen usw. andererseits zu sprechen. Da sich dies kaum durchsetzen wird, sollte der Begriff der Aggression der *Verhaltens*ebene vorbehalten bleiben und ansonsten explizit von aggressiven Emotionen usw. gesprochen werden. (So ist der Sprachgebrauch in diesem Buch.)

Aggressive Verhaltensweisen

Nehmen wir zunächst die Verhaltensebene. Wie dargelegt, sind nicht einfach bestimmte sichtbare Verhaltensweisen aggressiv, entscheidend ist vielmehr die Intention. Zielt diese auf Schädigung, kann fast jedes Verhalten auch mal aggressiv sein.

Dennoch gibt es typische Erscheinungsformen, die von fast jedem Menschen als aggressiv angesehen werden. Diese Formen kann man grob unterteilen in körperliche, verbale und nonverbale (s. Tafel 2). Eher untypisch, aber zuweilen durchaus schwerwiegend sind die «relationalen» Aggressionsformen, mit denen sich die Forschung erst in den letzten Jahren genauer beschäftigt hat (z.B. Crick & Grotpeter

Tafel 2: Aggressives Verhalten in unterschiedlichen Erscheinungsformen

- *Körperlich:* Schlagen, Kratzen, Beinstellen, Würgen, Schießen, Vergiften usw.
- *Verbal:* a) Verspotten, Hetzen, Drohen usw. (inhaltlich aggressiv), b) Anschreien, Beschimpfen, Fluchen usw. (auch in Wortschatz und Tonfall aggressiv)
- *Nonverbal:* böse Blicke, rausgestreckte Zunge, drohender Finger usw.
- *Relational:* jemanden «links liegen lassen», ausgrenzen, verleumden usw.

1995). Sie bestehen in der gezielten Beeinträchtigung sozialer Beziehungen: z. B. jemanden «schneiden», jemanden verleumden, ein anderes Kind nicht mitspielen lassen u. dgl.

Wenn eine aggressive Handlung nicht in unmittelbarer Interaktion mit der angegriffenen Person ausgeführt wird, spricht man auch von indirekter Aggression. Gerade relationale Formen sind zum großen Teil indirekt. Andere Aggressionsformen geschehen zwar im direkten Umgang, sind aber dennoch so versteckt, dass sich leicht leugnen lässt, damit ärgern bzw. wehtun zu wollen. Beispiele sind etwa absichtliches Missverstehen durch das «Allzu-wörtlich-Nehmen» einer Aussage oder auch übermäßige Bescheidenheit, die beim anderen ein schlechtes Gewissen verursachen soll (Mandel, Mandel et al. 1971, S. 153). Selbst Geschenke können zuweilen eine Form der Aggression sein, wenn sie jemanden beschämen oder in Verlegenheit bringen sollen – wie schon der weise Wilhelm Busch durchschaute: Die Tanten schenken der Nichte ein grünes Kleid mit gelben Ranken: «Ich weiß, sie ärgert sich nicht schlecht und muss sich noch bedanken» (in: «Kritik des Herzens»).

Für Forschungszwecke ist wichtig, aggressives Verhalten auch messbar zu machen. In Felduntersuchungen (z. B. auf dem Schulhof oder in einem Streitgespräch) legt man die interessierenden Verhaltensweisen fest (z. B. Schlagen, Treten) und registriert deren Auftreten durch systematische Beobachtung. Durch eine Befragung kann man auch weniger auffällige Aggressionsformen (z. B. Hänseln) ermitteln. Bevorzugt wird dabei die Opferbefragung: Man fragt Menschen, ob sie innerhalb eines definierten Zeitraumes bestimmte Arten des Angriffs schon erlebt haben (z. B. «In den letzten zwölf Monaten bin ich beraubt worden», «In der letzten Woche haben mich Mitschüler verspottet oder ausgelacht»).

Als die Aggressionsforschung auch mit Laborexperimenten begann, stellte sich das schwierige Problem, aggressives Verhalten herbeizuführen und zu messen, ohne ethische Prinzipien zu verletzen. Die bekannteste Lösung für dieses Problem präsentierte Arnold Buss 1961 mit seiner «Aggressionsmaschine». Das aggressive Verhalten besteht hier im Erteilen von Elektroschocks in variierbarer Stärke. Dies geschieht in einem Rahmen, der die eigentliche Fragestellung des Forschers tarnt. So kann z. B. eine Versuchsperson eine andere mit den Schocks bestrafen, wenn sie beim Lernen Fehler macht oder in einem Reaktionszeit-Wettkampf langsamer ist. (Die Schocks und ihre Wirkungen werden simuliert, ohne dass die echte Versuchsperson dies weiß; die andere Versuchsperson ist ein Helfer des Experimentators). Vorgegeben ist der Versuchsperson, dass Schocks erteilt werden sollen, doch bleibt es ihr überlassen, welche Voltzahl, welche Häufigkeit und welche Schockdauer («Aggressionsstärke») sie wählt.

Solche Experimente werden auch im vorliegenden Buch erwähnt. Die Vorzüge des exakten Experimentierens zur Klärung bestimmter Hypothesen liegen auf der Hand. Aber im Labor lässt sich natürlich nicht die Vielfalt aggressiver Handlungen und Lebenssituationen nachbilden. So weit doch, stimmen die experimentellen Befunde immerhin recht gut mit denen in der natürlichen Umwelt überein (Anderson & Bushman, zit. nach Krahé 2001). Hier wie dort findet man z. B. erhöhte Aggression nach einer Provokation, nach Alkoholkonsum, bei Anonymität u. a. m., wobei mit «Aggression» im einen Fall das Verhalten an der Aggressionsmaschine, im anderen Fall z. B. kriminelle Gewalt gemeint sein kann.

Aggressive Emotionen

Aggressive Gefühle, Stimmungen usw. gibt es ebenfalls in verschiedenen Varianten. Einige sind in Tafel 3 zusammengestellt und nach mehreren Kriterien unterteilt. Als *aggressiv* gelten dabei alle Emotionen, die in deutlich negativer Färbung auf andere Personen bezogen sind und einen Impuls zum Schädigen bzw. Wehtun enthalten. Einige Emotionen sind eher «voraggressiv», der Unmut vielleicht «halbaggressiv». *Nicht aggressiv* (daher auch nicht in der Tabelle) sind nach dieser Definition Emotionen wie beispielweise Angst, Begeisterung oder Langeweile. Auch sie können aber zuweilen in aggressives Verhalten münden, z. B. Angst in Notwehr oder Begeisterung in ein Attentat für eine «gute Sache».

Die Einteilung soll die Vielfalt ein wenig ordnen, ohne dass im-

Tafel 3: Einige aggressive und voraggressive Emotionen

Voraggressiv (nicht/kaum personbezogen)	*Aggressiv* (gegen Personen gerichtet)
Schlechte Laune, gereizte Stimmung, Stresszustand, «Frust», Unmut	*als emotionaler Antrieb:* Ärger, Groll, Zorn, Vergeltungsbedürfnis; Sadistisches Bedürfnis *als Befriedigung:* Schadenfreude, «Genugtuung»; Sadistisches Vergnügen *als Haltung:* Verachtung, Hass, Feindseligkeit

mer eine eindeutige Zuordnung möglich wäre. Einzelne Emotionen unterscheiden sich zum Teil durch spezielle Akzente. Zorn und Empörung sind z. B. «moralischer» als Ärger oder Groll, und Verachtung ist «kognitiver» als Hass.

In der psychologischen Forschung werden aggressive Emotionen häufig durch die subjektive Einschätzung der eigenen Stimmung auf einer Art Thermometer (einer mehrstufigen Schätzskala) erhoben. Oder man registriert den Erregungsgrad durch objektive physiologische Messungen (z. B. des Blutdrucks), wobei man allerdings gute Gründe für die Annahme haben muss, dass es sich tatsächlich um eine «aggressive» Erregung und nicht etwa um Anstrengung, Angst, sexuelle Erregung oder andere Spannungen handelt.

1.3 Aggression – Sachverhalt oder Werturteil?

Aggression als Verhalten zu definieren, das auf Schädigen und Wehtun gerichtet ist, stößt zuweilen auf Missfallen, weil ein solcher Begriff «zu negativ» sei. Schließlich könnten aggressive Handlungen durchaus positive Wirkungen haben, etwa Ungerechtigkeiten abwenden oder Anstöße für gesellschaftlichen Fortschritt geben. Dieser Einwand argumentiert mit dem «positiven Zweck», von dem bereits die Rede war (S. 18). Um ihn zu berücksichtigen, sprechen manche Menschen hier von «positiver» oder «konstruktiver» Aggression, andere überhaupt nicht von Aggression.

An dieser Stelle wird ein bedeutsamer Unterschied zwischen verbreitetem Sprachgebrauch und psychologischen Definitionen sichtbar. Während diese nämlich Aggression rein beschreibend als Sachverhalt zu bestimmen versuchen, wird das Wort im Alltag häufig wertend gebraucht: Zu dem Sachverhalt «intendierte Schädigung» kommt die *Normabweichung* bzw. *Unangemessenheit* als weiteres Kriterium hinzu, das entscheidet, ob ein Verhalten als Aggression bezeichnet wird oder nicht (Mummendey et al. 1982). Vergleichen Sie folgende Beispiele:

A1: Ein Bankräuber fordert mit vorgehaltener Pistole, seine Tasche mit Geld zu füllen.
A2: Ein Polizist schießt einem flüchtenden Bankräuber ins Bein.
B1: Ein Schüler wirft einen anderen absichtlich zu Boden.
B2: Ein Schüler wirft einen Mitschüler zu Boden, damit er aufhört, einen kleinen Jungen zu verprügeln.

Beim Gebrauch einer Pistole hat sicherlich der Polizist, nicht aber der Bankräuber die Norm auf seiner Seite und bei einem Schlag in den Bauch sicherlich jemand in akuter Notwehr, nicht aber der Angreifer – obwohl sie alle jeweils mit voller Absicht handeln. Legitim erscheinende Akte des Verletzens und Wehtuns, besonders solche zur Verteidigung oder Hilfeleistung (wie in dem Schülerbeispiel), werden von Betrachtern seltener als Aggression bezeichnet, jedenfalls sofern sie nicht völlig überzogen und damit ihrerseits «unangemessen» sind.

Die Urteile darüber, was angemessen, was normgerecht ist, wird von persönlichen Ansichten und dem jeweiligen Kontext abhängen. Wer etwa findet, dass Ohrfeigen zur «normalen» Erziehung und dass Fouls zu einem ordentlichen Fußballspiel gehören, wird kaum von Aggression sprechen, während andere dies durchaus tun.

Ein für fast alle Menschen ausschlaggebender Gesichtspunkt ist der vorangegangene Anlass. Eine *Re*aktion auf Bedrohungen oder Provokationen wird im Vergleich zu offensiven Angriffen viel seltener als aggressiv beurteilt (Brown & Tedeschi 1976). Ein einzelner Verhaltensakt ist dann also nicht mehr per se aggressiv, sondern aufgrund seiner Stellung innerhalb eines Interaktionsverlaufs (Mummendey et al. 1982). Wer eine bestimmte Handlung in dem Ablauf als Normverstoß wertet, spricht von Aggression, wer Entschuldigungsgründe sieht, spricht möglicherweise auch bei extremer Gewaltausübung nicht von Aggression.

Der Spielraum für subjektive Sichtweisen zeigt sich besonders deutlich in einer unterschiedlichen Bewertung des eigenen und des fremden Verhaltens. Im eigenen erblickt man selten eine Aggression, aggressiv sind die anderen. Die meisten Menschen sehen sich selbst als Opfer und nicht als Täter – irgendwie haben immer die anderen «angefangen». Das heißt nun: Der alltagstypische Aggressionsbegriff umfasst nicht nur eine bestimmte Art des Handelns («intendiertes Schädigen»), sondern auch eine *Bewertung* («unangemessen»). Und diese Bewertung hängt stark vom eigenen Standort im Geschehen ab, mit anderen Worten: Sie ist *parteiisch*. Was aus dem eigenen Blickwinkel legitim erscheint, wird nicht als Aggression etikettiert. (Das Gleiche gilt übrigens für den Begriff der Gewalt.) Aggression kann mithin leicht zu einem Kampfbegriff werden, der als Vorwurf gegen andere gerichtet wird.

Wenn man sich aber bei der Entscheidung, von Aggression zu sprechen oder nicht, von Entschuldigungen und Rechtfertigungen leiten lässt, dann ist «Aggression» ein moralisches Urteil und nicht ein psychologischer Sachverhalt. Da ein solches Verständnis nichts mehr mit einem wissenschaftlich brauchbaren Begriff zu tun hat, ist sogar schon vorgeschlagen worden, auf den Begriff der Aggression ganz zu verzichten und stattdessen konkrete Phänomene wie «Drohung» und «Bestrafung» zu untersuchen (Tedeschi 1984). Das mag Vorteile haben; aber der Begriff der Aggression ist damit nicht aus der Welt. Menschen werden ihn weiterhin gebrauchen und werden die Psychologie nach Erklärungen für «die menschliche Aggression» fragen. Also muss man sich auf eine wertneutrale Sachverhalts-Bestimmung verständigen – etwa entsprechend den oben vorgestellten Definitionen (S. 14f.). Die Wissenschaft jedenfalls darf den wertenden Sprachgebrauch auf keinen Fall mitmachen, weil sonst ihr Gegenstand völlig verschwimmt. Denn was soll sie untersuchen, wenn Aggression im Kern ein Verhalten ist, das man anderen vorwirft?

Die Konsequenz ist also eine klare *Trennung von Sachverhalt und Wertung*! Zuerst ist zu bestimmen, ob ein Verhalten vorliegt, das auf Schädigen und Wehtun zielt. Falls ja, bleibt immer noch offen, ob dieses Verhalten legitim oder illegitim, konstruktiv oder destruktiv, angemessen oder unangemessen ist. Schüsse der Polizei ebenso wie Attentate auf Politiker beabsichtigen ohne Frage die Schädigung von Menschen und sind insofern definitionsgemäß aggressive Handlungen. Auf der wertenden Ebene mag man sich dann fragen, ob diese Handlung angemessen oder unangemessen ist. Das Urteil darüber ist eine Frage persönlicher Anschauungen. Dieselbe (nach psychologischer Definition) «aggressive Handlung» kann folglich sowohl negativ als auch positiv bewertet werden.

2 Populäre Vorstellungen und Irrtümer

Problemen, mit denen wir häufig konfrontiert werden und die uns überdies emotional berühren, stehen wir nicht gerne orientierungslos gegenüber. So ist es nicht verwunderlich, dass wohl jeder Mensch sich auch Vorstellungen darüber bildet, wie aggressives Verhalten entsteht und was man dagegen tun kann. Dabei kommen neben psychologischen auch biologische, kulturelle, politische und andere Aspekte in Betracht. In diesem Kapitel geht es vorrangig um populäre Annahmen über innere Vorgänge und Wirkungsmechanismen in Zusammenhang mit aggressivem Verhalten.

2.1 «Aggressionen haben, rauslassen, ausleben»

Menschen verhalten sich aggressiv, weil sie «Aggressionen» in sich haben. Diese Erklärung scheint ebenso selbstverständlich wie die Möglichkeit, die «Aggressionen» irgendwie rauslassen oder ausleben zu können. Mit «Aggressionen» (immer als Pluralwort, das es so z.B. im Englischen nicht gibt) sind dabei *nicht* aggressive Verhaltensakte gemeint (wie in der Begriffsbestimmung von Kapitel 1), sondern innere Kräfte «hinter» aggressivem Verhalten.

Sind die so genannten «Aggressionen» überhaupt eine Erklärung für aggressives Verhalten oder lediglich ein Wort? Es handelt sich lediglich um ein Wort, wenn man von dem Verhalten namens «Aggression» auf innere Vorgänge namens «Aggressionen» schließt, ohne diese selbst erläutern zu können. Das ist dann etwa so gehaltvoll, als würde man das Spielen des Kindes durch «Spielonen» erklären. Man nimmt ein Wort, das sprachlich zum Verhalten passt, und tut so, als hätte man es damit erklärt.

Ganz so oberflächlich sprechen die meisten Menschen gewiss nicht von (inneren) «Aggressionen». Denn jeder kennt aus eigenem Erleben, was gemeint sein kann: nämlich *Gefühle*, die dazu drängen, sich verletzend oder zumindest laut und grob gegenüber anderen zu verhalten – eben *aggressive* Gefühle. Das wäre dann immerhin schon ein Stück Erklärung: Das sichtbare Verhalten wird auf bestimmte Gefühle zurückgeführt.

Allerdings müsste man sich noch genauer darüber verständigen, *welche* Gefühle als «Aggressionen» gelten sollen. Hat jemand «Aggressionen», der ... auf einen anderen wütend ist? ... einen anderen Menschen hasst? ... in gereizter Stimmung ist? ... Unmut über eine Nachlässigkeit empfindet? ... Groll gegen einen Übeltäter hegt? ... auf einen Rivalen neidisch ist? ... über eine Ungerechtigkeit empört ist? ... mit Vergnügen Tiere quält? ... bei einem Bankraub Geiseln nimmt? ... einen Angreifer mit einem Faustschlag abwehrt?

Wenn *all dies* (und vielleicht noch mehr) mit «Aggressionen» gemeint sein kann, ist das Wort reichlich vage; es differenziert nicht zwischen verschiedenartigen Emotionen. Wenn aber nur ein *Teil* dieses Spektrums gemeint ist, wäre es besser, gleich präzise zu sagen, worum es geht, z.B. Hass oder Unmut oder sadistische Lust.

Tafel 4: Einige populäre Vorstellungen zu (inneren) «Aggressionen»

- «Aggressionen» sind Gefühle, die aggressives Verhalten erklären können.
- «Aggressionen» sind psychische Energien, die verbraucht werden können.
- Sie bilden ein latentes Potenzial.
- Sie verschieben sich nach hydraulischen Gesetzen.
- Sie können den Körper verlassen.

Viele Menschen meinen mit «Aggressionen» aber offenbar nicht nur aktuelle Gefühle, sondern auch ein *latentes Potenzial* – der Ausdruck «Aggressionspotenzial» ist recht geläufig –, und zwar in der Bedeutung von schlummernden Impulsen und psychischen *Energien*, die etwas bewirken. Diese Vorstellung spricht aus Aussagen wie: «Aggressionen» haben sich «angestaut», oder «Aggressionen» können durch sportliche und andere Aktivitäten «abgebaut» bzw. «verbraucht» werden. Nach dieser Vorstellung können «Aggressionen» also etwas sein, was man nicht einmal als Ärger oder ähnliche Emotion verspüren muss.

Der stete Plural «Aggressionen» legt übrigens nahe, dass sie wohl so etwas wie kleine psychische Partikel sind, die im Körper herumschwirren – und vielleicht nicht nur dort. Denn manche Menschen stellen sich offenbar vor, dass sich die «Aggressionen» sogar wie Viren ausbreiten und Menschen infizieren können. So hörte ich nach den Anschlägen vom 11. September 2001 einen Journalisten im Fernsehen mutmaßen, dass hier wohl «frei flottierende Aggressionen» in den Attentätern ihre Opfer gefunden hätten. Nicht fern von solchen Vorstellungen waren ältere Aggressionstheorien wie die vom «Kreislauf der Aggression» nach Hacker (s. hierzu Kapitel 4, S. 51).

Vermindern lassen sich «Aggressionen» nach volkstümlicher Redeweise aufgrund einer weiteren interessanten Eigenschaft: Sie können den menschlichen Körper verlassen. Diese Annahme spricht aus Ausdrucksweisen wie «rauslassen», «ableiten» oder «kanalisieren»; sie alle enthalten *räumliche* Vorstellungen. Die «Aggressionen» gelangen von innen nach außen, so wie etwa Dampfmoleküle aus dem Topf drängen oder Wasser aus einem Stausee in einen Kanal fließt. Eine solche Ortsveränderung soll also auch den «Aggressionen» möglich sein.

Zusammengenommen entsteht aggressives Verhalten also in der Vorstellung vieler Menschen nach Art eines *hydraulischen Energiemodells*: Aggressive Energien können hierhin oder dahin verschoben werden und brauchen ein Ventil, um zu verschwinden. Wie verbreitet solche Vorstellungen sind, zeigte sich auch in einer eigenen Umfrage unter etwa 100 Personen (Lehrer/-innen und nichtakademische Berufe): 92 Prozent der Befragten stimmten der Aussage zu: «Wenn man Aggressionen verspürt und zurückhält, äußern sie sich später an anderer Stelle.»

Aus diesem hydraulischen Energiemodell ergibt sich auch ein oft propagierter Weg zur Aggressionsverminderung, nämlich die Energien in harmlose «Kanäle» zu leiten. Verwandte Ausdrucksweisen sind die vom «Abreagieren» oder «Ausleben von Aggressionen». Auch darin steckt die Annahme, dass man durch bestimmte Aktivitäten die Energien «rauslassen» oder aber «verbrauchen» könne. Breit ist jedenfalls die Zustimmung (78 %) zu der Aussage: «Aggressionen kann man durch Sport, Holzhacken usw. abreagieren.»

Kommentar: Die Ausdrucksweise «Aggressionen» ist ziemlich unbestimmt und mehrdeutig. Denn als innere Vorgänge können, wie dargelegt, verschiedene Emotionen oder auch nicht gefühlte Energien gemeint sein. Und es kommt ja noch die ganz andere Bedeutung hinzu, nämlich aggressive Verhaltensakte bzw. Handlungen (im Plural). Diese Ebene des sichtbaren Verhaltens ist in der empirischen Psychologie fast ausschließlich gemeint (s. S. 14 ff.) und in der Alltagssprache teilweise auch.

Der Gebrauch desselben Wortes für verschiedene Sachverhalte erzeugt nicht nur Missverständnisse, sondern suggeriert überdies, dass aggressives Verhalten immer aus aggressiven Gefühlen oder Energien entsteht oder dass doch zumindest ein enger Zusammenhang zwischen beiden Ebenen besteht. Dies wird erheblich zu relativieren sein (s. insbesondere Kapitel 8). Und nicht zuletzt: Wissenschaftlich völlig unhaltbar ist die mit dem Ausdruck «Aggressionen» häufig verbundene Vorstellung von einem hydraulischen Energiemodell und die Annahme, «Aggressionen» könnten «rausgelassen» oder in Kanäle geleitet werden (hierzu ausführlich Kapitel 11).

Um fragwürdige Konnotationen zu vermeiden, scheint es mir nach alledem am besten, auf das deutsche Pluralwort «Aggressionen» (im Sinne innerer Kräfte) ganz zu verzichten oder es immer in Anführungszeichen zu setzen.

2.2 Weitere geläufige Vorstellungen

Fragt man Menschen, warum es so viel Aggression in der Welt gibt, so erhält man besonders viele Antworten zur großen Kategorie «*negative Erfahrungen*»: vor allem unerfreuliches Verhalten von Mitmenschen, aber auch Überforderungen, Einengungen, mangelnde Selbstverwirklichung oder schlechte materielle Lebensbedingungen. In der erwähnten eigenen Umfrage bezogen sich fast 80% der frei formulierten Erklärungen auf solche negativen Faktoren. Somit sind Vorstellungen, die in der Psychologie der Frustrationstheorie nahe kommen, weitaus am populärsten. Dieser Trend wird auch durch eine Untersuchung von Langfeldt & Langfeldt-Nagel (1990) bestätigt. Immer wieder werden negative externe Bedingungen oder, auf der subjektiven Seite, negative Gefühle als Erklärungen genannt. – Bezogen auf die volkstümliche Rede von «Aggressionen» wäre also zu ergänzen, dass diese nach verbreiteter Auffassung offenbar vornehmlich durch negative Erfahrungen unterschiedlicher Art entstehen.

Eine viel geringere Rolle in den populären Erklärungen spielt das *Lernen* (von Verhalten, Einstellungen, Denkweisen usw.). In freier Beantwortung jedenfalls werden selten Gedanken geäußert, die mit Lernen zu tun haben. Nur wenn man (anstelle offener Antworten) verschiedene Erklärungen *anbietet*, finden auch die lernbezogenen durchaus viel Zustimmung, so etwa unzureichendes Erlernen von nichtaggressiven Verhaltensweisen, Gewaltdarstellungen in den Medien und aggressive Vorbilder in der eigenen Umwelt.

Dies besagt allerdings nicht viel, da vorgegebene Erklärungen meistens große Zustimmung erhalten, falsche Erziehung ebenso wie ein Aggressionstrieb. Die lenkende Wirkung von Hinweisen zeigte sich auch in der Studie von Langfeldt & Langfeldt-Nagel (1990). Sollte nämlich nicht allgemein «aggressives Verhalten», sondern «aggressives Verhalten von Jugendlichen in Gruppen» erklärt werden, so rückten gruppenpsychologische Aspekte (Gruppenstrukturen, Gruppennormen u.a.) nach vorne, und überdies gewannen auch Lernaspekte (z.B. Nachahmen) sowie die soziale und familiäre Umwelt ein wenig an Gewicht. Des Weiteren wurden durch die Instruktion,

Ursache-Wirkungs-Beziehungen durch Richtungspfeile darzustellen, auch vermehrt komplexere Erklärungen versucht.

Nach meinen Eindrücken aus vielen Gesprächen suchen Laien von sich aus jedoch selten differenzierende und spezifische Erklärungen, sondern fragen meist ganz allgemein «Wie entsteht Aggression?» oder «Wie entsteht Gewalt?», obwohl durch Rückfragen oft herauskommt, dass sie eigentlich an ganz bestimmte Beispiele denken und für diese eine Erklärung suchen.

Zu der Frage, was sich für die *Verminderung* von Aggression unter den Menschen tun ließe, werden von Laien Vorschläge gemacht, die überwiegend zu den bereits genannten Erklärungen passen. Weit vorne in der eigenen Umfrage steht ein besserer Umgang mit anderen Menschen, unter anderem gutes Zuhören, Verständnis, Rücksichtnahme usw. – also alles, was das Zusammenleben «weniger negativ» macht. In ähnliche Richtung gehen Vorschläge wie: bessere materielle Lebensbedingungen, mehr Selbstverwirklichung, weniger Stress.

Bei Vorschlägen zur Aggressionsverminderung kommt auch der Faktor Lernen insgesamt stärker zur Geltung als bei den Erklärungen. Dabei wird allerdings überwiegend an Kenntnisse und Einsichten gedacht (Bewusstmachen von Aggressionsursachen, Aufklärung für Eltern usw.), nur selten hingegen an emotions- und verhaltensbezogenes Lernen.

Bei einer vorgegebenen Liste von Vorschlägen zur Aggressionsverminderung ergeben sich wiederum fast immer hohe Zustimmungsquoten. Es stehen dann Lernmöglichkeiten und die Verminderung negativer Bedingungen etwa gleichwertig nebeneinander. Aber auch das «Ausleben» aggressiver Energien durch Sport, Holzhacken usw. findet, wie erwähnt, große Zustimmung.

Kommentar: Insgesamt wird Aggression in alltagspsychologischen Erklärungen vorwiegend als ein reaktives Geschehen verstanden, genauer: als Reaktion auf negative Erfahrungen. Wie die folgenden Kapitel zeigen werden, ist diese Vorstellung zwar nicht falsch, aber recht einseitig. Provokationen, Frustrationen und andere Ereignisse sind sicher wichtige Aggressionsanreger, aber sie haben nicht ein so überragendes Gewicht, wie in der Alltagspsychologie gewöhnlich angenommen wird. Und eins kommt hinzu: Laien sehen negative Ereignisse, z.B. Arbeitslosigkeit, schulische Misserfolge oder Zurückweisung durch andere, meist lediglich als *Ursache* für aggressives Verhalten. Übersehen wird gerne, dass umgekehrt die negativen Ereignisse häufig die *Folge* aggressiven Verhaltens sind, dass z.B. jemand aufgrund seines aggressiven Verhaltens seine Lehrstelle, seinen Arbeitsplatz oder seine Freunde verliert.

Zu kurz kommt weiterhin die Möglichkeit, dass aggressives Verhalten nicht nur eine Reaktion, sondern auch eine «Aktion» ist, die von ihren Effekten bzw. vom Lernen am Erfolg lebt. Überhaupt spielt das Lernen in den spontan geäußerten Laienvorstellungen, anders als in der modernen Psychologie, nur eine geringe Rolle. Die Annahme eines Aggressionstriebes hat zwar ebenfalls nur untergeordnete Bedeutung. In ihrer Wirkungsweise werden die sog. «Aggressionen» jedoch, wie schon dargestellt, meist sehr triebähnlich gesehen, nämlich als Energiedruck, der einen Abfluss braucht.

Was die *Verminderung* aggressiven Verhaltens betrifft, so ist die Reduzierung negativer Anregungsfaktoren auf vielfältigen Ebenen tatsächlich eine wichtige Aufgabe. Auch in diesem Buch wird davon die Rede sein (Kapitel 12). Aus psychologischer Sicht ist dies aber nicht der dominierende und aussichtsreichste Ansatzpunkt. So wird auch die Rolle positiver Anreize zur Sprache kommen und vor allem das breite Spektrum der Lernmöglichkeiten – nicht nur hinsichtlich Wissen und Einstellungen, sondern auch hinsichtlich der Veränderung von Emotionen und vor allem von Handlungsweisen.

3 Erklärung und Verminderung: Vorschau

Wie kann man aggressives Verhalten von Menschen psychologisch erklären? Und was sind nützliche Wege zur Aggressionsverminderung? Hierzu gibt dieses Kapitel eine Vorschau, die es erleichtern soll, die nachfolgenden Kapitel in eine Gesamtstruktur einzuordnen.

3.1 Was zu erklären ist: Kernfragen

Warum schlagen, beschimpfen, schikanieren, quälen oder töten Menschen? Will man hierauf eine Antwort geben, sollte man zunächst einmal klären, was mit «warum» eigentlich gemeint ist. Worauf genau soll man eine Antwort geben?

Wenn die grundsätzliche Frage «Warum gibt es überhaupt Aggression?» gemeint ist, wird der Fragesteller vermutlich wissen wollen, ob «der» Mensch ein angeborenes Aggressionsbedürfnis hat, welche Rolle die Erziehung spielt, ob Aggression etwas Reaktives oder Spontanes ist etc. Im Alltag begegnet uns die Warum-Frage meist in viel konkreterer Form, etwa so: «Warum schreist du mich so an?», oder: «Warum haut Moritz seine kleine Schwester?» Ausführungen über die Natur des Menschen würden den Fragesteller hier sicher enttäuschen, wenn nicht gar verärgern.

An einem Beispiel lassen sich die verschiedenen *Warum-Aspekte* ordnen und illustrieren: «Warum schreit Herr A seinen Mitarbeiter an?» Eine erste Antwort dürfte sein, dass er «verärgert» sei. Häufig wird man dies bereits voraussetzen und eher wissen wollen, warum er denn verärgert ist. Hier erwartet man dann vermutlich eine Auskunft über einen Anlass (z. B. dass der Mitarbeiter einen wichtigen Termin versäumt hat) – das wäre ein zweiter Erklärungsaspekt. Eine vollständige Erklärung wäre es aber noch nicht. Denn andere Menschen würden den Mitarbeiter bei demselben Anlass möglicherweise nicht anschreien. Erfahren wir nun, Herr A sei «reizbar», «tyrannisch» oder dergleichen, so entspringt sein Verhalten offenbar nicht einer zufälligen Laune, sondern ist in gewisser Weise typisch für ihn. Eine solche Aussage über die Person wäre dann ein dritter Erklärungsaspekt. Man könnte aber noch, viertens, die Frage anschließen, warum Herr A so reizbar, so tyrannisch usw. ist, ob er vielleicht von Vater oder Mutter ein «labiles Nervenkostüm» geerbt hat, ob er in seiner Kindheit sehr verwöhnt wurde usw.

Zu all diesen Erklärungsebenen gelangt man bereits, wenn man den Blick nur auf Person A und den unmittelbaren Anlass für ihr Verhalten richtet. Sinnvoll ist es aber, zusätzlich auch Erklärungen im *inter*personalen Bereich, also zwischen Herrn A und dem Mitarbeiter, zu suchen: Ist das Anschreien z. B. nur eine neue Stufe in einem eskalierenden Wortwechsel, oder besteht zwischen den beiden schon seit langem eine feindselige Beziehung?

Man sieht: Jede Antwort kann weitere Warum-Fragen nach sich ziehen. Die verschiedenen Erklärungsaspekte lassen sich dabei zu einem Gefüge wie in Tafel 5 ordnen, und zwar nicht nur für das vorgetragene Beispiel und nicht nur für aggressives, sondern für jedes andere Verhalten auch (vgl. Nolting & Paulus 1999). Man kann es erklären durch:

- Aussagen über die momentanen *inneren Prozesse* unmittelbar «hinter» dem Verhalten von Person A: über ihre Wahrnehmungen, Gedanken, Gefühle, Motivationen (Bedürfnisse, Ziele).
- Aussagen über die *Situationsfaktoren*: Bei welchem Anlass, in welcher Umgebung, gegenüber welchen Personen tritt das Verhalten auf? Solche *externen* Faktoren bestimmen die inneren Prozesse samt dem sichtbaren Verhalten mit.
- Aussagen über die *Person*: Was für Einstellungen, Empfindlichkeiten, Kompetenzen usw. bringt dieser Mensch mit? Auch diese *Dispositionen* bestimmen die momentanen Prozesse mit.

- Aussagen über die *Entwicklungsbedingungen*: Wie kommen die personalen Dispositionen zustande? Wieweit sind sie z.B. erziehungsbedingt oder genetisch bedingt? (Die darin enthaltene Zeitperspektive – Vergangenes erklärt Gegenwärtiges – wird in der Tafel durch die vertikale Richtung dargestellt.)

Dies sind Gesichtspunkte, aus denen das Verhalten eines einzelnen Menschen zu erklären ist. Wenn aber mehrere Menschen zusammenkommen, wenn es um *inter*personales Verhalten geht – und aggressives Verhalten ist interpersonal – empfiehlt es sich, die beteiligten Personen nicht nur einzeln, sondern auch gemeinsam zu betrachten. Denn weitere nützliche Erklärungen liegen in

- Aussagen über die *interpersonale Beeinflussung und Bezogenheit*, konkreter: über die aktuelle Interaktion (z.B. Eskalation), die aktuelle Kommunikation (z.B. Missverständnis) und die schon bestehende Beziehung (z.B. Rivalität).

Diese 4 + 1 Grundaspekte sind der Wirklichkeitsausschnitt, mit dem sich die *Psychologie* beschäftigt. Man könnte noch weitere Fragen stellen, mit denen sich andere Fächer befassen, z.B. Fragen nach gesellschaftlichen Bedingungen der familiären Erziehung (Soziologie, Kulturanthropologie) oder nach den stammesgeschichtlichen Ursprüngen allgemein-menschlicher Anlagen (Biologie, Anthropologie). Solche Aspekte sind nur am Rande Gegenstand dieses Buches; sie kommen aber zwangsläufig mit ins Spiel, wenn man das Ziel verfolgt, aggressives Verhalten «des» Menschen zu erklären.

Aber «den» Menschen gibt es nur als abstrakte Größe. Gewöhnlich suchen wir Erklärungen zu *bestimmten* Geschehnissen in unserer Umgebung oder an anderen Plätzen der Welt, und dann müssen wir bedenken, dass nicht alle Menschen gleichermaßen aggressiv handeln und dass niemand es jederzeit und überall tut. Um konkrete Ereignisse erklären zu können, brauchen wir daher Antworten auf zwei Kernfragen:

- *Wann tritt aggressives Verhalten auf?* Antworten auf diese Frage kommen vor allem aus Grundaspekten «Situation» und «interpersonale Bezüge» (Interaktion etc.).

Tafel 5: Grundlegende Aspekte zur Erklärung eines aktuellen (aggressiven) Verhaltens

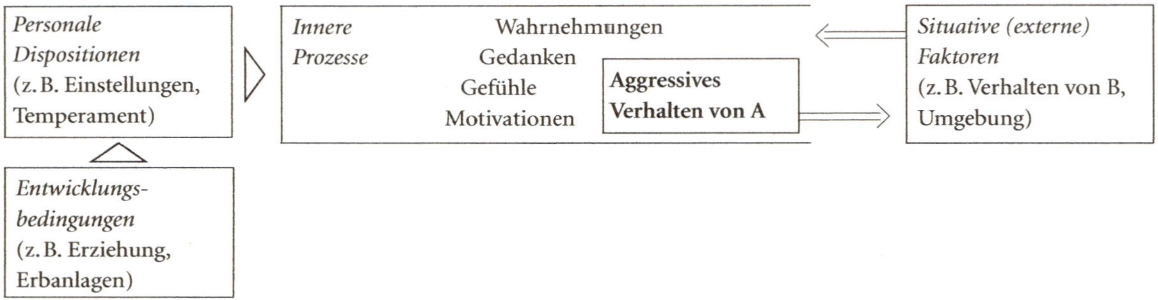

Darstellung mit Fokus auf einer Person A: Welche inneren Prozesse spielen sich «hinter» dem Verhalten ab? Von welchen situativen und welchen personalen Faktoren (Dispositionen) werden diese Prozesse bestimmt? Aus welchen Entwicklungsbedingungen sind die Dispositionen dieser Person entstanden?

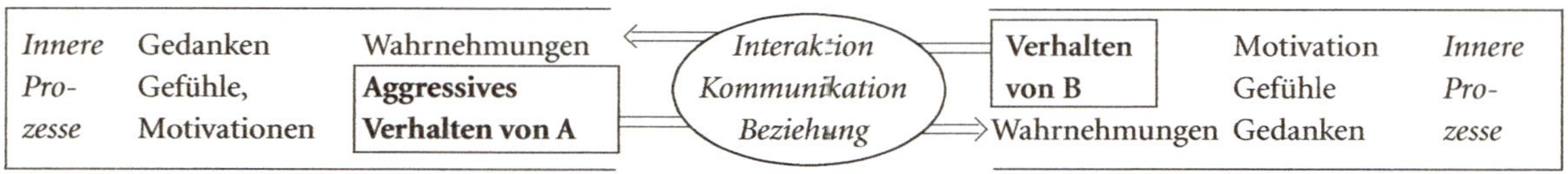

Darstellung mit Fokus auf interpersonalen Bezügen zwischen A und B (ohne Dispositionen und Entwicklungsbedingungen): Wie hängen ihre Verhaltensweisen zusammen (Interaktion)? Was äußern und (miss-)verstehen sie (Kommunikation)? Wie stehen sie zueinander (Beziehung)?

- *Welche Personen zeigen aggressives Verhalten, genauer: zeigen es eher als andere Menschen?* Hier geht es um die individuelle Aggressivität, und Aussagen dazu kommen aus den Erklärungsebenen «Person» und «Entwicklungsbedingungen».

Der Grundaspekt der *inneren Prozesse* fließt in *beide* genannten Kernfragen mit ein: Wann nämlich treten aggressionsrelevante Gedanken, Gefühle etc. auf? Und: Welche Personen sind zu diesen Prozessen besonders disponiert?

Die Grundaspekte bilden einen Rahmen für die Suche nach Erklärungen, aber sie führen noch nicht zu einer bestimmten Aggressionserklärung (etwa mit Aussagen darüber, *welche* Gefühle oder *welche* situativen Faktoren besonders bedeutsam sind), und sie lassen auch offen, ob überhaupt eine bestimmte Erklärung zu erwarten ist. Eben hierum geht es in einer weiteren grundsätzlichen Frage:

- *Lässt sich aggressives Verhalten einheitlich erklären?* Oder ist es sinnvoller, verschiedene Aggressionsarten zu unterscheiden und unterschiedlich zu erklären?

Der folgende Abschnitt skizziert, worum es bei dieser Frage geht, und er führt zugleich in sog. Aggressionstheorien ein.

3.2 Viele Aggressionsphänomene – eine Erklärung?

Aggression gibt es in vielfältigsten Erscheinungsformen. Trotz der Unterschiede fallen sie alle unter denselben Begriff der «Aggression», weil sie gemeinsam das Definitionsmerkmal des intendierten Schädigens erfüllen. Wenn Phänomene denselben Namen tragen, gehen wir gerne davon aus, dass sie auch eine gemeinsame Erklärung haben müssen – in unserem Fall: Wie kann man «die» menschliche Aggression erklären?

Doch könnte es nicht sein, dass der gemeinsame Name eine Gleichartigkeit vortäuscht, die gar nicht besteht? Ist ein Wutausbruch über einen Verkehrsrowdy psychologisch dieselbe Aggression wie eine Geiselnahme? Ist das Vergiften des reichen Erbonkels dasselbe wie die Rache für die Tötung eines Stammesgenossen? Ist der in Notwehr abgefeuerte Schuss dem Spottgedicht eines Kritikers vergleichbar? Ist das Quälen von wehrlosen Menschen oder Tieren dieselbe Aggression wie das Ausklinken von Bomben durch einen Piloten?

Wohlgemerkt, es geht nicht um die Unterschiedlichkeit der Handlungen; die ist offensichtlich. Es geht um das, was sich «dahinter» abspielt; es geht um die psychologischen Erklärungen. Handelt es sich also immer um dieselben inneren Prozesse? Sind diese immer in demselben Maße person- bzw. situationsabhängig? Usw.

Klassische Ansätze

Die «klassischen» Aggressionstheorien der Psychologie beanspruchen zunächst einmal, jeweils auf ihre Weise, «die» menschliche Aggression zu erklären. Lange Zeit wurde die Debatte dabei von drei Ansätzen bestimmt: Nach der *Triebtheorie* gibt es im Organismus eine angeborene Quelle, die fortwährend aggressive Impulse produziert. Nach der *Frustrationstheorie* entstehen aggressive Impulse nicht spontan, sondern als Reaktion auf störende, unangenehme Ereignisse. Dabei gehen sowohl die Trieb- als auch die (ursprüngliche) Frustrationstheorie von einer Art hydraulischem Energiemodell aus, nach dem die Impulse in der einen oder anderen Form zum Ausdruck kommen. Gemäß der *Lerntheorie* beruht aggressives Verhalten hingegen gar nicht auf speziellen Impulsen, sondern es wird wie jedes andere Verhalten von Lerngesetzen bestimmt, vom Lernen am Erfolg, vom Lernen am Modell, von kognitivem Lernen.

Diese Kurzbeschreibungen vereinfachen notwendigerweise, um die zentralen Unterschiede hervorzuheben. Genau besehen stehen die drei Theorie-Namen für Strömungen mit verschiedenen Varianten, die sich um einen gemeinsamen Kern gruppieren. Und heute vertritt kaum noch jemand eine reine Lehre. Keine seriöse Aggressionsforschung versucht noch, mit einem der drei Kernbegriffe «Trieb», «Frustration» und «Lernen» auszukommen, um die Vielfalt aggressiver Erscheinungen zu erklären. Die Gegenüberstellung dieser drei Positionen als «Aggressionstheorien» hat insofern nur noch historische Bedeutung.

Die Triebtheorie hat ohnehin ausgedient; sie spielt in der heutigen Psychologie praktisch keine Rolle mehr. Und die beiden anderen Ansätze haben sich so stark fortentwickelt und dabei so viele Zusatzaspekte aufgenommen, dass sie von einer eindimensionalen Erklärung, wie die Begriffe «Frustration» und «Lernen» es suggerieren, weit entfernt sind.

Heutiger Trend

Die moderne, empirisch begründete Aggressionspsychologie hat sich also überwiegend zu *multikausalen* Erklärungsmodellen hinbewegt. Auch die *sozial-kognitive Lerntheorie* (vor allem Bandura 1979, 1986), an der sich viele Forscher orientieren und von der auch dieses Buch inspiriert ist, besitzt nur dann umfassende Erklärungskraft, wenn sie Aspekte mit einbezieht, die nicht oder nicht direkt unter den Begriff des Lernens fallen:

Hierzu gehören erstens die *angeborenen Grundlagen*. Nichts entwickelt sich ohne sie, auch Lernen ist ohne sie nicht möglich. Eine andere Frage ist, was unter optimalen Bedingungen lernbar und welche Grenze unüberwindbar ist. Und wiederum eine andere Frage ist es, wie weit individuelle Unterschiede auf genetischen bzw. auf Umweltunterschieden beruhen.

Zweitens ist aggressives Verhalten im *interpersonalen* Bezug zu sehen. Es wird, wie dargelegt, häufig erst verständlich, wenn man auch das Zusammenspiel der Beteiligten betrachtet (einschließlich der Opfer, eventueller Mittäter und Zuschauer) oder sie als Teile eine vernetzten Interaktionssystems (z.B. Familie, Kollegium) begreift. Im Übrigen vollziehen sich auch die Lernprozesse zum großen Teil aus der Interaktion und Kommunikation heraus.

Drittens ist auch immer nach der *Motivation* hinter aggressivem Verhalten zu fragen (Ebene der inneren Prozesse). In allen klassischen Positionen und multikausalen Konzepten stellt sich die Frage: Was ist das «eigentliche» Bestreben, worin liegt die Befriedigung, die durch aggressives Verhalten erreicht wird? Ohne eine Aussage hierüber bleibt eine konkrete Handlung unverständlich. Lerntheoretische Erklärungen legen nahe, dass vielfältige Motivationen (statt «aggressiver Impulse») möglich sind.

Die letzten beiden Aspekte sind auch für eine *Differenzierung* von Aggressionsphänomenen von großem Interesse. Hinsichtlich der Motivation ist beispielsweise eine Vergeltungsaggression etwas ganz anderes als eine gewaltsame Bereicherung. Und aus dem Aspekt des interpersonalen Zusammenspiels ergibt sich die wichtige Unterscheidung zwischen individueller und kollektiver Aggression. Es ist z. B. ein erheblicher Unterschied, ob ein Vater zu Hause seinen Sohn verprügelt oder ob er als Teil einer hoch organisierten Armee fremde Städte verwüstet.

Fazit: Für die Erklärung eines konkreten Aggressionsphänomens braucht man stets eine Synthese verschiedener Faktoren, allerdings nicht stets dieselbe, sondern eine differenzierende. Es scheint nicht sinnvoll, für die Vielfalt aggressiver Erscheinungen eine einheitliche Erklärung zu suchen. Dies bedeutet auch, dass die zuvor erwähnten Rahmenaspekte «innere Prozesse», «Situation», «Person» und ihre «Entwicklung» sowie «interpersonale Bezüge» von Fall zu Fall unterschiedlich auszufüllen sind. Eine Differenzierung in verschiedene Arten der Aggression und ihre jeweilige Erklärung durch eine Integration mehrerer Aspekte scheint mir heute ergiebiger als der Versuch, alle Erscheinungen auf einen gemeinsamen theoretischen Nenner zu bringen.

3.3 Aggressionsverminderung: Warum und wie?

Aggressives Verhalten vermindern zu wollen, bedarf für viele Menschen keiner Begründung. Zu offenkundig erscheint das verursachte Leid. Aber nicht selten ist auch die Frage zu hören: Ist aggressives Verhalten wirklich immer problematisch, und hat es nicht sogar gute Seiten?

Begründungen

Um es vorwegzunehmen: Die Botschaft dieses Buches lautet nicht: Niemand darf sich aggressiv verhalten. Ich spreche daher auch nicht von Aggressionsabschaffung (die ohnehin weltfremd wäre), sondern von Aggressionsverminderung. *Was* man für akzeptabel hält und was nicht, ist letztlich eine persönliche Wertentscheidung, und ich will hier selbst keine Grenze zwischen «akzeptabel» und «inakzeptabel» formulieren. Vielmehr möchte ich drei Zielbereiche des Bemühens um Aggressionsverminderung nennen und begründen:

Zielbereich 1: Verminderung hoher individueller Aggressivität. Hier geht es um ausgeprägt aggressives Verhalten einzelner Personen, teilweise um dissoziale Verhaltensstörungen im klinischen Sinne. Unter hoch aggressiven Menschen leiden zuallererst andere Menschen, nicht selten aber auch sie selbst:

Anderen Menschen psychisches und körperliches Leid zu ersparen ist also die erste und recht triviale Begründung für die Zielsetzung. Hierzu gehört selbstverständlich, auf verschiedenen Ebenen für die Reduktion von *Gewaltkriminalität* zu arbeiten. Noch wichtiger, weil es mehr Betroffene gibt, ist es wohl, Gewalt in der *Familie* – gegen Kinder, Ehepartner oder alte Menschen – zu vermindern. Weiterhin ist es für viele Erziehende in der *Schule,* im *Kindergarten* und in anderen pädagogischen Einrichtungen ein dringliches Ziel, ihnen anvertraute Kinder und Jugendliche vor Angriffen durch Altersgenossen zu schützen und selbst nicht immer wieder durch aggressive Vorfälle in der eigentlichen pädagogischen Tätigkeit behindert zu werden.

Doch aggressive Menschen schaden häufig auch *sich selbst.* Trotz kurzfristiger Erfolge, die aus aggressivem Verhalten resultieren können, führt es doch häufig auch zur Zerstörung eigener *Lebenschancen.* Im Extrem verbringen sie große Teile ihres Lebens hinter Gittern, noch häufiger zerstören sie Paarbeziehungen und Freundschaften oder bringen sich durch ihr Verhalten um ihre berufliche Stellung. Weniger bekannt ist, dass Aggressivität auch mit *Gesundheit* zu tun hat. Insbesondere kann ausgeprägte Ärgerneigung und damit verbundene emotionale Aggression (auch unterhalb einer dissozialen Störung) ein Risikofaktor für Herz- und Kreislauferkrankungen sein (hierzu Geen 2001). – Aus all diesen Gründen ist es wichtig, der Entwicklung hoher Aggressivität entgegenzuwirken, und zwar nach Möglichkeit schon im frühen Kindesalter.

Zielbereich 2: Veränderung eines aggressiven «Klimas». Die meisten Menschen haben wohl nicht so sehr unter einzelnen Personen mit aggressiven Verhaltenstörungen zu leiden, sondern eher unter einem aggressiven Klima in privaten oder beruflichen Beziehungen. Manchmal besteht das Problem lediglich in einem gereizten Umgangston oder unergiebigen Gesprächen, und die Zielsetzung wäre hier eher eine Optimierung der Beziehung (Ehe, Kindererziehung) als die Beendigung schwerer Beschädigungen. Häufig geht es dabei, z. B. im Betrieb, auch um indirekte Aggressionsformen wie Schlechtmachen, Verleumden und Ausgrenzen, und hieraus können fraglos für die Betroffenen schwere emotionale Belastungen entstehen. Insofern ist es dann eine vernünftige Zielsetzung, in dem jeweiligen Interaktionssystem aggressive Umgangsformen zu vermindern, und dies ist gewöhnlich auch wesentlich leichter als die Verminderung hoher persönlicher Aggressivität.

Zwischen diesen beiden Zielbereichen gibt es natürlich keine scharfe Grenze. Denn in manchen Fällen wird das Klima relativ stark von einzelnen aggressiven Personen geprägt. Dennoch ist es ein Unterschied, ob man sich ausschließlich oder vorrangig auf die Änderung einzelner schwieriger Menschen konzentriert oder ob man in dem betreffenden Lebensbereich gemeinsame, koordinierte Veränderungsprojekte in Gang setzt.

Zielbereich 3: Verminderung von Krieg, Verfolgung, Terror usw. Dieses Ziel braucht keine Begründung. Fast alle Menschen wünschen sich Frieden. Der Frieden im gesellschaftlich-politischen Feld ergibt sich aber nicht von selbst aus Erfolgen in den zuvor genannten Zielbereichen. Denn er hat nur begrenzt mit persönlicher Friedfertigkeit und einem guten Klima im sozialen Nahraum zu tun. Der individuelle Beitrag müsste eher in politischem Lernen und politischem Engagement bestehen (hierzu Kapitel 10 und 20).

Wege

Für manche Lebensbereiche gibt es inzwischen viele nützliche Ansätze zur Aggressionsverminderung, insbesondere für die Familie und verschiedene Erziehungsfelder. Sie gründen sich gewöhnlich auf gut erforschte Konzepte zur Aggressionserklärung sowie auf praktische Erprobungen und Evaluationen.

Die Kapitel 12 bis 20 beschäftigen sich ausführlich mit diesen Wegen. Dabei ist es heute fast schon Standard, nicht einen einzigen Zugang zu nutzen, sondern mehrere zu verbinden, also «multimodal» oder «auf mehreren Ebenen» zu arbeiten. Die in den Kapiteln 12 bis 16 dargestellten *Ansatzpunkte* sind daher auch nicht als Alternativen, sondern als einander ergänzende Zugänge zu verstehen. Die Ansatzpunkte selbst ergeben sich aus Aggressionserklärungen, die in den Kapiteln 5 bis 10 erörtert werden:

- Es geht erstens um die Verminderung von Aggressionsanregern wie Provokationen, negativen Modellen usw. sowie um die Förderung positiver Anreger. Dieser Zugang ist sehr «situativ».
- Der zweite Ansatzpunkt ist personorientiert. Es geht um die kognitive Verarbeitung dieser Anreger, es geht um Lernen auf der Ebene des Auffassens und Bewertens und damit auch um eine Änderung von Gefühlen.
- Drittens ist es möglich, aggressives Verhalten zu hemmen, selbst wenn die Gefühle eigentlich dazu drängen. Diese Hemmungen lassen sich manchmal situativ erzeugen, aber vorrangig geht es um «vernünftige» persönliche Werthaltungen.
- Viertens liegen große Chancen im Erlernen konstruktiver, prosozialer, zumindest sozial verträglicher Verhaltensformen, die sowohl den Ausdruck von Gefühlen als auch das Erreichen von Zielen ermöglichen, und zwar meist befriedigender, als es mit aggressivem Verhalten möglich wäre.
- Der fünfte Zugang liegt gewissermaßen quer zu den anderen. Es geht um die Berücksichtigung der Interaspekte, der Verwobenheit des Verhaltens *mehrerer* Menschen. Dies geschieht durch die Mitwirkung wichtiger Bezugspersonen sowie durch gemeinsames Umlernen der zusammenlebenden Menschen.

Die Kapitel 17 bis 20 sind dann *einzelnen Praxisfeldern* gewidmet. Hier werden die zuvor erörterten Ansatzpunkte wieder aufgegriffen, kombiniert und auf die konkreten Zielsetzungen in diesem Feld übertragen. Zwei der Praxisfelder gehören zum privaten Lebensbereich (Paarbeziehung, familiäre Erziehung), eines ist ein öffentliches Erziehungsfeld mit viel persönlichem Umgang, nämlich die Schule. Und zum Schluss kommt noch eine andersartige Thematik zur Sprache: Frieden im gesellschaftlich-politischen Sinne und die Frage, was er mit Lernen zu tun hat.

Erklärungen I: Wichtige Einzelaspekte

Die folgenden Kapitel erörtern verschiedene psychologische Aspekte, die für eine umfassende Aggressionserklärung unverzichtbar sind. Es kommen dabei auch – aber nicht nur – die «klassischen» Ansätze (Trieb, Frustration und Lernen) zur Sprache.

- **Angeborene Grundlagen**
- **Negative Ereignisse**
- **Lernen**
- **Interaktion**

4 Angeborene Grundlagen

Alles, was «menschenmöglich» ist, darunter aggressives Verhalten, benötigt angeborene Grundlagen. Ohne sie kann sich kein Lebewesen entwickeln. Doch heißt dies, dass damit der Mensch auf aggressives Verhalten festgelegt ist? Und kann man überhaupt von «dem» Menschen sprechen, oder sind nicht auch die angeborenen Entwicklungsgrundlagen individuell sehr unterschiedlich?

4.1 Ein Aggressionstrieb «des» Menschen?

Eine der klassischen Grundpositionen besagt, dass der Mensch nicht nur angeborene Grundlagen für aggressives Verhalten besitze, sondern sogar einen auf Aggression drängenden Trieb. Dieser Ansatz hat heute nur noch historische Bedeutung. Doch er ist, insbesondere in Deutschland, mit bekannten Namen verbunden und hat lange Zeit die Debatte über psychologische Aggressionserklärungen mitbestimmt.

Triebtheorien der Psychoanalyse

In seinem berühmten Aufsatz «Das Unbehagen in der Kultur» spricht Sigmund Freud von der «angeborenen Neigung des Menschen zum ‹Bösen›, zur Destruktion und damit zur Grausamkeit» (Freud 1930, S. 479). Ursprünglich hatte er Aggression als Reaktion auf eine Versagung (Frustration) elementarer Bedürfnisse verstanden. Vermutlich unter dem Eindruck des Ersten Weltkrieges und aufgrund der Beschäftigung mit Sadismus und Masochismus kam er zu der Überzeugung, «es müsse außer dem Trieb, die lebende Substanz zu erhalten und zu immer größeren Einheiten zusammenzufassen, einen anderen, ihm gegensätzlichen geben, der diese Einheiten aufzulösen und in den uranfänglichen anorganischen Zustand zurückzuführen strebe. Also außer dem Eros- einen Todestrieb» (1930, S. 477). Im menschlichen Organismus wirkt somit nach Freud eine Quelle, die ständig aggressive Impulse produziert.

Da das eigentliche Ziel des Todestriebes die Selbstvernichtung ist, muss erklärt werden, wie der Mensch mit diesem Trieb leben kann. Erstens wirkt er nach Freud – außer in pathologischen Ausnahmefällen wie Selbstmord – nie für sich allein, sondern in einer Mischung mit der Libido, der Energie des lebenserhaltenden Eros. «So ist der Akt des Essens eine Zerstörung des Objektes mit dem Endziel der Einverleibung, der Sexualakt eine Aggression mit der Absicht der innigsten Vereinigung» (1938, S. 71). Zweitens lenkt der Eros, so Freud weiter, die Energie des Todestriebes über das Muskelsystem nach außen, und dieser tritt nun als Aggression in Erscheinung. Der Aggressions- oder Destruktionstrieb ist demnach der abgelenkte Todestrieb. «Das Lebewesen bewahrt sozusagen sein eigenes Leben dadurch, dass es fremdes zerstört» (Freud 1933, S. 22, in seinem Brief an Albert Einstein zur Frage «Warum Krieg?»).

Zur Bewertung der Theorie ist zu sagen, dass innerhalb der Freud'schen Lehre die Annahme eines Todestriebes von jeher ein besonders strittiger Punkt gewesen ist. Sie erscheint biologisch unverständlich und sehr spekulativ. So sind ihm hierin denn auch nur wenige Psychoanalytiker gefolgt.

In erheblichem Maße gilt dies für Alexander Mitscherlich, der vor allem in den 1970er Jahren mit seinen Stellungnahmen zum Aggressionsproblem bekannt wurde. Deutlich folgt er Freud in der Annahme, dass menschliches Verhalten von zwei Arten von Triebenergie – «Libido» und «Destrudo» – bestimmt werde. Ob der destruktive Teil auf einem Todestrieb oder einem Aggressionstrieb beruht, lässt er allerdings offen. Einerseits ist er sich unsicher, ob der Todestrieb der Kern der Aggression ist (1969, S. 116), andererseits findet er es schwierig, ohne ihn auszukommen: «Gäbe es nicht so etwas wie einen ‹Todestrieb› – jedenfalls in der menschlichen Spezies –, so wäre der Tod ‹auf dem Felde der Ehre› nicht erklärbar» (S. 15).

Mit weniger freudianischen, aber ebenfalls deutlich triebtheoretischen Vorstellungen wurde Friedrich Hacker (1971) populär. Sein besonderes Anliegen ist es, vielfältige Erscheinungen des menschlichen Lebens, wie etwa Herrschaft oder Pflicht, als Ausdrucksformen von «Aggression» zu entlarven. Unter Aggression versteht er dabei psychische Energien, die in einem «Kreislauf der Aggression» durch die Gesellschaft strömen und in «freier» oder «gebundener» Form in Erscheinung treten können: «Freie Aggression, die nackt und ungezügelt sich als Gewalt ausdrückt, wird in inneren Instanzen (Gewissen, Charakter) und äußeren Institutionen (Spielen, Regeln, Normen, Gruppen, Organisationen) gebunden und damit entschärft, kontrolliert und gelenkt. Sie verwandelt sich in schlummernde, unsichtbare, oft unbewusste Aggression, die nur unter ganz besonderen Bedingungen mobilisiert und damit offensichtlich wird. Unter den Etiketten Notwendigkeit, Pflicht und Selbstverteidigung kann Aggression im Namen des sie legitimierenden größeren Ganzen in Erscheinung treten» (1971, S. 89). Als Bedingungen für den Ausbruch offener Aggression nennt Hacker unter anderem Angst, Schmerz, Alkohol.

Mit seinem «Kreislauf» formuliert er Vorstellungen, die in der Öffentlichkeit immer noch recht verbreitet sind, dass nämlich Aggression als Energiemenge zu verstehen ist, die in der einen oder anderen Form ihren Ausdruck finden kann und muss (s. Kapitel 2).

Auch von Mitscherlich oder Hacker werden keine überprüfbaren Belege dafür angeführt, dass im Menschen eine ständig fließende Quelle aggressiver Energien existiert oder dass eine gegebene Energiemenge an «Aggression» nach hydraulischen Gesetzen hier oder da ihren Auslass sucht. Auch Begriffe wie «Triebmischung» oder «Bindung» sind keineswegs erforschte Phänomene, sondern lediglich bildhafte Worte für etwas Unbekanntes.

Vom Tier zum Menschen: Die Trieblehre von Konrad Lorenz

Kaum ein Buch über Aggression wurde bei uns so bekannt und gab der wissenschaftlichen Diskussion einen so kräftigen Anstoß wie «Das sogenannte Böse» von Konrad Lorenz (1963). Sehr prägnant formuliert er, was die Annahme eines Triebes bedeutet: «Die Spontaneität des Instinktes ist es, die ihn so gefährlich macht. Wäre er nur eine Reaktion auf bestimmte Außenbedingungen ... dann wäre die Lage der Menschheit nicht ganz so gefährlich, wie sie tatsächlich ist» (S. 79).

Ein angeborener Instinkt vieler Tierarten und eben auch des Menschen muss für einen Biologen wie Lorenz einen arterhaltenden Zweck erfüllen. Hierin unterscheidet sich Lorenz' Auffassung von Freuds selbstvernichtendem Todestrieb. Dabei geht es nur um den Sinn von Aggression gegen Artgenossen, nicht um Beute-Aggression gegen andere Tiere. Lorenz nennt verschiedene Zwecke wie die territoriale Verteilung durch gegenseitige Abstoßung, die Auswahl eines starken Familienverteidigers in Rivalenkämpfen und bei in Gemeinschaft lebenden Arten die Bildung von Rangordnungen zur Sicherung der Handlungsfähigkeit.

Wichtig ist nun, dass sich die Zuchtwahl innerhalb einer Art auch verselbständigen kann, und ebendies ist nach Lorenz in der Frühzeit der Menschheitsgeschichte geschehen: «Als die Menschen eben gerade so weit waren, dass sie kraft ihrer Bewaffnung, Bekleidung und ihrer sozialen Organisation die von außen drohenden Gefahren des Verhungerns, Erfrierens, Gefressenwerdens von Großraubtieren einigermaßen gebannt hatten, muss eine böse intraspezifische Selektion eingesetzt haben. Der nunmehr Auslese treibende Faktor war der Krieg, den die feindlichen benachbarten Menschenhorden gegeneinander führten. Er muss eine extreme Herauszüchtung aller sogenannten ‹kriegerischen Tugenden› bewirkt haben» (S. 67).

Damit erklärt Lorenz, *warum* wir seiner Meinung nach einen Aggressionstrieb besitzen. *Dass* wir ihn überhaupt besitzen, bleibt eine Behauptung ohne Belege. Für den entscheidenden Punkt, die spontane Selbstaufladung, zieht er den Buntbarsch und andere Fischarten heran. Was den *Menschen* anbelangt, so zitiert er nicht eine einzige stichhaltige Untersuchung. Er beruft sich zwar auf einen Psychiater namens Margolin, der an dem Stamm der Ute-Indianer seelische Probleme aufgrund «unausgelebter Aggression» festgestellt haben soll, doch die Quelle für diese Informationen bleibt im Dunkeln, und die Schilderung der Ute-Indianer ist nach Auskunft mehrerer Experten in fast allen Punkten falsch (Stewart 1974, Beatty 1974).

Fazit: Insgesamt haben die Vertreter eines Aggressionstriebes nicht nur keine Belege *dafür* erbracht – es sprechen auch verschiedene Argumente *dagegen*. So haben andere Ethologen eingewandt, dass der biologische Sinn einer spontan gesuchten Aggression schwer einzusehen sei, da sich die Tiere damit unnötig in Gefahr brächten (Wickler & Seibt 1977). Überdies hat sich in Studien am Menschen das von Lorenz empfohlene «Abreagieren» aggressiver Triebimpulse an Ersatzobjekten zur Aggressionsverminderung als nutzlos erwiesen (s. Kapitel 11), ganz andersartige Wege hingegen als erfolgreich (s. Kapitel 12 bis 20).

4.2 Wie universell ist aggressives Verhalten?

Auch ohne dem Menschen einen Aggressionstrieb zuzuschreiben, muss man doch feststellen, dass aggressives Verhalten überall auf der Welt vorkommt und in diesem oberflächlichen Sinne zur «Natur» des Menschen zu gehören scheint. Selbst Gesellschaften, die einen überaus friedfertigen Ruf genießen, sind nicht völlig aggressionsfrei (Eibl-Eibesfeldt 1973). So kommt es auch bei den Zuni-Indianern zu Streitigkeiten, und wenn die Polar-Eskimos keine Kriege führen, so mögen sie dennoch heftige «Sängerkriege» austragen (von Eibl-Eibesfeldt als Form von Aggression aufgeführt).

Bedeutet diese universelle Verbreitung, dass eine Aggressionsneigung in jedem Fall – wenn nicht als Trieb, dann als Reaktion – angeboren ist? Das wäre viel zu einfach. Zunächst einmal machen Kulturvergleiche deutlich, dass es außer Gemeinsamkeiten auch riesige Unterschiede gibt. So zeigte schon eine Auswertung von Forschungsberichten über 30 voneinander unabhängige Gesellschaften durch Erich Fromm (1974), dass die Spielbreite des Verhaltens von ausgesprochen destruktiv bis ausgesprochen friedfertig reicht. Etwa ein Viertel der Gesellschaften stuft Fromm als «destruktiv» ein; Gewalt, Zerstörung und Grausamkeit spielen in ihnen eine zentrale Rolle (z.B. Kwakiutl-Indianer, Azteken). In den «nichtdestruktiv-aggressiven» Gesellschaften ist dies nicht so, doch aggressives Verhalten ist auch bei ihnen eine normale Erscheinung; dies gilt für die Hälfte der Stichprobe (z.B. Grönland-Eskimos, Inka, Hottentotten). Etwa ein Viertel der Kulturen betrachtet Fromm als sehr friedfertig und «lebensbejahend» (z.B. Polar-Eskimos, Zuni-Indianer).

Aussagen über angeborene Grundlagen müssen also sowohl mit den Gemeinsamkeiten als auch mit den Unterschieden vereinbar sein. Für *beides* muss es angeborene Grundlagen geben.

Zunächst zu den *Gemeinsamkeiten*. Sie werden vor allem an Verhaltensäußerungen deutlich, die sich schon in der frühen kindlichen Entwicklung zeigen und als Grundmuster auch erhalten bleiben:

- Universell ist unter anderem eine *körperlich-affektive «Alarmreaktion»* auf aversive, negativ erlebte Ereignisse. Diese Aktivierung soll den Organismus befähigen, Gefahren oder Hindernissen zu entkommen oder sie zu beseitigen (Flucht oder Angriff), und schon in den ersten Lebensmonaten eines Kindes manifestiert sie sich als rudimentäre Form von Ärger.
- Weiterhin angeboren sind einige *elementare Fähigkeiten*, die entweder schon bei der Geburt vorhanden sind oder sich aufgrund der genetisch gesteuerten Reifungsprozesse entwickeln, z.B. Schreien, Treten, Stoßen, Zerren usw.

Ohne diese Grundausstattung würde kein Mensch aggressive Dispositionen entwickeln können. Doch heißt das natürlich nicht, dass «die» Aggression angeboren ist – so wenig wie etwa Tanzen oder Radfahren als angeboren gelten können, weil der aufrechte Gang hierfür eine angeborene Grundlage bildet. Das affektiv-ungestüme Verhalten des Säuglings hat mit Gehässigkeiten in der Familie oder gezielten Vergeltungsakten noch wenig gemein. Diese sind das Ergebnis einer längeren Entwicklung, an der Lernprozesse maßgeblich beteiligt sind.

Nicht nur Kinder, auch Erwachsene zeigen in belastenden Situationen häufig elementare, «primitive» Verhaltensweisen wie Schreien, Zerren, Stoßen usw. Solche einfachen, ungelernten Verhaltensweisen hat jeder Mensch in seinem Verhaltensrepertoire, und insofern sind sie universell verbreitet. Die konstruktive Bewältigung von aversiven Ereignissen – mit Nachdenken, Selbstkontrolle, Argumentation usw. – stellt weit höhere Anforderungen als aggressives Verhalten. Das gilt besonders bei starker Erregung, die zwar physische Kräfte freisetzt, aber komplexe Denkprozesse behindert. Die Befähigung zu anspruchsvoll-konstruktiven Lösungen erfordert relativ aufwendige Lernprozesse, und in deren Vollzug unterscheiden sich Individuen und Kulturen.

Um auf universelle Anteile aufmerksam zu machen, wird vielfach auch auf Gemeinsamkeiten mit dem Verhalten von Primaten hingewiesen. So können bei Schimpansen sogar koordinierte kollektive Angriffe auf Artgenossen vorkommen (vgl. Buss 2004). Solche Tier-Mensch-Vergleiche sind berechtigt, solange man nicht nur auf Übereinstimmungen, sondern auch auf Unterschiede achtet: auf Unterschiede in den konkreten Aggressionsformen und auf Unterschiede des Lernpotenzials. Unsinnig ist es, aus einigen Ähnlichkeiten schon die komplette Erklärung abzuleiten, etwa nach dem Motto: Wenn Menschen Menschen attackieren und Schimpansen Schimpansen attackieren, muss «die» Aggression angeboren sein.

Ein Blick auf die Stammesgeschichte ist aber sicherlich sinnvoll. Schließlich sind die heute lebenden Menschen keine Neuschöpfungen, und es liegt nahe, dass sie psychische Mechanismen geerbt haben, die unseren Vorfahren Vorteile brachten, etwa bei der Aneignung von Gütern, bei der Abwehr von Gefahren für sich und den eigenen Nachwuchs, bei der Erlangung von Macht usw. So könnten sich spezifische Verhaltensdispositionen für spezifische Kontexte herausgebildet haben (Buss 2004).

Vor allem von lerntheoretisch und gesellschaftlich orientierten Forschern werden evolutionspsychologische Erklärungen allerdings mit Skepsis betrachtet. Aufgrund empirischer Fakten ist die Kontroverse zurzeit nicht zu entscheiden, und es ist wohl noch zu früh zu sagen, ob Evolutionspsychologen und Sozialpsychologen jemals zueinander finden werden (Geen 2001, S. 11).

Nun zu den *Unterschieden* innerhalb der Menschheit, zu Unterschieden zwischen Kulturen und Individuen. Da Entwicklungen zu hoher und zu niedriger Aggressivität möglich sind, verbietet es sich, pauschal von «der» aggressiven Natur «des» Menschen zu sprechen. Mit anderen Worten: «Der Mensch» hat das Potenzial für unterschiedliche Entwicklungen, und ebendieses Potenzial beruht auf angeborenen Grundlagen. So wie den meisten Tieren starres Instinktverhalten angeboren ist, so ist auch die so genannte Plastizität des Menschen angeboren, also die Möglichkeit, sich gemäß der jeweiligen Gesellschaft zu entwickeln, in die man hineingeboren wird. Das heißt: Die Lernfähigkeit selbst, die Möglichkeit zur Verarbeitung von Erfahrungen, ist angeboren.

Innerhalb dieses Rahmens der allgemeinen, artspezifischen Ausstattung variieren Menschen in ihrer *individuellen* genetischen Ausstattung. Schon aus diesem Grunde unterscheiden sie sich in ihren Lernmöglichkeiten sowie in verschiedenen Personfaktoren, die mehr oder minder direkt mit Aggressivität zu tun haben. Bei aller Bedeutung des Lernens haben also auch genetische Unterschiede durchaus ihren Anteil an den individuellen Aggressivitätsunterschieden (hierzu Kapitel 9.4). Genetische Faktoren können weiterhin in gewissem Maße die größere körperliche Aggressivität von männlichen im Vergleich zu weiblichen Personen erklären (hierzu Kapitel 9.2).

4.3 Organische Bedingungen

Alle Verhaltensweisen und inneren psychischen Prozesse haben eine körperliche Entsprechung im Gehirn. Das heißt nicht: Das Körperliche ist die Ursache. Es heißt vielmehr: Psychische Vorgänge haben auch eine körperliche «Seite». So wie beispielsweise die Wahrnehmung einer Provokation mit physiologischen Prozessen im Gehirn einhergeht, so kann umgekehrt eine körperliche Veränderung im

Gehirn, z. B. durch eine Erkrankung oder medikamentöse Einflüsse, auch in emotionalen Veränderungen spürbar werden.

Aber: Menschlicher Aggression einen festen Platz im Gehirn zuzuordnen ist nicht möglich. «Ein Zentrum der Aggression gibt es ebenso wenig, wie es einheitlich-homogenes aggressives Verhalten gibt», so die Biopsychologen Birbaumer & Schmidt (2003, S. 674). Für affektive *Erregungen,* auch für Ärger, sind der Hypothalamus und das limbische System offenbar wichtige Schaltstellen. Es handelt sich hier um stammesgeschichtlich «alte» Strukturen des Gehirns und Orte von primitiven Affekten. Provokationen können affektive Reaktionen auslösen, die in diesem Gehirnteil angelegt sind.

Für die so wichtige *Bewertung* von Ereignissen und für das sichtbare Verhalten sind aber auch Kontrollfunktionen der frontalen Großhirnrinde verantwortlich. Hier ablaufende kognitive Prozesse geben den äußeren Ereignissen eine Bedeutung (z. B. «Beleidigung»), und sie dienen der bewussten *Steuerung* des eigenen Verhaltens und können damit verhindern, dass aufwallende Affekte sich in «wildes» Verhalten umsetzen. Als allgemeine menschliche Ausstattung sind diese Gehirnstrukturen und ihre Funktionsweisen genetisch begründet und letztlich über Tausende von Generation vererbt.

Im Einzelfall können aber Besonderheiten des *individuellen* Gehirns die persönliche Aggressivität mitbedingen. So können Beeinträchtigungen im Frontalhirnbereich heftige aggressive Reaktionen auf eine Provokation begünstigen, weil die hemmenden, kontrollierenden Prozesse gestört sind (vgl. Geen 2001). Solche Schädigungen können unter anderem vor oder während der Geburt entstehen (= angeboren, aber nicht vererbt) und einen Risikofaktor für die Entwicklung hoher individueller Aggressivität bilden (Brennan et al. 1991, vgl. auch Petermann et al. 2001).

Hormone können aggressives Verhalten mitbestimmen. Zum einen ist an die Hormone zu denken, die im Falle der zuvor erwähnten körperlich-affektiven Alarmreaktion ausgeschüttet werden. Die Rede vom «erhöhten Adrenalinspiegel» ist bereits in die Alltagssprache eingegangen. Allerdings: Nicht nur Adrenalin ist beteiligt, und möglicherweise sind unterschiedliche Affekte wie etwa Angst oder Ärger mit unterschiedlichen Mustern von Hormonen verbunden. An Ärgeraffekten scheint zumindest eine Kombination aus Adrenalin und Noradrenalin beteiligt zu sein (vgl. Weber 1994).

Auch das männliche Hormon Testosteron ist wiederholt Gegenstand der Aggressionsforschung gewesen, und zwar sowohl zur Erklärung geschlechtstypischer Unterschiede als auch zur Erklärung individueller Unterschiede von Männern. Anders als in Tierstudien sind die Forschungsergebnisse für den Menschen uneinheitlich und ergeben kein klares Bild (vgl. Geen 2001, Krahé & Greve 2002). Während einige Befunde einen gewissen Zusammenhang zwischen dem Testosteronpegel eines Mannes und seiner Aggressivität nahe legen, sprechen andere dagegen. Ebenso ist es fraglich, ob bei geschlechtstypischen Aggressivitätsunterschieden Testosteron eine Rolle spielt (zu diesem Thema s. Kapitel 9.2). Im Übrigen geht der Zusammenhang, sofern einer gefunden wird, kausal nicht nur in eine Richtung, nämlich vom Hormon zum Verhalten. Ein Einfluss in umgekehrter Richtung ist ebenfalls möglich. So können etwa sportliche Wettkämpfe den Hormonpegel steigern. Eine einfache kausale Beziehung gibt es jedenfalls nicht (zusammenfassend Geen 2001). Überdies scheinen andere Faktoren, insbesondere kognitive Prozesse sowie soziale, interaktionelle Einflüsse so gewichtig zu sein, dass der hormonelle Faktor ohnehin keine durchschlagende Bedeutung hat.

Im erweiterten Sinne gehören zu den organischen Grundlagen auch die Muskulatur und der Sprechapparat, ohne die das sichtbare körperliche und sprachliche Aggressionsverhalten nicht möglich wäre. Auch sie sind letztlich als allgemeine menschliche Ausstattung genetisch angelegt. Individuelle Unterschiede in der Körperkraft und Stimmkraft könnten in gewissem Grade für Unterschiede der Aggressivität mitverantwortlich sein. So sind Menschen mit starken Körperkräften bei direkten körperlichen Kämpfen im Vorteil, und einige könnten sich dadurch den häufigen Einsatz körperlicher Gewalt angewöhnen, sofern auch andere Faktoren, etwa ein antisoziales Milieu, in dieselbe Richtung wirken.

5 Negative Ereignisse

Die bei weitem populärste Vorstellung geht davon aus, dass aggressives Verhalten eine Reaktion auf negative, «frustrierende» Erfahrungen ist (vgl. S. 31). Unzählige Alltagsbeispiele lassen einen solchen Zusammenhang geradezu selbstverständlich erscheinen. Handelt es sich dabei tatsächlich um eine Gesetzmäßigkeit? Im Jahre 1939 veröffentlichten fünf Wissenschaftler der amerikanischen Yale-Universität das Buch «Frustration and Aggression», das ebendies behauptete und die wissenschaftliche Debatte entscheidend mitbestimmte (Dollard, Doob, Miller Mowrer & Sears 1939; deutsch: 1971). Das Buch begann mit folgenden Thesen: (1) Aggression ist immer eine Folge von Frustration. (2) Frustration führt immer zu einer Form von Aggression.

Wie im Folgenden gezeigt wird, müssen beide Behauptungen erheblich relativiert werden. Negative Ereignisse sind zwar oft ein möglicher Anlass für aggressives Verhalten – aber es gibt auch andere Anlässe. Und: Negative Ereignisse führen zwar oft zu aggressivem Verhalten – aber auch zu anderem.

5.1 Der Anlass: Frustrationen, Provokationen u. a.

Die Yale-Autoren sprechen nicht von negativen oder aversiven Ereignissen, sondern von Frustrationen. Was ist mit Frustration gemeint? Das Wort ist zwar mittlerweile auch in die deutsche Alltagssprache eingegangen, jedoch mit unscharfer Bedeutung. Die Yale-Autoren hatten den Begriff noch eng und präzise definiert, nämlich als Störung einer zielgerichteten Aktivität. Mit diesem Verständnis von Frustration lagen sie nahe am lateinischen Ursprung des Wortes: *frustra* = vergebens. Doch im faktischen Sprachgebrauch gibt es auch einen weit gefassten Frustrationsbegriff, der Entbehrungen, Provokationen, Belästigungen, ungerechte Behandlungen oder auch Stress-Situationen einschließt – eben unterschiedlichste negative, aversive Ereignisse.

Daraus ergibt sich die Frage, ob die verschiedenen Typen negativer Ereignisse in ihrer Bedeutung für aggressives Verhalten alle gleichwertig sind. Um es vorwegzunehmen: Sie sind es nicht.

Frustrationen: Scheitern an einem Hindernis

Eine Frustration im engeren Sinne liegt vor, wenn eine zielbezogene Aktivität durch ein Hindernis, eine Barriere gestört wird. Es reicht dabei nicht aus, dass ein Wunsch unerfüllt bleibt, es muss eine Aktivität in Richtung auf ein Ziel in Gang gekommen sein – zumindest eine gedankliche. Anders formuliert: Eine *erwartete* Zielerreichung bzw. Befriedigung wird verhindert (Berkowitz 1993, S. 31).

Dass solche Frustrationen jeglicher Aggression zugrunde liegen und stets zu einer Form von Aggression führen, behaupteten die Yale-Autoren (zunächst). Doch nicht in diesen kategorischen Thesen liegt die Bedeutung ihres Buches, sondern darin, dass es den eigentlichen Beginn der empirisch-experimentellen Aggressionsforschung markiert.

Allerdings war schon einige Jahre zuvor in Berlin ein aufschlussreiches Experiment durchgeführt worden, das den Yale-Autoren wohl unbekannt war, aber durchaus zu ihrem Frustrationsbegriff passte. Unter dem Titel «Der Ärger als dynamisches Problem» wurde die Arbeit 1931 von Tamara Dembo veröffentlicht. Sie brachte Ergebnisse, die noch immer als typisch gelten können:

In einem von Dembos Experimenten befand sich die Versuchsperson in einem Quadrat von 2,50 m Seitenlänge. Außerhalb des Quadrats stand ein Holzbock mit einer Blume. Die sollte hereingeholt werden, ohne das Quadrat mit den Füßen zu verlassen. Es gab zwei Lösungen: sich niederknien und dabei die Füße im Quadrat lassen; und: sich mit einer Hand auf einen Stuhl stützen und mit der anderen die Blume greifen. Diese Lösungen wurden meist nach einiger Zeit gefunden. Nun sagte die Versuchsleiterin, es gebe noch eine dritte Lösung – die es jedoch nicht gab. Auf diese Weise wurden die Versuchspersonen «frustriert».

Wie verhielten sie sich nun? Ermutigt durch die anfänglichen Erfolge, bemühten sie sich zunächst um die dritte Lösung. Doch mit den fortwährenden Misserfolgen kam es a) zu instruktionswidrigen Ersatzlösungen (eine nähere, aber «falsche» Blume ergreifen), b) zu Rückzugstendenzen (vorübergehend Zeitung lesen, endgültig aufhören), c) zu Ärgerausbrüchen wie Schimpfen, Rache androhen und sogar körperlichen Kämpfen. Die Frustration hatte also auf die meisten Teilnehmer eine starke Wirkung; einige zeigten jedoch keinen Ärger und kein aggressives Verhalten.

Als wenige Jahre später die Yale-Forscher behaupteten, eine Frustration führe «immer» zu einer Form von Aggression, erregten sie sofort lebhaften Widerspruch. Schließlich kann man leicht Alltagsbeispiele dafür finden, dass sich (wie bei Dembo) verschiedene Menschen in derselben Frustrationssituation unterschiedlich verhalten oder derselbe Mensch je nach Situation unterschiedlich reagiert, z.B. mit erneutem Bemühen, mit Ersatzhandlungen, mit Aufgeben, mit Tagträumen.

So verwundert es nicht, dass die Yale-Autoren ihre eigene kategorische These bald revidierten: Frustrationen, so die neue Fassung, rufen die Tendenz zu einer Reihe von Reaktionen hervor, eine davon ist die Tendenz zu irgendeiner Form von Aggression (Miller et al. 1941). Mit einer solchen Relativierung stellen sich jedoch weitere Fragen: *Welche* Frustrationen führen *wann* zu aggressivem und wann zu anderem Verhalten?

Vor allem in den sechziger und siebziger Jahren wurden hierzu zahlreiche experimentelle Untersuchungen durchgeführt. Hier einige typische Beispiele: Menschen werden, wie in Dembos «Blumenversuch», vor lösbar erscheinende, aber unlösbare Aufgaben gestellt (z.B. Buss 1963, Geen 1968); sie werden bei der Aufgabenbewältigung durch andere Personen behindert (z.B. Mallick & McCandless 1966, Geen 1968); in einer Menschenschlange drängelt sich jemand vor (z.B. Harris 1974); vor einer Verkehrsampel bleibt der vordere Wagen bei Grün weiterhin stehen (Doob & Gross 1968, Baron 1976). In vielen solcher Experimente regte die Frustration zwar tatsächlich aggressives Verhalten an (verglichen mit «Nichtfrustration»), in anderen Experimenten hingegen gar nicht (z.B. Buss 1966, Taylor & Pisano 1971, Walters & Brown 1963).

Versucht man, die Uneinheitlichkeit der Ergebnisse aus der Art der Frustration zu verstehen (neben anderen, noch zu besprechenden Faktoren), so scheint die «klassische» Frustration, nämlich das Scheitern an einer Barriere, kein durchschlagender Aggressionsfaktor zu sein. Die meisten Experimente, die aggressive Reaktionen fanden, gingen jedenfalls, genau besehen, darüber hinaus und enthielten auch ein Stück Provokation.

Provokationen: Angriffe, Belästigungen, Obstruktionen

Unter Provokationen versteht man vor allem körperliche Angriffe, verbale Angriffe, Belästigungen und weitere unerfreuliche Behandlungen durch andere Menschen. Hier muss keine in Gang gesetzte Zielaktivität gestört werden; vielmehr können Provokationen einen völlig «passiven» Menschen treffen.

Schon eine flüchtige Prüfung von Alltagserfahrungen wird nahe legen, dass wir auf solche Vorkommnisse besonders leicht mit aggressivem Verhalten antworten. Auch die empirische Forschung liefert hier die eindeutigsten Ergebnisse. Von allen Einzelfaktoren scheinen Provokationen der wirksamste Anlass für aggressives Verhalten zu sein (Anderson & Bushman 2002).

In Experimenten provoziert man vornehmlich mit *Worten*, vor allem durch Beleidigungen oder ungerechte Kritik (z.B. Buss 1963, Geen 1968, Schmidt-Mummendey 1972). Solche Provokationen sind Angriffe auf das *Selbstwertgefühl*. Körperliche Angriffe lassen sich verständlicherweise nur sehr begrenzt realisieren. Möglich sind leichte Formen wie das Anrempeln von Passanten, das Austeilen von schwachen Elektroschocks im Rahmen eines Wettspiels (z.B. Taylor & Pisano 1971) oder auch die Belästigung von Nichtrauchern durch Zigarettenqualm (Jones & Bogat 1978). All diese Verhaltensweisen, teilweise ihrerseits aggressiver Art, rufen offenbar weit eher aggressive Reaktionen hervor als Frustrationen im engeren Sinne. Dafür sprechen auch Untersuchungen, in denen Angriffe direkt mit (Hindernis-)Frustrationen verglichen wurden (Geen 1968, Geen & Berkowitz 1967).

Man mag fragen, ob die oben erwähnten Frustrationsexperimente (s. S. 61 f.) nicht ohne aggressive Wirkung geblieben wären, wenn sie nicht eine Dosis Provokation enthalten hätten. Es sind nämlich meist andere Personen und nicht etwa unglückliche Umstände, die das Hindernis verursachen: Der Fahrer vorne «passt nicht auf», es «drängelt» sich jemand vor, ein Mitspieler «stört durch dummes Gequatsche» etc. Solche Be-Hinderungen bezeichnet Da Gloria (1984) als *Obstruktion* und unterscheidet sie deutlich von Frustrationen im Sinne eines Fehlschlags, denen er eine aggressive Wirkung sogar gänzlich abspricht. Oft werden solche Obstruktionen sicherlich als persönlicher Angriff, zumindest aber als Missachtung oder Rücksichtslosigkeit empfunden.

Im Alltag scheint diese Verquickung von Hindernis und Provokation häufig vorzukommen. Belege dafür liefern unter anderem James Averills (1982) umfangreiche Untersuchungen zu Ärgererlebnissen im Alltag. Als Anlässe wurden in 82% der Fälle die Vereitelung oder Unterbrechung einer Aktivität (also Hindernisfrustrationen) genannt, jedoch verbunden mit einem oder mehreren «provokativen» Anteilen: a) mit abfälliger Kritik und anderen Herabsetzungen (64% der Fälle) und/oder b) mit Missachtung persönlicher Erwartungen und Wünsche, etwa: jemanden im Stich lassen (68%), und/oder c) mit Verstößen gegen gutes Benehmen, gegen Fairness oder andere Verhaltensnormen.

Regelverstöße, unfaires Verhalten

Um Ärger zu erregen, muss man also nicht aktiv gegen einen Menschen vorgehen, es reicht die Normverletzung, die Missachtung von Geboten der Fairness und Gerechtigkeit: betrügen, sein Versprechen nicht halten, «unfaire» Aufgaben stellen usw.

Felson (1984) analysierte aggressive Interaktionen in natürlicher Umgebung anhand detaillierter mündlicher Berichte. Sein Befund: Am Anfang steht meist ein Verhalten, das von einem anderen als Verstoß gegen eine Norm oder Anweisung empfunden wird. Eine aggressive Reaktion hierauf ist nach Felson als Bestrafung zu verstehen. Sofern es überhaupt zu negativen Reaktionen kommt, eskalieren sie häufig über typische Stufen, etwa von Vorwürfen bis zu körperlichen Angriffen (mehr dazu s. S. 114).

Nach Hans-Werner Bierhoff (1998) sind Verstöße gegen die Regeln von Fairness und Gerechtigkeit äußerst bedeutsame Anlässe für Ärger und (eventuelle) aggressive Reaktionen. Er verweist auch auf das Konzept der *relativen Deprivation*, in dem es ebenfalls um Ungerechtigkeit geht: Menschen «haben» weniger, als ihnen ihrer Meinung nach «zusteht». Anders als bei der klassischen Frustration ist hier entscheidend, mit wem man sich dabei vergleicht. Wenn man meint, man müsste dasselbe bekommen wie X, bekommt aber tatsächlich weniger, dann bedeutet dies eine «Benachteiligung». Sie kann einzelne Menschen oder eine ganze Gruppe betreffen (z.B. Schwarze in den USA, Katholiken in Nordirland). Relative Deprivation eines Kollektivs kann zu einem Anlass für gewaltsame Aufstände oder gar Revolutionen werden (vgl. Gurr 1970).

Allerdings: Der «Anlass» ist, genau genommen, nicht ein Verstoß oder Unrecht, sondern ein Verhalten, das der betroffene Mensch so *bewertet*. Während aktive Provokationen wie Spott und Belästigungen einigermaßen objektiv registrierbar sind, lassen sich Verstöße gegen die Regeln der Fairness zum großen Teil nur sehr subjektiv bestimmen, und die Betroffenen sind dabei oft parteiisch. Doch die subjektive Verarbeitung der Ereignisse, wie sachlich oder einseitig auch immer, ist letztlich entscheidend für die Gefühle und Handlungen (mehr hierzu weiter unten).

Fazit: Nimmt man die erwähnten Befunde zusammen, so müsste man die ursprüngliche Frustrations-Aggressions-Hypothese wohl in eine Provokations-Aggressions-Hypothese oder Regelverstoß-Aggressions-Hypothese abwandeln.

Umweltstressoren

Neben schlechter Behandlung durch andere Menschen gibt es viele externe Bedingungen, die gewöhnlich als unangenehm empfunden werden, z.B. Hitze, Lärm, schlechte Luft, Menschengedränge usw. Fördern auch solche «Stressfaktoren» aggressives Verhalten?

Unter Umständen kann dies geschehen, aber die Befunde sind hierzu nicht immer eindeutig (einen Überblick bieten Baron & Richardson 1994, Krahé 2001). Dies gilt etwa für die *Zusammenballung* von Menschen auf engem Raum. Falls sie sich gegenseitig stören und sich tatsächlich eingeengt fühlen, kann dies offenbar eine gereizte Stimmung fördern und im Extremfall sogar Gewalttätigkeiten begünstigen. Doch spielen viele Zusatzbedingungen eine Rolle, z.B. die Ziele des Zusammentreffens, der Grad der Ordnung bei der Raumverteilung oder die Dauer des Zusammenseins. Beispielsweise sind Zusammenballungen bei Konzerten oder Sportveranstaltungen für die meisten Menschen kein Problem.

Hitze kann dazu beitragen, auch die Gemüter zu erhitzen. Dafür sprechen unter anderem vermehrte Gewalttätigkeiten in heißeren Regionen und in heißeren Jahresabschnitten (Anderson 1989). Natürlich ist die Hitze nicht die «Ursache» der Gewalt. Haben jedoch andere Faktoren bereits eine aggressive Stimmung erzeugt, kann sie offenbar aggressive Ausbrüche erleichtern.

Ebenso kann *Kälte*, sofern sie unangenehm ist, die momentane Aggressionsbereitschaft erhöhen. Berkowitz (1993) betrachtet dabei den Kälte*schmerz* als das Entscheidende und verweist darauf, dass viele Menschen z.B. bei Kopfschmerzen oder anderer schlechter Verfassung zu aggressiver Gereiztheit neigen.

Ähnliches lässt sich von *Lärm* sagen, wobei hier nur der physikalische Reiz gemeint ist. Denn wenn Lärm nicht nur Lärm ist, sondern eine «Unverschämtheit», wenn er also auf rücksichtsloses Verhalten anderer Menschen zurückgeführt wird, dann zählt er zu den Provokationen.

Zusammengenommen heißt dies: Viele negative äußere Bedingungen können offenbar aggressives Verhalten begünstigen, aber sie haben nicht dasselbe Gewicht wie die zuvor erörterten Provokationen und Regelverstöße. Oft werden Menschen versuchen, die Stressquelle auf konstruktivem Wege abzustellen (Lärmschutz, Schmerzmittel usw.), den aversiven Einwirkungen zu entfliehen oder gar unverdrossen ihr Tagwerk fortzusetzen.

5.2 Die Emotion: Kommt es auf den Ärger an?

Aus dem Spektrum negativer Ereignisse führen einige eher zu aggressiven Reaktionen als andere. Doch selbst bei starken Anregern wie Provokationen geschieht das nicht immer. Was steckt hinter diesen Unterschieden? Von welchen Bedingungen hängt es ab, ob es zu aggressivem Verhalten kommt oder nicht?

Es liegt nahe, nach der subjektiven Verarbeitung des Anlasses zu fragen, insbesondere nach den ausgelösten *Emotionen*. Fühlt sich die Person überhaupt «frustriert» bzw. «provoziert»? Und wenn ja, in welcher emotionalen Färbung: Enttäuschung, Entmutigung, Angst, Ärger? Offenkundig haben nicht alle Gefühle dieselbe Nähe zu aggressivem Verhalten.

Ärger und verwandte Emotionen

Als besonders aggressionsnahe Emotionen sieht man gewöhnlich Ärger, Wut, Zorn oder auch Hass an, weniger hingegen Gefühle wie Enttäuschung, Verdruss oder Angst. Angelehnt an Ausführungen von Ulrich Mees (1992), bietet Tafel 6 eine Übersicht über einige auf negative Ereignisse bezogene Emotionen.

Die Differenzierungen richten sich nach der Art der kognitiven

Verarbeitung. Wer fühlt, denkt auch; er interpretiert und bewertet. Und die Art, wie man ein Ereignis auffasst, bestimmt die Art des Gefühls. Dieselbe kritische Bemerkung kann von Person A als Beleidigung und von B als Denkanstoß aufgefasst werden, dieselbe Panne als Ärgernis, als Herausforderung oder als lustiges Erlebnis. Entscheidend für die Tönung der Emotion ist somit stets, wie wir die Ereignisse interpretieren und inwieweit wir sie auf uns selbst beziehen (Verres & Sobez 1980, S. 149).

Wann entsteht nun *Ärger*? Auch Ärger ist nicht einfach ein dumpfer Affekt. Ärger ist das Erleben einer negativen Erfahrung in Verbindung mit einer *Schuldzuschreibung*. Anlässe wie eine Panne oder ein verregneter Urlaub erzeugen zwar auch «Ärger» in weitem Sinne, doch nach der vorgestellten Differenzierung wäre hier eher von Verdruss oder Enttäuschung zu sprechen. Der Unterschied liegt eben im Schuldvorwurf, und dieser beruht wiederum auf (1) einer Bewertung des Verhaltens: Es verstößt *gegen eine Norm* und ist daher tadelnswert, und (2) einer subjektiven Erklärung (Attribution) des Verhaltens. Die Person ist für ihr normwidriges Verhalten *verantwortlich*. Hierbei lassen sich drei Steigerungsformen unterscheiden («Intentionsmodi» nach Mees):

- Gedankenlosigkeit, Fahrlässigkeit: Leid und Schaden wären bei genügender Willensanstrengung zu vermeiden gewesen.
- Rücksichtslosigkeit: Leid und Schaden sind zwar nicht unmittelbar gewollt, werden aber sehendes Auges in Kauf genommen.
- Böswilligkeit: die Zufügung von Leid und Schaden ist gewollt.

Der Ärger steigt in der Reihenfolge dieser drei Intentionsmodi. Umgekehrt dämpft es den Ärger, wenn man Gründe für eine Ent-Schuldigung sieht, wenn man das Verhalten z.B. durch geistige Behinderung oder durch unglückliche Umstände erklärt. In einem Experiment von Horst Zumkley (1981) führte unfreundliches, «herummotzendes» Verhalten zu Ärger, höherer Pulsfrequenz und Vergeltungsaggression der Versuchspersonen, wenn man ihnen das Verhalten quasi als boshafte Eigenart erklärte («Der ist immer am Meckern»), nicht hingegen, wenn man es mit äußeren Belastungen erklärte («Er hat morgen Prüfung und ist heute etwas daneben»).

Wie wichtig solche Einschätzungsprozesse auch bei der Verarbeitung von Alltagserfahrungen sind, unterstreicht wiederum die erwähnte Untersuchung von Averill (1982) zu Ärgererlebnissen im Alltag. Averill stellte fest, dass über 80 % der berichteten Ärger-Anlässe von den Betroffenen entweder als willkürlich und ungerechtfertigt (51 %) oder als vermeidbar (31 %), mithin als Ausdruck von Mutwilligkeit oder Fahrlässigkeit angesehen wurden.

«Willkürlich», «ungerechtfertigt» oder ähnliche Urteile werden beim Scheitern an Hindernissen kaum aufkommen, wohl aber bei Angriffen und Belästigungen oder dem Scheitern aufgrund einer Obstruktion. Für den *Ärger* ist also nicht das Scheitern (die Frustration im engeren Sinne) entscheidend, sondern der Vorwurf. Zu ergänzen ist, dass es in diesem Sinne auch *Ärger über sich selbst* gibt

Tafel 6: Einige auf negative Anlässe bezogene Emotionen

Verdruss, Enttäuschung, «Frust»	Bei eigener Beeinträchtigung durch ein Hindernis. Beispiele: Fehlschläge, geplatzte Träume
Ärger (im engeren Sinne) *Wut* (akuter, intensiver Ärger) *Verachtung* (Dauerhaltung) *Hass* (Dauerhaltung)	Bei eigener Beeinträchtigung *plus Schuldvorwurf:* = «Verhalten ist normwidrig», «Urheber ist verantwortlich». Beispiele: Angriffe, Belästigungen, unfaires Verhalten
Zorn, Empörung	Bei Schuldvorwurf wegen Normverstoß, auch ohne eigene Beeinträchtigung. Beispiele: Beobachtung von Angriffen auf Schwache, Korruptionsvorfälle

(«Selbstärger» nach Mees 1992), sofern man nämlich sich selbst z. B. «dumme» Fehler oder Gedankenlosigkeit vorwirft.

Einige Emotionen kann man als Verwandte des Ärgers ansehen. *Wut* ist eine sehr intensive und akute Ärger-Emotion (Mees 1992). *Verachtung* und *Hass* sind emotionale Dauerhaltungen, sozusagen eingefrorener Ärger, gegenüber bestimmten Personen. Dabei hat die Verachtung mehr kognitiv-wertenden und der Hass mehr affektiven Charakter.

Während bei Verdruss und Enttäuschung der Schuldvorwurf keine Rolle spielt, steht er bei *Zorn* und *Empörung* ganz im Vordergrund. Es sind sehr moralische Gefühle. Zornig und empört ist man, weil eine Norm verletzt wurde – auch dann, wenn man selbst nicht zu Schaden gekommen ist, sondern «nur» andere (Benachteiligung Schwacher, Tierversuche usw.) oder vielleicht auch niemand (z. B. Verstöße gegen «Sitten»). Zorn und Empörung haben ebenfalls eine deutlich engere Verbindung zu aggressivem Verhalten als Enttäuschung und Verdruss.

Für den Übergang zu aggressivem Verhalten ist es wichtig, dass Emotionen wie Ärger und Zorn nicht nur Befindlichkeiten sind, sondern auch Motivationen. Sie enthalten zumeist den Wunsch, dass es dem Schuldigen «schlechter» gehen möge. Dies ist dann der motivationale Kern der «feindseligen» Aggression (z. B. Berkowitz 1993, Betsch et al. 1999; Näheres in Kapitel 8).

Zu ergänzen ist, dass es in der Ärgerneigung erhebliche *individuelle Unterschiede* gibt. Die beschriebenen Emotionen treten also bei einigen viel leichter auf als bei anderen, und zwar unter denselben negativen Bedingungen. Eine wichtige Rolle spielen dabei Unterschiede in der Art, negative Anlässe aufzufassen und zu bewerten. Unter anderem ärgern sich Menschen leicht, die hinter negativen Ereignissen schon dort böse Absichten erblicken, wo andere lediglich unglückliche Umstände oder ein Versehen wahrnehmen. Kapitel 9 wird auf diese personalen Unterscheide ausführlicher eingehen.

Negative Affekte

Leonard Berkowitz, der wohl wichtigste Weiterentwickler der Frustrationstheorie, hatte in seinem frühen Standardwerk (Berkowitz 1962) hervorgehoben, dass es für die Sequenz von Frustration zu aggressivem Verhalten nötig sei, «anger» als emotionales Bindeglied dazwischen zu stellen. Dreißig Jahre später (1989, 1993) sieht er nicht mehr «anger», sondern, weniger spezifisch, einen «negativen Affekt» als entscheidend an für die von ihm so bezeichnete «emotionale Aggression». Er verweist darauf, dass Hitze, Schmerz oder auch Depressionen aggressive Tendenzen wecken könnten. Eine willkürliche und ungerechte Behandlung, also der typische Ärger-Anreger, mache nur deshalb besonders aggressiv, weil sie besonders starke negative Affekte hervorrufe.

Nach der «kognitiv-neoassoziationistischen» Theorie von Berkowitz setzen negative Ereignisse automatisch folgenden Prozess in Gang: Das unangenehme Ereignis löst zunächst einen *undifferenzierten* negativen Affekt aus. Dieser Affekt ruft nun ein *komplexes Reaktionsnetz* aus Gedanken, Erinnerungen und körperlichen Prozessen wach, das sowohl aggressionsbezogene als auch fluchtbezogene Tendenzen, sowohl rudimentäre Formen von Ärger als auch von Angst umfasst. (Biologisch gesehen soll damit das Individuum befähigt werden, der negativen Einwirkung zu entgehen und/oder sie zu beseitigen.) Erst durch die *gedankliche Verarbeitung*, durch die Deutung des Ereignisses, der Lage, der Konsequenzen, der Verhaltensnormen und des eigenen Zustandes formt sich der *spezifische Affekt Ärger oder Angst* aus – doch nur als Begleiterscheinung, als Teil des Gesamtprozesses, und nicht als Verursacher der sich entwickelnden Aggressions- oder Fluchttendenz.

Obwohl Berkowitz selbst sein Modell teilweise als spekulativ ansieht (1993, S. 58), ist einiges daran sicherlich gut fundiert: dass unspezifische Affekte oder «Mischungen» aus Angst und Ärger auftreten können, dass die Art des erlebten Gefühls von der gedanklichen Verarbeitung mitbestimmt wird (wie bereits am Beispiel des Ärgers erläutert wurde, s. S. 66 ff.) und dass eine einzelne Komponente des assoziativen Netzes andere Komponenten nach sich ziehen kann, dass also z. B. die Erinnerung an eine Beleidigung entsprechende Emotionen und körperliche Reaktionen wachrufen kann. Fraglich erscheint mir hingegen, ob für emotional-aggressives Verhalten die schlichte negative Tönung des Affektes tatsächlich wichtiger ist als die ärgerspezifische Schuldzuschreibung.

Eindeutig auf Ärger, Groll und Hass beruhen *voll beabsichtigte* und *überlegte* Aggressionshandlungen gegen den Provokateur, etwa nachträgliche Racheakte. Hier sieht man bestimmte Menschen als Schuldige oder Übeltäter an, dies gibt dem Verhalten eine klare Richtung gegen ebendiese Personen, und die aggressive Handlung verschafft in diesem Fall eine spezifische emotionale Befriedigung (etwa: Genugtuung).

Anders mag es bei *impulsiven* Sofortreaktionen sein, auf die sich Berkowitz fast ausschließlich bezieht. Zwar sind auch sie darauf gerichtet zu verletzen (sonst wären sie keine Aggression), aber möglicherweise nicht «mit voller Absicht». Ihnen könnten heftige negative Affekte zugrunde liegen, die steuerndes Denken überwältigen. Die Aggression trifft dann zuweilen auch zufällig Anwesende; und statt Genugtuung zu empfinden, tut dem «Täter» sein Verhalten hinterher vielleicht sogar leid.

Möglich ist überdies, dass auch *Angst* nicht in Fluchtverhalten, sondern in aggressives Verhalten umgesetzt wird. Zu erwarten ist dies bei bedrohlichen Angriffen, denen man nicht entkommen, die man aber durch Notwehr beenden oder verhindern kann. Die aggressive Handlung dient hier dem Selbstschutz und kann als defensive oder Abwehr-Aggression bezeichnet werden (Näheres in Kapitel 8). In solchen Situationen sind sicherlich Angst-Wut-Mischungen möglich.

Ergänzend ist die Theorie des *Erregungstransfers* von Zillman (1979) zu erwähnen. Nach dieser Theorie kann jede affektive Erregung, egal, aus welchem Grund, zu einer spezifischen Emotion, also auch zu Ärger, beitragen. Entscheidend ist, wie jemand seine Erregung deutet. Wenn jemand z. B. verspottet wurde, wird er seine Erregung als Ärger (und nicht als Angst, als Begeisterung oder sonst was) deuten. Sollte er z. B. zusätzlich aufgrund körperlicher Anstrengung erregt sein, wird dies das Gefühl des Ärgers noch intensiver machen – weil diese weniger auffällige Erregungsquelle übersehen und die gesamte Erregung fälschlich der Provokation zugeschrieben wird. Auch Einflüsse, die mit dem Ärgeranlass eigentlich gar nichts zu tun haben, können somit die Wahrscheinlichkeit einer aggressiven Reaktion erhöhen. Das Phänomen des Erregungstransfers ist empirisch gut fundiert; ein Beispiel wird in anderem Kontext vorgestellt (s. Kapitel 11, S. 184).

5.3 Das Verhalten: von aggressiv bis konstruktiv

Wie Menschen sich bei negativen Ereignissen verhalten, hängt, wie dargestellt, von der kognitiv-emotionalen Verarbeitung ab. Doch selbst eine Emotion wie Ärger ist keine hinreichende Bedingung für aggressives Verhalten (übrigens auch keine notwendige; dazu S. 74f. sowie Kapitel 8).

Das Verhaltenspektrum

Zum Zusammenhang zwischen Ärger und Aggression gibt es unterschiedliche theoretische Auffassungen (im Überblick Selg 1992, Weber 1994). Man kann aber sagen: Er ist nicht so eng, wie in der Alltagspsychologie meist vermutet wird. Diese Vermutung hat wohl damit zu tun, dass es auffällt, wenn jemand verärgert ist und dies in aggressivem Verhalten äußert. «Stillere» Formen des Umgangs mit Ärger sind dagegen weniger auffällig: z.B. sich ins Kämmerlein zurückziehen, einer Vertrauensperson von seinen Ärger berichten.

In einer Untersuchung von Hannelore Weber (1999) berichteten Menschen detailliert über ihren Umgang mit interpersonalen Ärgersituationen. Wie bereits Averill (1982) fand auch Weber ein breites Verhaltensspektrum. Dieses ordnet sie nach sechs großen Kategorien. Zwei Kategorien lassen sich als aggressiv oder aggressionsnah verstehen, nämlich

- *Direkter Ärgerausbruch* gegenüber der Person, über die man sich ärgert («Ärger rauslassen») (von 48 % der Befragten genannt).
- *«Komplizenschaft»*, d.h. Ärgeräußerungen gegenüber Dritten (nicht an Dritten!): den Kontrahenten schlecht machen, sich gemeinsam über ihn ärgern (von 15 % genannt).

Insgesamt häufiger sind offenbar nichtaggressive Verhaltensweisen:

- *Unterdrückung*: Den Ärger nicht zeigen, ihn im Verhalten oder auch gedanklich unterdrücken (nicht gemeint: Bemühen um Ablenkung) (von 51 % genannt).
- *Nachdenken, Analyse*: Versuche, ruhig zu bleiben, den Vorfall zu verstehen, die Angemessenheit des Ärgers prüfen (39 %).
- *Aussprache*: Versuch eines sachlichen, moderaten Gesprächs mit dem Kontrahenten, in dem beide Seiten zu Wort kommen (36 %).
- *«Disengagement»*: Versuche der Distanzierung (Abstand gewinnen) und der Ablenkung (18 %).

Die Selbstberichte werden in ihrer Tendenz durch Beobachtungen zum realen Verhalten bestätigt (Weber & Piontek 1995, zit. nach Weber 1999).

Gefragt wurden die interviewten Personen auch, welche Formen der Ärgerregulation sie *empfehlen*. Hier liegt die persönliche Aussprache weit vorne (von 66 % genannt), danach folgt das – ebenfalls konstruktive – Nachdenken über die Situation (47 %). Der direkte Ärgerausbruch wird viel seltener empfohlen als berichtet (von 23 % gegenüber 48 %), die Unterdrückung aber auch (34 % gegenüber 51 %). Von Interesse ist sicherlich, dass einige typische Elemente wissenschaftlich fundierter Trainings zur Ärgerbewältigung von Laien kaum genannt werden, nämlich Entspannung, Selbstinstruktionen und Neubewertungen (hierzu ausführlich Kapitel 13 und 15).

Ergänzend sei noch angemerkt, dass im Falle von Hindernisfrustrationen (s. S. 60 f.), also jenseits des personenbezogenen Ärgers, oft noch andere nichtaggressive Verhaltensweisen vorkommen, z.B. vermehrte Anstrengung, Ersatzhandlungen, Tagträume, Selbstbetäubung durch Alkohol und andere Drogen, Selbstvorwürfe, Resignation, Bagatellisierung oder auch humorvolle Reaktionen.

Wovon hängt das Verhalten ab?

Ob Menschen ihren Ärger in aggressives Verhalten umsetzen, hängt einerseits von der Person selbst ab, zum anderen von der Situation. Menschen sind individuell unterschiedlich «disponiert», aber auch dieselbe Person kann sich je nach Situation mal so, mal anders verhalten, z. B. in der Familie laut schimpfen, gegenüber dem Chef eine «gute Miene aufsetzen».

Zunächst zu den *Personfaktoren*: Menschen unterscheiden sich nicht nur in ihrer *Ärgerneigung* (vgl. S. 69), sie unterscheiden sich auch in ihrem *Verhaltensrepertoire* für den Umgang mit Ärger, also darin, welche Verhaltensweisen sie kennen, zu welchen sie fähig sind und welche zu eingeschliffenen Gewohnheiten geworden sind. Manchen Menschen, die zu aggressivem Ärgerverhalten neigen, fehlt es an sozialen Fertigkeiten für den Umgang mit Konfliktsituationen und den eigenen Affekten. Sie kennen oder «können» konstruktive Alternativen zu wenig und haben insofern ein Defizit an «sozialer Kompetenz» (z. B. Lösel & Bliesener 2003, Verres & Sobez 1980).

Selbst wenn ein Mensch die Tendenz verspürt, sich aggressiv zu verhalten, kann dies doch durch *Hemmungen* unterbunden werden. Sowohl Averill (1982) als auch Weber (1999) ermittelten, dass vielen Menschen häufiger danach zumute ist, sich aggressiv zu verhalten, als sie es tatsächlich tun. Hemmungen können auf Angst vor Bestrafung beruhen oder auf moralischen Einstellungen. Angst vor Bestrafung zeigt sich z. B. gegenüber Vorgesetzten, eine moralische Hemmung dagegen gegenüber Schwächeren; hier ist dann nicht die Reaktion anderer Menschen, sondern die Selbstbewertung der entscheidende Faktor. In der Ausprägung von Aggressionshemmungen gibt es individuelle Unterschiede, z. B. in der Ausprägung von Ängstlichkeit gegenüber Autoritäten oder von ethischen Werthaltungen (hierzu mehr in Kapitel 14).

Alle Prozesse hängen aber außer von der Person auch von *situativen Faktoren* ab. Dazu zählen nicht nur die negativen Ereignisse, also die Ärgerauslöser. Hemmende Gedanken und Gefühle sind außer von der Person auch stark von der Situation abhängig, vor allem die Angst vor Bestrafung. Weiterhin wird aggressives Verhalten durch eine Situation begünstigt, die nicht nur keine Hemmungen weckt, sondern in gewisser Weise sogar «geeignet» erscheint. So verhält man sich eher aggressiv, wenn andere es in dieser Situation vormachen, wenn sie mithin ein *Modell* bieten (dazu mehr in Kapitel 6). Sieht man z. B. in einer Menschenschlange, wie ein anderer einen Vordrängler barsch zurückweist, so erhöht dies die Wahrscheinlichkeit, dass man selbst ähnlich reagiert (Experiment von Harris 1973). In gleicher Richtung können sog. *aggressive Signalreize* wirken. Das sind Situationsmerkmale, die mit Aggression oder negativen Ereignissen assoziiert sind und möglicherweise signalisieren, dass hier aggressives Verhalten sozusagen «passt». Beispiele hierfür sind Symbole wie eine geballte Faust, manche Uniformen, aggressive Parolen oder die Anwesenheit von Schusswaffen im Raum (Berkowitz & Le Page 1967, im Überblick Carlson et al. 1990).

Starke Signalreize können von der *Zielperson* ausgehen, gegen die sich die aggressive Tendenz richtet. Das ist in erster Linie der «Provokateur» bzw. «Schuldige». Dessen Gegenwart kann eine bereits vorhandene Aggressionstendenz über die Schwelle heben (sofern Hemmungen dies nicht verhindern). Gelegentlich richtet sich die aggressive Handlung auch gegen dessen Eigentum oder gegen Personen, die der gleichen Gruppe zugehören (gleicher Fußball-Club, gleiche Nationalität usw.) oder die auf andere Weise eine «negative Bedeutung» erlangt haben (Berkowitz 1993, Marcus-Newhall et al. 2000).

Schließlich kann die Situation positive *Anreize* für aggressives Verhalten enthalten. Das heißt, sie lässt nicht nur keine Strafe, sondern sogar Erfolge erwarten, etwa die Unterwerfung des Widersachers oder einen «starken Eindruck» bei Dritten. Dieser Punkt spielt in lerntheoretischen Erklärungen eine herausragende Rolle und wird daher in Kapitel 6 ausführlich behandelt.

Tafel 7: Zusammenfassung wichtiger Aspekte

Auf negative Ereignisse folgt *aggressives* Verhalten am ehesten dann,

- wenn das *Ereignis* in einer aktiven Provokation gegen das Selbstwertgefühl oder den Körper oder in einem Verstoß gegen Fairness-Regeln besteht (also nicht in bloßem Scheitern);
- wenn die betroffene *Person* das Ereignis auch tatsächlich als negatives *und* schuldhaftes Verhalten *auffasst* (als böswillig, rücksichtslos, fahrlässig etc.) und daher *Ärger*, Empörung oder eine ähnliche Emotion empfindet;
- wenn die Person für solche Situationen überdies aggressive (und kaum konstruktive) *Verhaltensgewohnheiten* sowie *geringe Hemmungen* mitbringt;
- wenn die *Situation* aggressive Modelle, Signalreize und Anreize (Erfolgschancen) bietet, aber kaum Anreger für Hemmungen.

Andere Varianten:

- Ein negatives Ereignis wird als bedrohlich erlebt und löst (statt Ärger) *Angst* aus, die eventuell zu einer Abwehr-Aggression führt.
- Das Ereignis wird in anderer Weise negativ erlebt und löst einen (weniger spezifischen) *negativen Affekt* aus, der sich in einer impulsiven Aggression ausdrückt.

Fazit: Insgesamt sind es vielfältige Faktoren, die mitentscheiden, ob negative Ereignisse zu aggressivem Verhalten führen oder nicht. In Tafel 7 ist zusammengefasst, unter welchen Bedingungen aggressives Verhalten zu erwarten ist.

5.4 Aggressives Verhalten nur nach negativen Ereignissen?

Auch zu dieser Frage machte die ursprüngliche Frustrationstheorie eine strikte Aussage: «Aggression ist immer die Folge einer Frustration.» Selbst wenn man stattdessen «...ist immer die Folge eines negativen Ereignisses» sagt, ist die These auf den ersten Blick nicht so leicht anzufechten wie die andere, dass Frustrationen bzw. negative Ereignisse immer zu aggressivem Verhalten führen. Das kritische Wort ist auch hier «immer».

Jedenfalls beobachtet man zuweilen aggressive Handlungen, ohne dass ein vorangehendes negatives Ereignis als Auslöser zu entdecken wäre. Es geht im Wesentlichen um vier Varianten:

1. *Instrumentelle Aggression:* Es gibt aggressive Handlungen, die einzig und allein auf die Erreichung eines bestimmten Zweckes gerichtet sind. Ein Bankräuber etwa setzt Drohungen und Geiselnahmen planmäßig als Mittel («instrumentell») zur Erlangung des Geldes ein, ein anderer vergiftet seinen Onkel, um vorzeitig die Erbschaft zu erhalten. Man könnte zwar einwenden, der Bankräuber habe vielleicht aus einer «frustrierenden» finanziellen Situation heraus gehandelt. Doch ist hier die Reaktion auf die Frustration zunächst nicht die aggressive Handlung, sondern das Nachdenken über Auswege. Der Ausweg «Bankraub» enthält dann zwangsläufig Gewalt. Der betreffende Mensch würde sich aber das Geld auch ohne Gewalt beschaffen, wenn er könnte. Und ganz klar ist: Die Gewalt entsteht nicht aus Ärger über die Bankangestellten und Bankkunden. (Mehr zu instrumenteller Aggression in Kapitel 6.3 und Kapitel 8.)
2. *Aggression aus Gehorsam:* Manchmal begehen Menschen aggressive Handlungen aufgrund eines Befehls oder einer Aufforderung. Der gehorsame Akteur wird hier ebenfalls nicht von «Ärger» motiviert, sondern etwa von dem Bedürfnis nach Anerkennung oder aus Angst vor Strafe. Insofern ist sein Verhalten ebenfalls als «instrumentell» anzusehen, hier allerdings nicht primär aus eigenem Antrieb (wie im Falle des Räubers), sondern durch Druck «von oben» (s. hierzu Kapitel 8.6 und 10.4).

3. *Momentane Nachahmung:* Zuweilen ahmen Kinder oder auch Erwachsene einfach das Verhalten nach, das ihnen andere vormachen – auch aggressives (mehr hierzu in Kapitel 6.1). Das geschieht nicht nur in «frustrierenden» Situationen, sondern eventuell auch aufgrund von Gruppenprozessen oder einer Filmszene. Aggressive «Modelle» können also auch ohne negative Ereignisse ihre Nachahmer finden.
4. *Lust-Aggression:* In anderen Fallen suchen Menschen von sich aus die Gelegenheit zu Streitereien und Kämpfen (z.B. Hooligans) oder gar zu grausamen Quälereien, weil ihnen dies «Spaß macht». Zwar liegt hier die Frage nahe, ob solche Neigungen vielleicht aus einer «frustrationsreichen» Lebensgeschichte entstanden sind, dennoch wäre das aktuelle Handeln dann keine «Reaktion» auf ein negatives Ereignis.

Nun könnte ein orthodoxer Frustrationstheoretiker einwenden, dass in allen Fällen für den betroffenen Menschen negative Erfahrungen vorangegangen seien, die ein Außenstehender gar nicht entdecken könne. Natürlich kann man in jeder Situation und vor allem in jeder Lebensgeschichte etwas Negatives finden, aber ob dies mit dem aggressiven Verhalten in ursächlichem Zusammenhang steht, lässt sich meist weder beweisen noch widerlegen; es einfach vorauszusetzen ist wissenschaftlich unzulässig. Hingegen lässt sich durch Untersuchungen belegen, das in den genannten vier Fällen andere Faktoren als vorangehende Frustrationen, Provokationen usw. die entscheidende Rolle spielen.

5.5 Aggressivität durch «frustrationsreiches» Leben?

Wir verlagern nun den Blick vom Verhalten in einer aktuellen Situation auf den Entwicklungshintergrund aggressiver Dispositionen (von der horizontalen zur vertikalen Achse im Modell auf S. 36 f.).

Schon in der ursprünglichen Frustrationstheorie wurde die Aggressionsneigung einzelner Menschen oder gar Gruppen als Ergebnis einer *Vielzahl* von Unterdrückungen, Einschränkungen und Entbehrungen im Kindes- und Jugendalter oder aus sozial-ökonomischen Notlagen gedeutet. Die Autoren (Dollard et al. 1939) führen hierzu eine lange Liste typischer Frustrationen für mehr oder minder viele Menschen an, angefangen bei Zwängen und Verboten in der Erziehung bis hin zu sozialer Not und Unterdrückung in den politischen Systemen der amerikanischen Demokratie, des deutschen Faschismus und des sowjetischen Kommunismus. Auch die von Karl Marx angenommene proletarische Revolution wird als Folge von Frustrationen verstanden.

Damit gewinnt die Theorie eine weitreichende pädagogische und politische Bedeutung. Führen also Frustrationen oder, weiter gefasst, negative Lebenserfahrungen zu Aggressivität im Sinne einer personalen Disposition? Die geschilderten Befunde zu Reaktionen auf ein vorangehendes Ereignis kann man nicht unbesehen auf die Frage nach einer *Langzeitwirkung* übertragen, sondern man muss diese gesondert überprüfen.

Negative Erfahrungen im persönlichen Bereich

Zunächst ein geläufiger Tatbestand: Wenn in Gerichtsverfahren gegen Gewaltverbrecher über den Lebenslauf des Täters berichtet wird, so hört man sehr häufig, das er eine traurige Lebensgeschichte hinter sich hat: lieblose und prügelnde Eltern, früher Verlust der Eltern, Heimeinweisungen, Misserfolge in Schule und Beruf, demütigende Erlebnisse mit Altergenossen oder dem anderen Geschlecht. Spiegeln Einzelfälle dieser Art allgemein gültige Zusammenhänge wider?

Ja und nein. Ja, wenn man annimmt, dass man wohl selten kriminelle Gewalttäter ohne eine stark belastete Lebensgeschichte finden wird. Nein, wenn man daraus den Umkehrschluss zieht, dass eine solche Geschichte typischerweise zu Aggressivität führt. Ebenso können sich überaus ängstliches, stilles Verhalten, Depressionen oder Drogensucht entwickeln und nicht selten vieles gleichzeitig.

Belastende Erfahrungen findet man also hinter allen möglichen psychischen Problemen – und zuweilen auch bei stabilen, lebensfrohen Menschen. Man muss daher immer zusätzliche Faktoren in Betracht ziehen, um speziell hohe Aggressivität zu erklären.

Nehmen wir den gut untersuchten Bereich der *familiären Erziehung*. Zweifellos begünstigt eine Erziehung, die vorwiegend mit negativen Mitteln arbeitet, die Entwicklung von Aggressivität. Einschränkungen scheinen dabei weniger bedeutsam zu sein als eine «schlechte Behandlung». Vor allem emotionale Kälte und Ablehnung, aber auch harte Disziplinierungen und Misshandlungen durch die Eltern lassen sich in der Lebensgeschichte von (vorwiegend männlichen) aggressiven und antisozialen Kindern, Jugendlichen und Erwachsenen überdurchschnittlich oft finden (z. B. Bandura & Walters 1959, Lösel & Bliesener 2003, McCord 1986, Olweus 1980, Wetzels 1997).

Aber solche Erfahrungen reichen als Erklärung für Aggressivität *nicht* aus. Fast immer wurden weitere Faktoren ausgemacht, etwa Nachgiebigkeit gegenüber aggressivem Verhalten des Kindes (z. B. Olweus 1980, Patterson 1982), die Eltern als aggressives Vorbild, elterliche Anerkennung für aggressives Verhalten außerhalb der Familie (Bandura & Walters 1963) sowie wechselhafte und widersprüchliche Erziehung (vgl. Parke & Slaby 1983).

Auch zeigt die Erziehungsstilforschung (z. B. Lamborn et al. 1991), dass die Kombination aus mangelnder Wärme/Akzeptanz mit mangelnder Lenkung und Beaufsichtigung (zusammen: Vernachlässigung) eher Aggressivität fördert als die Kombination aus mangelnder Wärme/Akzeptanz mit strenger Lenkung (zusammen «autoritäre» Erziehung), obwohl diese vermutlich mehr Frustrationen für die Selbstentfaltung mit sich bringt. Wenn Eltern Regeln und Grenzen vermitteln, wirkt dies tendenziell einer aggressiven Entwicklung entgegen (ähnlich McCord 1986).

Zu negativer Behandlung durch die Eltern müssen also noch weitere Faktoren hinzukommen, um speziell Aggressivität anzubahnen. Und viele dieser Faktoren (aggressive Vorbilder, Erfolge aggressiven Verhaltens, unzureichende Vermittlung sozialer Regeln usw.) haben mehr mit *Lernen* bzw. mangelndem Lernen zu tun als nur mit negativen Lebenserfahrungen. Im Übrigen können auch schwerste Belastungen durch gegenläufige *Schutzfaktoren* der Umwelt und der Person selbst ausgeglichen werden (z. B. eine Vertrauensperson als positives Vorbild, Erfolge in der Schule). Wichtiger als Einzelfaktoren ist die Gesamtkonstellation, im Falle von hoher Aggressivität mithin die Kumulation verschiedener ungünstiger Einflüsse (Lösel & Bliesener 2003).

Weiterhin ist zu bedenken, dass negative Erlebnisse in der Lebensgeschichte, die gern als *Ursache* von Aggressivität angesehen werden, auch umgekehrt die *Folge* von Aggressivität sein können (s. Patterson, DeBaryshe & Ramson 1989). Das heißt: Die Aggressivität von Kindern und Jugendlichen kann negative Erfahrungen hervorrufen. Sie provoziert oftmals Ablehnung und Bestrafungen durch die Eltern (Eron, Huesmann & Zelli 1991) sowie Zurückweisung durch andere Kinder oder Erzieher. Überdies sind nach Patterson bei den aggressiven Kindern meist auch Widersetzlichkeit, impulsives Verhalten und Mangel an Selbstkontrolle zu finden und indirekt für Versagen in Schule und Ausbildung mitverantwortlich.

Sozioökonomische Lebenslage

Die Lebensgeschichte mancher Menschen wird stark von Arbeitslosigkeit, geringem Einkommen, schlechten Wohnverhältnissen usw. mitbestimmt. Solche Bedingungen können sich indirekt auf familiäre Konflikte, auf den Umgang miteinander und auf das Erziehungsverhalten auswirken. Überdies können sie direkt den Boden bereiten für spezifische Gewaltformen wie etwa Raubdelikte (Armutskriminalität). Doch selbst unter eindeutig unbefriedigenden Lebensverhältnissen entwickeln sich nicht bei allen Menschen aggressive, sondern oft auch ganz andere Verhaltenstendenzen: das stille Ertragen des Schicksals, geschicktes Haushalten mit dem Minimum, Techniken zum Verbergen der Armut oder Rückzug aus dem gesellschaftlichen Leben wie etwa bei sog. Nichtsesshaften.

Ähnlich ist es bei *kollektiver* Aggression im gesellschaftlich-politischen Raum. Zwar bestätigen viele Untersuchungen, dass die «relative Deprivation» – die Diskrepanz zwischen den realen und den beanspruchten Lebensverhältnissen (vgl. S. 64) – eine Basis für Unruhen, Aufstände und Revolutionen bildet (ausführlich Gurr 1970; vgl. auch Bierhoff 1998). Doch häufiger ertragen ganze Völker oder Bevölkerungsgruppen Hunger und Elend, ohne sich gewaltsam aufzulehnen. Und glücklicherweise gibt es auch immer wieder Beispiele für die friedliche Durchsetzung von Verbesserungen. Ob es zu Gewalt kommt, hängt unter anderem davon ab, ob sich nur Einzelne oder eine gesellschaftliche Gruppe benachteiligt fühlt, wem die Schuld an dem Elend zugeschrieben wird (z.B. der Regierung oder dem «Schicksal»), welche «Tradition» Gewalt in der betreffenden Gesellschaft hat, wie die Erfolgschancen eingeschätzt werden und welche Qualität die Führung und Organisation der Unzufriedenen hat.

Diese Argumente sollen nicht die große Bedeutung negativer Lebenserfahrungen für die Entwicklung hoher Aggressivität infrage stellen. Aber es ist wichtig, ihr Gewicht zu relativieren und stets auch andere Faktoren im Auge zu behalten. Eine Übersicht hierzu bietet Kapitel 9.

6 Lernen

Lernpsychologische Konzepte spielen seit den 1960er Jahren eine maßgebliche Rolle in der empirischen Aggressionsforschung. Aggressives Verhalten bedarf danach keiner Erklärung eigener Art (etwa durch einen speziellen Trieb oder Frustrationen), sondern beruht, wie soziales Verhalten generell, überwiegend auf Lernvorgängen. Der prominenteste Vertreter dieser Richtung ist Albert Bandura. Zusammen mit Richard Walters (Bandura & Walters 1959, 1963) leitete er die neue Phase ein und formulierte später eine komplexe sozial-kognitive Lerntheorie (Bandura 1973, 1986).

Dass Lernen eine unverzichtbare Komponente der Aggressionserklärung ist, wurde bereits im vorangehenden Kapitel deutlich: Negative Ereignisse sind zwar wichtige situative Anreger, können aber die Entwicklung von Aggressivität als personaler Disposition nicht hinreichend erklären.

Von Lernen spricht man, wenn Menschen aufgrund von Erfahrungen ihre Kenntnisse, Fertigkeiten, Einstellungen, Gewohnheiten, Vorlieben, Abneigungen usw. verändern. Das Spektrum dessen, was gelernt werden kann, ist also sehr breit, und auch das Wie des Lernens ist psychologisch nichts Einheitliches. Drei Typen von Lernvorgängen sind auch für den Themenkreis Aggression von besonderem Interesse: Lernen am Modell, Lernen am Erfolg und Misserfolg sowie kognitives Lernen. Zwischen diesen Typen gibt es in der Praxis Überschneidungen und Verflechtungen.

6.1 Lernen am Modell I: Reale «Vorbilder»

Neue Verhaltensweisen kann man oft einfach und schnell erlernen, indem man sie bei anderen Menschen beobachtet. Das gilt für das Bedienen einer Maschine, für sprachliche Ausdrucksweisen oder eben auch für aggressives Verhalten.

Hierzu zunächst ein mittlerweile klassisches Experiment (Bandura, Ross & Ross 1961): Ein etwa vierjähriges Kind wird in ein Zimmer geführt, in dem sich allerhand Spielzeug befindet: z. B. eine körpergroße clownartige Puppe, ein Holzhammer, ein Gewehr, Buntstifte und Papier, Autos, ein Ball u. a. m. Was wird das Kind mit diesem Angebot machen? Dies hängt entscheidend davon ab, was es zuvor gesehen hat. Ein Teil der Kinder hatte nämlich einen aggressiven Erwachsenen beobachtet, der einer großen Puppe mit einem Holzhammer auf den Kopf schlug und sie beschimpfte. Eine Vergleichsgruppe hatte stattdessen einen Erwachsenen gesehen, der Spielzeug einsammelte. Alle Kinder waren, bevor sie in das Spielzimmer gebracht wurden, leicht frustriert worden (indem man ihnen attraktives Spielzeug wegnahm). Ergebnis: Kinder, die das aggressive Modell gesehen hatten, zeigten entsprechendes Verhalten deutlich häufiger als Kinder mit dem nichtaggressiven Modell.

Dieses Ergebnis wird wohl niemanden überraschen. Und doch lenkten erst die Untersuchungen von Bandura und anderen Forschern den Blick auf die große Bedeutung des Lernens am Modell. Dieses wurde dann in den folgenden Jahren ein wichtiges Forschungsthema.

Aggressive Modelle in der Familie

Aggressive «Vorbilder» begegnen uns in allen Lebensbereichen, etwa in der Familie, im Betrieb, auf dem Sportplatz, in den Medien, in der Politik.

Für die individuelle Entwicklung sind natürlich die *Eltern* von besonderer Bedeutung. Bandura & Walters (1959) fanden, dass Kinder von aggressiven Vätern zwar nicht ihnen gegenüber, wohl aber gegenüber Mitschülern erhöhte Aggressivität zeigten. Ebenso wurden in einer Studie von Olweus (1980) solche Kinder von ihren Mitschülern als besonders aggressiv eingeschätzt, deren Eltern zu harten, aggressiven Erziehungspraktiken (körperliche Bestrafung, Drohungen usw.) neigten. Zwar sind diese Kinder durch die häuslichen Erfahrungen sicherlich auch «frustriert», doch dies würde, wie früher dargelegt (vgl. S. 79 ff.), nicht ausreichen, um speziell aggressives Verhalten zu erklären. Das Lernen am Modell stellt hier eine sehr direkte Verbindung her.

Solche Zusammenhänge werden pädagogisch geradezu beklemmend, wenn Eltern aggressive Bestrafungen anwenden, um ihrem Kind aggressives Verhalten «auszutreiben», wenn sie es beispielsweise schlagen, weil es sein Geschwister geschlagen hat. Belschner (1971, S. 81) spricht hier treffend von einem «Bumerang-Effekt» der Bestrafung. Leider ist Eltern im Allgemeinen nicht bewusst, dass Prügel, Anschreien und andere Bestrafungen ihrem Kind als aggressives Modell dienen.

Auch Gewalt der Eltern *untereinander* kann als Modell für die Kinder fungieren, und zwar sowohl das Verhalten des Täters als auch das Verhalten des Opfers. Beides, Gewalt auszuüben und Gewalt zu erdulden, kann gewissermaßen als normales Beziehungsmodell erlernt werden. Im Übrigen hängen Gewalt in der Paarbeziehung und Gewalt gegen die eigenen Kinder meist zusammen (Moffitt & Caspi 2003, Wetzels 1997).

Das elterliche Erziehungs- und Partnerschaftsverhalten setzt sich womöglich in der nächsten Generation fort. Jedenfalls unterliegen Menschen, die in ihrer Kindheit misshandelt wurden, einem erhöhten Risiko, später als Eltern selbst Gewalt gegen ihre Kinder auszuüben, vor allem dann, wenn sie auch aktuell Gewalt durch den Ehepartner erleben (vgl. Wetzels 1997). Eine Automatik gibt es allerdings nicht! Sehr viele Eltern, die als Kind misshandelt wurden, misshandeln ihre eigenen Kinder nicht, wie auch umgekehrt ein großer Teil misshandelnder Eltern nicht selber als Kind misshandelt wurde (vgl. Engfer 1986, Widom 1989).

Das frühere aggressive Vorbild der Eltern ist also nur einer von mehreren Einflüssen. Und zum Gesamtgefüge gehören neben jenen Einflüssen, die Gewalt fördern, auch die gegenläufigen Schutzfaktoren: etwa positive Vorbilder in Vergangenheit und Gegenwart, die Aneignung sozialer Verhaltensregeln, eigener Erfolg mit positivem Sozialverhalten – und nicht zuletzt eine befriedigende Partnerschaft.

Insgesamt ist festzuhalten, dass aggressive Erziehermodelle ein bedeutsamer Risikofaktor sind. Ihr Einfluss auf Kinder kann in unterschiedlicher Weise in Erscheinung treten: unter anderem in deren aggressivem Umgang mit anderen Kindern sowie Jahrzehnte später im Umgang mit den eigenen Kindern und dem Ehepartner. Wirksam werden können die Modelle sowohl dann, wenn die Kinder sie nur beobachten, als auch dann, wenn sie selbst darunter zu leiden haben.

Modelle in Bezugsgruppen und Gesellschaft

Nicht nur Eltern und andere Erziehende können aggressive Vorbilder sein. Kinder und Jugendliche schauen auch auf das Verhalten ihrer *Altersgenossen*, jedenfalls auf solche, die ihnen wichtig sind. Vor allem Jungen, die bereits zu antisozialem Verhalten neigen, suchen im Jugendalter oftmals den Anschluss an eine entsprechende Gruppe (Cairns & Cairns 1991, Lösel & Bliesener 2003, Patterson et al. 1989). Manche Gruppen verfolgen rein kriminelle Ziele, manche lieben die Rivalität mit anderen «Banden», und einige engagieren sich in politischem Extremismus. Alle gruppentypischen Verhaltensweisen (Gewalttechniken, Bestrafungsrituale etc.) werden über das Lernen am Modell rasch und effektiv an neue Mitglieder weitergegeben. Hinzu kommt, dass die Nachahmung in den relevanten Kreisen durch Anerkennung belohnt wird (hierzu mehr in 6.2.). Kriminalität und politischer Terrorismus sind Felder, in denen Täter voneinander lernen. Auch der Strafvollzug kann zur Schule für Kriminelle werden, sowohl wegen der verbalen Weitergabe krimineller Techniken als auch wegen des aggressiven Umgangsstils.

In Großgruppen wie Völkern und Religionen werden die jeweiligen Normen – darunter vielleicht auch kriegerische Tugenden, Härte mit Untergebenen usw. – ebenfalls über das Lernen am Modell weitergegeben und als Tradition lebendig gehalten. Beispielsweise vermitteln Völker, deren Leben sich um Krieg dreht, schon Kindern und Jugendlichen ein militärisches oder vormilitärisches Training, bei dem das Vorbild der Erwachsenen eine maßgebliche Rolle spielt. Dies zeigen unter anderem Untersuchungen an sog. primitiven Kulturen (z.B. Sipes 1973), und es ist ebenso in sog. modernen Staaten zu beobachten. Wenn z.B. in der chinesischen «Kulturrevolution» oder in Nazideutschland die Verfolgung von Andersdenkenden oder Minderheiten sehr rasch zu einem weit verbreiteten Verhalten werden konnte, so ist dies ohne Imitation kaum zu erklären.

Gerade Beispiele dieser Art zeigen, dass Modelle verschiedene Funktionen haben. Zum einen sind sie, wie dargelegt, eine Quelle für den Erwerb neuer Verhaltensweisen – dies ist das eigentliche Lernen am Modell. Zum anderen kann das von anderen vorgemachte Verhalten im aktuellen Augenblick bereits bekannte Verhaltensweisen anregen (Beispiel: Einer schimpft, dann tun es auch andere), und zwar über mehrere Wirkungsweisen: Das Vorbild liefert eine Orientierung für eigenes Verhalten, es stimuliert emotional, und es reduziert eventuell eigene Hemmungen. Alles zusammen läuft auf eine «ansteckende» Wirkung hinaus, die vor allem für das Verhalten von Kollektiven von großer Bedeutung ist.

Wer ahmt wen nach – und wann?

Wir sind täglich zahllosen Modellen ausgesetzt, doch ahmen wir selbstverständlich nicht alle nach. Wovon hängt es also ab, ob man nachahmt? Allgemein lässt sich sagen: vom Modell, vom Beobachter, von der Beziehung zwischen ihnen und aktuell von der jeweiligen Situation.

Was das *Modell* anbelangt, so wird es vor allem nachgeahmt, wenn es erfolgreich ist (z.B. Bandura, Ross & Ross 1963). Das weckt dann auch beim Beobachter Erfolgserwartungen; man spricht von «stellvertretendem» Lernen am Erfolg. Nicht nur einzelne erfolgreiche Handlungen, auch erfolgreich erscheinende Personen, also Personen mit

Macht und Prestige, werden eher imitiert als andere. Weiterhin kann die moralische Qualität der Handlung eine Rolle spielen: Erscheint sie z. B. als gerechte Strafe für einen Schurken oder als böse Tat?

Was den *Beobachter* anbetrifft, so wird er das Modell vor allem dann nachahmen, wenn dafür gewissermaßen Bedarf besteht. Im Alltag orientiert man sich bekanntlich an anderen, wenn man selbst unsicher ist über das richtige Verhalten. Manche Menschen haben einen sehr speziellen «Modell-Bedarf», und so interessiert sich vielleicht ein Räuber oder Terrorist für ganz bestimmte Techniken der Gewaltausübung. Nicht verwunderlich ist auch, dass speziell für aggressive Modelle Menschen in akuter Verärgerung empfänglicher sind als sonst (Hanratty et al. 1972 im Experiment); und Berkowitz (1993) vermutet wohl zu Recht, dass vorzugsweise «frustrierte» Kinder und Jugendliche dazu neigen, Gewalttätigkeiten ihrer Väter nachzuahmen.

Bedeutsam ist weiterhin die emotionale *Beziehung* des Betrachters zum Modell. Im Großen und Ganzen sprechen die Befunde dafür, dass es die Imitation begünstigt, wenn die beobachtende Person die Modellperson «mag» und/oder sich ihr ähnlich fühlt (beides überschneidet sich gewöhnlich) (im Überblick Zumkley-Münkel 1976).

Ein anderer Aspekt ist die Frage, *wann* die Nachahmung auftritt. Experimente sind so angelegt, dass sich kurz nach der Modell-Darbietung eine Gelegenheit zur Nachahmung bietet. Wird dann nicht nachgeahmt, kann trotzdem Modell-Lernen stattgefunden haben. Das vorgemachte Verhalten kann im Gedächtnis gespeichert sein, ohne dass es aktuell gezeigt wird. Zu unterscheiden ist also die *Aneignung*, das eigentliche Lernen, von der *Ausführung*. In einem Experiment von Bandura (1965) ahmten Kinder ein aggressives Modell selten nach, weil es bestraft worden war; aber fast alle Kinder konnten das gesehene Verhalten imitieren, wenn sie dies für eine Belohnung tun sollten.

Damit kann ein erlerntes Modellverhalten auch erst später in einer geeigneten Situation zur Geltung kommen. «Geeignet» heißt: vor allem dann, wenn das Verhalten Erfolg verspricht und nicht durch Strafandrohung oder moralische Bedenken gehemmt wird. Weitere auslösende Bedingungen können z. B. Provokationen oder aggressive Signalreize sein, also im Grunde dieselben Situationsfaktoren, die bereits bei der Umsetzung von Ärger in aggressives Verhalten erörtert wurden (vgl. S. 74 f.). «Geeignet» wird auch eine Situation sein, die jener gleicht, in der das aggressive Verhalten vorgemacht wurde. So können, wie erwähnt, aggressive Vorbilder aus der Herkunftsfamilie noch eine Generation später zur Geltung kommen, etwa in Konflikten mit dem Ehepartner und den eigenen Kindern.

Von Bedeutung ist überdies, dass Modelle nicht immer in allen Einzelheiten nachgeahmt werden, sondern oft nur in ähnlicher Form, oder dass die wiederholte Beobachtung aggressiver Modelle sozusagen das Prinzip «Sei aggressiv» vermitteln. Erworben wäre damit ein allgemeiner Handlungsplan für bestimmte Situationen, ein sog. «Skript» (hierzu mehr auf S. 103).

6.2 Lernen am Modell II: Gewalt in den Medien

Es ist seit langem bekannt, dass Menschen nicht nur von realen, sondern auch von symbolischen Modellen beeinflusst werden können. Sogar vorgetragene Geschichten können zur Nachahmung anregen (z. B. Pass 1983). Doch in erster Linie ist hier natürlich an Modelle in Film und Fernsehen zu denken, über deren Einfluss oft heftiger diskutiert wird als über den Einfluss realer Modelle.

Hat Gewalt im Fernsehen eine schädliche Wirkung?

Nach jahrzehntelangen Forschungen mit teilweise widersprüchlichen Befunden scheint heute klar: Statistisch fördert TV-Gewalt Aggressivität etwa in dem Maße, wie Zigarettenrauchen Lungenkrebs fördert (Coie & Dodge 1998, ähnlich Anderson & Bushman 2002). Es gibt zwar keine Automatik, aber ein bedeutsames Risiko. Dies gilt übrigens auch, wie viele Untersuchungen nahe legen, für Gewalt in Videospielen (Anderson & Bushman 2001).

Für Gewalt im Film zeigen sich die deutlichsten Effekte in *expe-*

rimentellen Laborstudien, in denen die Versuchspersonen innerhalb kurzer Zeit einen Film sehen, eventuell frustriert werden und dann Gelegenheit zu aggressivem Verhalten haben, meistens in einer filmähnlichen Spielsituation. Stimuliert wird aber auch aggressives Verhalten in einer anschließenden «freien» Spielsituation (Wood, Wong & Cachere 1991). Nachgewiesen sind damit zunächst allerdings nur kurzfristige Effekte, und es ist offensichtlich, dass der Ablauf solcher Experimente relativ weit entfernt ist vom Fernsehalltag mit seinen vielen unterschiedlichen, auch gegenläufigen Einflüssen.

Langfristige Effekte, also die Ausbildung aggressiver Einstellungen und Verhaltensgewohnheiten, bedürfen daher eines gesonderten Nachweises. Um den hat sich die Forschung auch intensiv bemüht. Zunächst einmal findet man tatsächlich einen statistischen *Zusammenhang* zwischen dem Konsum von Gewaltdarstellungen und der individuellen Aggressivität (vgl. z.B. Freedman 1984, Kleiter 1997). Hier stellt sich aber noch die Frage: Was ist Ursache, und was ist Wirkung? Fördern die Filme die Aggressivität oder haben umgekehrt Menschen mit aggressiven Neigungen eine Vorliebe für Gewaltdarstellungen? Die Beziehung ist *wechselseitig:* Der Fernsehkonsum fördert die Aggressivität und umgekehrt (vgl. Eron 1982, Kleiter 1997). Hinzu kommt eine weitere Einflussrichtung: Beide Erscheinungen – die Aggressivität und ausgiebiger Fernsehkonsum – werden gemeinsam durch einen dritten Faktor gefördert, nämlich durch ein ungünstiges familiäres und soziales Milieu.

Besonders aussagekräftig sind *Längsschnittuntersuchungen*, in denen die Entwicklung derselben Personen über mehrere Altersstufen verfolgt wird, in diesem Falle: ihr Fernsehkonsum und Indikatoren für ihre Aggressivität. Aufgrund des zeitlichen Längsschnittes weiß man, was «zuerst» da war und was später eintrat, und kann daraus kausale Schlüsse ziehen.

- So lässt sich zeigen, dass der Konsum von TV-Gewalt mit 8 Jahren in gewissem Ausmaß die Aggressivität (auch kriminelle Auffälligkeiten) mit 30 Jahren vorhersagt – selbst wenn man die mit 8 Jahren schon vorhandene Aggressivität sowie soziale Einflüsse herausrechnet (Huesmann 1986).

- Ähnliche Ergebnisse findet man für das tägliche Ausmaß des TV-Konsums im Jugend- und frühen Erwachsenenalter: Es korreliert mit der Wahrscheinlichkeit späterer Aggressionshandlungen (auch polizeilich registrierter) – wiederum selbst dann noch, wenn man die Ausgangsaggressivität, familiäre Vernachlässigung, Gewalt in der Nachbarschaft und andere Faktoren rechnerisch konstant hält (Johnson et al. 2002). Das Fernsehen wirkt also nicht nur in der Kindheit.

Wenn nun mit der Summe der verschiedenen Untersuchungen die kausale Wirkung medialer Gewalt nachgewiesen ist, bleibt noch zu fragen, *auf welche Weise* sie wirkt. In diesem Kapitel steht sie unter dem Titel «Lernen am Modell», denn die Nachahmung des vorgespielten Verhaltens ist gewiss ein wichtiger Effekt. Doch andere Wirkungsweisen kommen ebenfalls infrage (vgl. Coie & Dodge 1998): Die Filme können Aggressionshemmungen schwächen, den Glauben an den Erfolg und die Richtigkeit von Gewalt festigen, gegenüber Gewalt unempfindlicher machen (Abstumpfung), ein verzerrtes Bild von der Wirklichkeit erzeugen und aggressive Phantasien stimulieren. Als akuter Effekt ist darüber hinaus die direkte Anregung aggressiver Handlungen möglich.

Wer wird beeinflusst?

Bei dem ermittelten Einfluss von TV-Gewalt handelt es sich um eine *Tendenz*, die sich aus größeren Stichproben herausfiltern lässt, es handelt sich nicht um eine einfache Wenn-dann-Beziehung. Allgemein formuliert: Die Medien sind weder «allmächtig» noch «ohnmächtig», doch mit gehäuften Gewaltdarstellungen sind sie ein Risikofaktor (Selg 1997). «Risiko» bedeutet eben, dass unter bestimmten Bedingungen – aber nur dann – eine schädliche Wirkung zu erwarten ist.

Vor allem kommt es darauf an, *wer* sich die Filme anschaut. Zu achten ist also nicht nur auf die Art der Filme, sondern mindestens ebenso auf die Psychologie der Zuschauer. Im Ganzen gesehen ist bei

Kindern ein stärkerer Einfluss zu erwarten als bei Erwachsenen, weil ihre kognitiven Fähigkeiten für eine realistische Verarbeitung sowie ihr Verhaltenrepertoire weniger entwickelt sind (vgl. Coie & Dodge 1998). Empfänglich sind überdies, wie erwähnt, sozusagen «vorgeschädigte» Personen, die ohnehin schon *aggressiv disponiert* sind und bei denen die TV-Gewalt einhergeht mit realen Gewalterfahrungen im eigenen Leben oder auch mit Vernachlässigung oder anderen ungünstigen Milieufaktoren.

Ein wesentlicher Punkt (der sich mit den eben genannten überschneidet) ist nach Untersuchungen von Kleiter (1997), ob die betreffenden Kinder und Jugendlichen die Darstellungen *unreflektiert* und ohne «Selbstzensur» verarbeiten oder ob sie sich aufgrund ihrer Einstellungen von der Gewalt distanzieren. Je nachdem ist die TV-Gewalt schädlich oder auch nicht. Der allgemeine statistische Zusammenhang zwischen Gewaltkonsum und Aggressivität geht also im Wesentlichen auf eine Minderheit von Personen zurück, die für den Einfluss empfänglich sind. Für die Praxis heißt dies: Um die Filmwirkung abzuschätzen, muss man nicht nur etwas über die Filme wissen, sondern auch über die Personen, die sie anschauen.

Bei Menschen mit «naiver» Medienverarbeitung, mit aggressiven Neigungen und vielleicht auch in einer kritischen Lebenslage kann Gewalt in den Medien gewissermaßen auf fruchtbaren Boden fallen. Manchmal ist sie dann das i-Tüpfelchen für die Ausführung von schweren Verbrechen; Glogauer (1991) hat hierzu eine Reihe von spektakulären Beispielen gesammelt. Vorkommen kann bei solchen Menschen auch die mehr oder minder direkte Nachahmung von trickreichen Überfällen, Diebstählen und ähnlichen Verbrechen, die in Spielfilmen oder auch in den Nachrichten (!) zu sehen sind (Lukesch & Scheungrab 1995).

Eine personabhängige Wirkung des Fernsehens bedeutet darüber hinaus, dass für viele Zuschauer, auch für viele Kinder, die Gewaltszenen kein Risiko für die Persönlichkeitsentwicklung bedeuten, weil sie zu einer kritischen Betrachtung in der Lage sind. Die meisten Menschen werden selbst nach tausend Krimis nicht straffällig. Und viele Kinder sind mehr oder minder «immun», weil die Eltern den Fernsehkonsum ohnehin begrenzen, Gewaltdarstellungen kommentieren und überhaupt liebevoll und kompetent erziehen. Gegen «gute» Eltern kommt kein «schlechtes» Fernsehprogramm an (zu pädagogischen Empfehlungen s. Kapitel 13, S. 214 ff.).

Nachbemerkung: Es könnte auch eine Gefahr darin liegen, wenn Eltern und andere Erziehende das Fernsehen zum Sündenbock für alle möglichen Probleme, einschließlich eigener Versäumnisse, machen. Wenn jemand dem Fernsehen einen größeren Einfluss zuschreibt als den leibhaftigen Vorbildern im eigenen Umfeld, dann stimmen die Proportionen sicher nicht mehr. Die auffälligen und zuweilen extremen Bilder, die da mitten in der Stube aus dem Apparat kommen, sollten nicht vergessen lassen, dass subtile Gehässigkeiten in der eigenen Familie für die Entwicklung eines Kindes sicher weit schwerwiegender sind als ganze Horden schießender Cowboys.

6.3 Lernen am Effekt I: Erlangen und Abwenden

Menschen und teilweise auch Tiere lernen aus den Konsequenzen ihres Verhaltens. Für diese Lernform haben sich in der Psychologie verschiedene Bezeichnungen eingebürgert: Lernen am Erfolg, Lernen durch Bekräftigung (oder: Verstärkung), operante oder instrumentelle Konditionierung. Treffend ist auch die Bezeichnung «Lernen am Effekt», weil sie die unterschiedlichsten Arten von Konsequenzen umfasst.

Dieses Lernprinzip erklärt, genau besehen, allerdings nicht, warum ein Mensch bestimmte Aggressionsformen zeigen *kann*, sondern warum er es *tut*. Das Verhalten kann *verfügbar* sein, (1) weil es zu den angeborenen Fähigkeiten gehört (wie Stoßen, Beißen usw.) oder (2) weil es anderen abgeguckt wurde (Lernen am Modell) oder (3) weil es durch problemlösendes Denken entwickelt wurde (z. B. raffinierte Verbrechen, militärische Taktik). Ob man aber von dem verfügbaren Verhalten tatsächlich Gebrauch macht, wird von der Erfolgserwartung mitbestimmt, die sich auf bisherige Erfahrungen gründet. Kurz gesagt: Modelle lehren uns neue Verhaltensweisen; Erfolge lehren uns, Verhaltensweisen einzusetzen!

Doch was sind eigentlich die Erfolge aggressiven Verhaltens? Im Grunde sind es unendlich viele. Was kann nicht alles auf aggressive Weise erreicht werden?! Um das breite Spektrum positiv erlebter Effekte ein wenig zu ordnen, werden im Folgenden Nutzeffekte von inneren Effekten unterschieden. Die Nutzeffekte bestehen im Erlangen von etwas Positivem oder im Abwenden von etwas Negativem (s. Tafel 8), innere Effekte bestehen in emotionalem Gewinn (sie werden anschließend erörtert, s. Kapitel 6.4).

Erfolge sind nicht nur ein entscheidender Faktor für Lernvorgänge, sondern auch für die Motivation zu aggressivem Verhalten. Im aktuellen Moment sind sie ein Anreiz für das Verhalten – das ist der *Motivations*aspekt. Die Erreichung des Effektes hat dann eine Nachwirkung: Sie bildet eine Verhaltensbereitschaft auch für künftige Situationen aus – das ist der *Lern*aspekt in dem Geschehen.

Durchsetzung und Gewinn

Nehmen wir einmal an, ein kleines Kind spielt im Sandkasten mit einem anderen Kind. Irgendwann möchten beide gleichzeitig die Schaufel greifen. Es kommt zu heftigem Gezerre, und schließlich stößt das eine Kind das andere zurück, sodass es hinfällt und weint. Das Kind, das gestoßen hat, nimmt die Schaufel; es hat «gewonnen». Aus dieser Erfahrung könnte es lernen, sich künftig häufiger auf aggressive Weise durchzusetzen, selbst wenn es keine Gelegenheit hätte, anderen ein solches Verhalten abzugucken.

Tafel 8: Nutzeffekte als Erfolge aggressiven Verhaltens

- Eigene Wünsche durchsetzen, Macht ausüben
- Materiellen Gewinn und ähnliche Vorteile erlangen
- Beachtung und Anerkennung erlangen
- Sich schützen; Bedrohungen, Belästigungen, Anforderungen abwenden

Aggressives Verhalten kann also darauf gerichtet sein, zu «bekommen, was man will», und in dieser Funktion ist es eine Form des Zwanges bzw. der Machtausübung. Hat ein Mensch damit Erfolg – zumindest in bestimmten Situationen oder gegenüber bestimmten Personen –, so steigt die Wahrscheinlichkeit, dass er dieses Verhalten wiederholt oder es sich gar zu einer Gewohnheit verfestigt.

Beispiele für die materielle Bereicherung oder die Durchsetzung eigener Wünsche aufgrund aggressiven Verhaltens sind allgemein bekannt, und es gibt sie in großer Zahl: Ein Schüler zwingt einen anderen mit Gewalt, ihm von seinem Taschengeld abzugeben. Ein Bankräuber verschafft sich Beute durch die erhobene Pistole. Ein Vater erreicht durch ein «Machtwort», dass sich die Familie seinen Wünschen fügt.

Wie solche Erfolge auf die Person zurückwirken, illustriert eine oft zitierte Langzeitstudie von Patterson, Littmann & Bricker (1967): Sie beobachteten neun Monate lang aggressives Verhalten bei Kindergartenkindern (körperliche Angriffe, verbale Angriffe, Drohungen, Wegnehmen etc.) sowie die Reaktionen des Opfers. Die Beobachtungen zeigten: Wenn ein Kind mit Angriffen gegen ein anderes Kind Erfolg hatte, wiederholte es mit einiger Wahrscheinlichkeit dasselbe Verhalten gegen dasselbe Kind.

Weitere Untersuchungen bestätigen, was man auch im Alltag gelegentlich beobachten kann: dass andere Menschen aggressives Verhalten oftmals ungewollt durch Nachgeben positiv bekräftigen. Diese Gewohnheit ist z.B. häufig bei Eltern von aggressiven Kindern zu finden (vgl. Olweus 1980, Patterson 1982). Zwar ist es verständlich, wenn entnervte Eltern ihrem brüllenden Kind seinen Wunsch erfüllen, um endlich Ruhe zu haben, aber langfristig stabilisieren sie damit genau das Verhalten, das sie so gerne abstellen würden.

Beachtung und Anerkennung

Andere Erfolge aggressiven Verhaltens liegen in seinem «sozialen Wert». In Gruppen oder Kulturen, in denen Gewalt als ehrenhaft gilt (jedenfalls in bestimmten Formen und gegen bestimmte Personen), wird sie Anerkennung und Bewunderung hervorrufen, während ihre Unterlassung vielleicht gar mit Spott und Verachtung bestraft wird. Aggressive Kinder und Jugendliche werden sich zwar bei den meisten Altersgenossen durch ihr Verhalten unbeliebt machen, doch in einer Gruppe von «Gleichgesinnten» haben sie durchaus Unterstützung zu erwarten (z.B. Cairns & Cairns 1991, Lösel & Bliesener 2003). Manche Gruppen entwickeln eine regelrechte Subkultur der Gewalt, in der Prestige erwirbt, wer die «Ehre» der Gruppe mit Gewalt verteidigt (Scherer 1979). Zu denken ist weiterhin an die Heldenverehrung im Bereich politischer Gewalt, sei es für «unsere tapferen Soldaten», sei es für «unsere Freiheitskämpfer».

Verschiedene Experimente haben die steigernde Wirkung von Lob, Zustimmung und Ermunterung auf verbal oder körperlich aggressives Verhalten bestätigt, und zwar sowohl bei Kindern (z.B. Cowan & Walters 1963) als auch bei Erwachsenen (Geen & Stonner 1971). Auch fanden Bandura & Walters (1959), dass aggressive Jugendliche (verglichen mit nichtaggressiven) von ihren Eltern, besonders den Vätern, viel stärker zu aggressivem Verhalten (außerhalb der Familie) ermuntert wurden.

Der soziale Wert aggressiven Verhaltens muss nicht immer in offener Anerkennung liegen. Eine subtilere Variante ist das «Eindruckmachen», das Felson (1984) als wesentliches Motiv für Vergeltungsakte ansieht. Die erreichte Befriedigung liegt also darin, «das Gesicht zu wahren» und in den Augen eines Publikums nicht unterlegen zu erscheinen.

Selbst wenn Anerkennung und Respekt ausbleiben, kann doch bisweilen schon die bloße *Beachtung* als positive Bekräftigung wirken. Manchmal ist aggressives Verhalten im Kern nur eine unbeholfene Form der Kontaktsuche. Manche Kinder neigen zu «störendem» Verhalten oder heftigen Wutanfällen, weil sie auf diese Weise – und vielleicht nur auf diese Weise – die Aufmerksamkeit ihrer Eltern oder Lehrer erregen. Auch Gewalttaten Erwachsener, darunter spektakuläre Verbrechen, werden zuweilen von der Sehnsucht bestimmt, einmal im Blickpunkt des Interesses zu stehen. Dass dies zugleich Ablehnung und Bestrafung hervorruft, macht die Aktion im Nachhinein nicht unbedingt zu einem Misserfolg. Für den betroffenen Menschen ist die Beachtung «mehr als gar nichts».

Abwehr und Selbstschutz

Statt etwas zu «bekommen», kann der erwünschte Effekt auch darin liegen, etwas *abzuwenden*, z.B. Angriffe oder Störungen. Das aggressive Verhalten hat hier den Charakter von Abwehr oder Verteidigung und dient in irgendeiner Weise dem eigenen Schutz. Beispiele: die warnende Drohung eines Kindes gegenüber seinem Bruder («Wehe, du gehst an meine Sachen»), die aggressive Zurückweisung einer peinlichen Frage, die persönliche Notwehr bei einem Überfall, die Verteidigungsschlacht in einem Krieg. Auch die gehorsame Gewaltausführung auf Befehl dient dem Selbstschutz, sofern eine Verweigerung bestraft würde.

Lernpsychologisch sind solche Abwehr-Effekte als «negative Bekräftigung» anzusehen: Man lernt aufgrund der Aufhebung oder Vermeidung eines unangenehmen Zustandes, kurz: durch eine Erleichterung. Durch den Erfolg wird sich eine Neigung zu aggressiven Abwehrreaktionen verfestigen.

Wenn Kinder sich häufig Aufforderungen und Regeln widersetzen, spricht man auch von «oppositionellem» Verhalten (z.B. Petermann, Döpfner & Schmidt 2001). Studien an Familien mit aggressiven Kindern zeigen, dass die Kinder durch ihr Verhalten häufig unangenehmes Verhalten anderer Familienmitglieder beenden können: Geschwister hören auf, zu stören oder zu ärgern, wenn man sie schlägt; Eltern hören auf, Forderungen zu stellen oder zu schimpfen, wenn man sie mit Wutanfällen unter Druck setzt (Patterson 1982) – und das «wissen» die Kinder auch (Perry et al. 1986).

Ähnliche Abwehr-Erfolge lassen sich im Kindergarten beobachten. Mees (1988) fand, dass die als «aggressiv» bekannten Kinder eine Eskalation besonders oft erfolgreich beendeten. Sehr deutliche Lerneffekte zeigten sich in der bereits erwähnten (S. 95) Kindergarten-Studie von Patterson et al. (1967): Kinder, die beim Eintritt in den Kindergarten wenig aggressiv waren, wurden im Laufe der Zeit deutlich aggressiver, wenn sie häufig angegriffen wurden und mit ihren Gegenangriffen Erfolg hatten. Passive Kinder, die selten angegriffen wurden oder mit Gegenangriffen Misserfolge hatten, zeigten keine oder nur eine geringe Zunahme.

Abwehr bildet auch eine Nahtstelle zwischen Aggression und *Angst*. Das Verhalten hat hier eine ähnliche Funktion wie die Flucht: sich selbst zu schützen. Flucht hat an sich Vorrang, weil sie weniger gefährlich ist. Wenn Flucht aber nicht möglich ist, zielt das eigene aggressive Verhalten auf die Schwächung des Gegners, der die Angst hervorruft. Das heißt: Sie «zielt letztlich auf Angstreduktion» (Fürntratt 1974, S. 359), und diese ist die eigentliche Bekräftigung.

Aber: Nicht jede Abwehr-Aggression ist von Angst motiviert, wie mehrere zuvor genannte Beispiele zeigen. Es kann auch darum gehen, Anforderungen oder Wünsche anderer abzuwehren oder überhaupt einfach alles, was einem «nicht in den Kram passt».

Erfolglosigkeit und Bestrafung

Aggressives Verhalten hat natürlich keineswegs immer Erfolg. Oftmals folgen sogar unangenehme Konsequenzen wie Arrest, Tadel oder physische Bestrafung. Wird damit die Lernwirkung von Erfolgen aufgehoben? In der Regel nicht. Zahlreiche Untersuchungen haben gezeigt, dass gelegentliche (sog. intermittierende) Bekräftigungen sogar eine dauerhaftere Wirkung haben als regelmäßige Erfolge. «Dauerhafter» heißt «löschungsresistenter»: Das Verhalten wird länger beibehalten, selbst wenn Erfolge ganz ausbleiben. Wer ohnehin nur gelegentliche Erfolge erwartet, gibt seine Versuche nicht so schnell auf. Dies gilt für Glücksspiele, aber eben auch für aggressives Verhalten (z.B. Cowan & Walters 1963 im Experiment). Es reicht also völlig aus, dass ein Kind sich nur hin und wieder mit Wutausbrüchen durchsetzt (etwa dann, wenn die Eltern besonders ruhebedürftig sind) oder dass ein Straßenräuber nur ab und zu Beute macht und in den übrigen Fällen lediglich nicht erwischt wird. Gerade unter diesen Bedingungen ist es besonders schwer, das Verhalten wieder zu ändern.

Das Beispiel des Kriminellen legt die Frage nahe, ob nicht eine *Bestrafung*, also ausgesprochen negative Konsequenzen statt vorübergehender Erfolglosigkeit, das aggressive Verhalten abbauen kann. Das ist möglich, wenn etwa ein Kind in seiner Familie für aggressives Verhalten frühzeitig und regelmäßig eine Missbilligung erfährt (vgl. Fürntratt 1974). Bei bereits verfestigter Verhaltenstendenz hingegen haben Bestrafungen meist nur eine zeitlich und situativ begrenzte Wirkung. Sofern nämlich auch Erfolge erwartet werden, wird das Verhalten nur unterdrückt oder getarnt und tritt leicht wieder auf, wenn kein Strafrisiko besteht. Entstanden ist dann lediglich eine *Aggressionshemmung* aus Angst vor Strafe. Sollen Hemmungen auch ohne Straferwartung wirksam werden, müssen sie auf inneren Normen beruhen. Für deren Entwicklung reichen Bestrafungen allerdings nicht aus (mehr hierzu in Kapitel 14).

Für die Wirkung von Konsequenzen ist auch bedeutsam, in welchem *zeitlichen Abstand* sie auf das aggressive Verhalten folgen. Derselbe Effekt ist wirksamer, wenn er schnell, als wenn er verspätet eintritt. Bei aggressivem Verhalten kommt der Erfolg oft sofort, die negative Konsequenz erst später (falls überhaupt). So wird ein Raub vielleicht zwar mit Gefängnis bestraft, meist jedoch nicht gleich nach der Tat, sondern erst mit einer Verspätung von Tagen, Monaten oder Jahren, während die Tat selbst zunächst einmal erfolgreich ist. Ähnlich wie beim Rauchen (schneller Genuss, später Schaden) wird dadurch das Umlernen erschwert und gelingt nur, wenn starke Selbstkontrolle ein Gegengewicht bildet.

6.4 Lernen am Effekt II: Emotionaler Gewinn

Außer in Nutzeffekten kann der Erfolg aggressiven Verhaltens in *inneren* Effekten bestehen. Zwar bringt das erfolgreiche Erlangen oder Abwenden auch emotionale Wirkungen mit sich, nämlich Befriedigung oder Erleichterung, doch sind hier Effekte gemeint, die *primär* innerer Natur sind und sich auch ohne die Erreichung von Nutzeffekten einstellen. Emotionaler Gewinn macht aggressives Verhalten zuweilen auch dann subjektiv «erfolgreich», wenn Außenstehende eher Nachteile für den Täter erblicken.

Unauffällig, aber äußerst wichtig sind *positive Selbstbewertungen* (bzw. Selbstbekräftigungen; Bandura 1973). Sie treten ein, wenn das Handeln den eigenen Wertmaßstäben entspricht und daher Gefühle wie Stolz und Zufriedenheit weckt. So mag beispielsweise ein junger Mann in einer Schlägerei zwar unterlegen sein, aber sich innerlich dafür loben, dass er «tapfer gekämpft» hat und «nicht feige» war. Ein Terrorist, der für eine gerechtere Welt zu kämpfen meint, kann auch in der Niederlage noch Befriedigung aus Märtyrergefühlen schöpfen. Und sogar ein KZ-Wächter mag Stolz und Ehrgefühl empfinden, weil er «seine Pflicht erfüllt» und «gute Arbeit geleistet» hat. (Die gegenläufige Reaktion, die negative Selbstbewertung bzw. die Selbstverurteilung wird als «schlechtes Gewissen» erlebt und ist ein wichtiger Aspekt von Aggressionshemmungen.)

Ein anderer emotionaler Effekt ist das Empfinden von *Genugtuung* oder wiederhergestellter «Gerechtigkeit». Dieses Gefühl ist dann zu erwarten, wenn jemand seine aggressive Handlung als «verdiente» Strafe für den Provokateur und damit als Wiederherstellung eines «normativen Gleichgewichts» versteht. Dieses Gerechtigkeitsempfinden kann zugleich mit einer positiven Selbstbewertung gepaart sein. Beide Effekte besitzen größte Bedeutung für die Aggressionsart der Vergeltung (mehr in Kapitel 8).

Schließlich kann der Erfolg aggressiver Handlungen einfach darin bestehen, dass sie Spannung und Nervenkitzel verschaffen, in diesem Sinne «Spaß machen». Dieser Effekt sei hier kurz *Stimulierung* ge-

Tafel 9: Emotionale Effekte als Erfolge aggressiven Verhaltens

- Positive Selbstbewertung für aggressives Handeln
- Genugtuung, Erleben von «Gerechtigkeit»
- Stimulierung, Nervenkitzel, «Kick»

nannt. Neben vielen anderen Möglichkeiten (z.B. Abenteuerreisen, riskante Sportarten, Drogenkonsum) erleben manche Menschen eben den «Kick» durch Gewalt (z.B. Lösel et al. 2001 zu Hooliganismus) und entwickeln aus dieser Erfahrung möglicherweise die Tendenz zur Wiederholung.

Abgesehen von der Stimulierung, können alle genannten Erfolge – von der Durchsetzung bis zur Genugtuung – zugleich mit einer *Spannungsreduktion* verbunden sein. Sie ist insofern ein Begleitphänomen der eigentlichen Effekte, nämlich der Erreichung bestimmter Ziele. Überdies kann eine aggressive Handlung zuweilen eine innere Spannung aufheben, wenn sie, wie im Falle des «reinigenden Gewitters», einen Zustand der Unklarheit oder Untätigkeit beendet. Dass aber aggressive Aktivitäten als solche schon aggressive Spannungen abbauen, wie es ein populärer Glaube nahe legt, ist hingegen höchst fraglich; oft geschieht sogar das Gegenteil (mehr dazu in Kapitel 11 zum sog. Abreagieren).

6.5 Kognitives Lernen: Wissen und Erkenntnisse

Beim Begriff «Lernen» denkt man im Alltag zuallererst an den Erwerb von Wissen. Auch diese Form des Lernens ist für das Thema Aggression von Bedeutung. In gewissem Maße wird schon mit dem Lernen am Effekt und dem Lernen am Modell Wissen erworben, sofern man nämlich erkennt, was man nachahmt und welche Verhaltensweisen erfolgreich sind. Doch diese Lernformen spielen sich in hohem Maße auch «unbewusst» ab.

Während das Lernen am Modell seine besondere Bedeutung im Erwerb neuer Verhaltensweisen und das Lernen am Effekt in der Ausformung von Verhaltenstendenzen hat, kommt kognitives Lernen vor allem beim Interpretieren und Bewerten von Situationen sowie beim bewussten Planen und Regulieren des eigenen Handelns zur Geltung – auch im Falle aggressiver Handlungen oder ihrer Hemmung.

Aggressionsrelevante Begriffe, Kenntnisse, Denkweisen

Begriffe sind ein Kernstück kognitiven Lernens. Im Allgemeinen sind Begriffe an Wörter gebunden, sind aber nicht diese Wörter selbst, sondern deren Bedeutungsfeld – das, was man damit «verbindet». (Derselbe begriffliche Inhalt kann häufig durch verschiedene Wörter und in mehreren Sprachen benannt werden.) In unserer Sozialisation lernen wir eine Unzahl von Begriffen, und viele von ihnen können direkt oder indirekt «aggressionsrelevant» sein.

Unmittelbar zum Bedeutungsfeld von Aggression gehören z.B. «Waffe», «Hass» oder «Feind». Viele andere Begriffe sind in einem bestimmten Kontext aggressionsrelevant. Ein Begriff wie «Treue» beispielsweise hat für sich genommen wenig mit Aggression zu tun. Doch unter bestimmten Umständen kann «Treue» für manche Menschen bedeuten, sich zum «Kampf bis zum letzten Blutstropfen» zu verpflichten. Das Begriffsverständnis ist, nicht nur in diesem Beispiel, natürlich oft sehr subjektiv. Was ist eine «Provokation»? Was ist eine «Ehrverletzung»? Und was bedeutet es, wenn jemand sagt: «Ich wehre mich nur»?

Ein Beispiel: Einem Kind wird auf dem Schulhof von einem stärkeren Kind die Mütze vom Kopf gerissen. Als es nachmittags gemeinsam mit dem großen Bruder dem «Aggressor» auf der Straße begegnet, versetzen sie ihm heftige Prügel. Sie verstehen das als «sich wehren», während andere dies als «Racheakt» einstufen würden.

Der einzelne Begriff ist keine separate Kognition, sondern Teil eines umfassenden Gefüges aus vielen Begriffen sowie persönlichen Denkweisen, vermittelt durch die Familie, die Schule oder weltanschauliche Bezugsgruppen. Erlernt werden mithin *Einstellungen*, Überzeugungen oder Volksweisheiten, und manchmal sind sie in einprägsame Interpretations- oder Handlungsregeln gekleidet. Aggressionsrelevante Interpretationsregeln lauten beispielsweise: «Wer nicht für uns ist, ist gegen uns» oder «Es geht immer um den Kampf zwischen Gut und Böse». Handlungsbezogene Denkweisen sind etwa die Redensarten «Strafe muss sein» oder «Auf einen groben Klotz gehört ein grober Keil». Sie alle geben Orientierungen für das Urteilen und Handeln, sie sagen, wann Gewalt «verboten» oder «legitim» ist, und sie bestimmen auch die Gefühlsreaktionen mit.

Dies gilt auch für die *Attributionen*, die subjektiven Ursachenerklärungen. Auch sie werden im Sozialisationsprozess erworben, auch sie bestimmen das Handeln und die Emotionen mit. Wie bereits bei der Erklärung von Ärger erläutert wurde (vgl. S. 67), macht es für die Art der Gefühlsreaktion einen großen Unterschied, ob man z.B. unerfreuliches Verhalten anderer Menschen auf Rücksichtslosigkeit oder auf äußere Umstände zurückführt. Manche Menschen entwickeln die Denkgewohnheit, auch in unklaren Fällen anderen eine böse Absicht zu unterstellen (Dodge & Coie 1987). Andere lernen, negative Ereignisse konstant auf *bestimmte* Personen oder Gruppen zu attribuieren, diese mithin als die Schuldigen anzusehen. Solche Denkmuster sind typischerweise ein Bestandteil von Vorurteilen und politischen Ideologien.

Ein weiterer Inhalt kognitiver Lernprozesse ist das *Handlungswissen*. Ob Raubüberfälle, Schlachten im Krieg oder eine erfolgreiche Verleumdungskampagne – sie alle erfordern Pläne für eine Durchführung «nach allen Regeln der Kunst». Doch auch die kleinen Handlungen im Alltag werden von Wissen geleitet. So kann ein Kind als eine (vielleicht nur halb bewusste) Wenn-dann-Regel lernen: «Sobald ich rummotze, erfüllt Mama meinen Wunsch.» Aggressive Kinder erwarten gewöhnlich, mit aggressivem Verhalten Erfolg zu haben (Perry et al. 1986).

Wissensstrukturen, in denen Situations- und Handlungswissen verknüpft sind, werden auch als *Skripte* bezeichnet und leiten nach Huesmann (1988) auch aggressives Verhalten. Ein Skript ist sozusagen ein allgemeines Drehbuch, ein kognitives Schema, das in der Konfrontation mit einem bestimmten Situationstyp aus dem Gedächtnis abgerufen wird. Beispiel: Wenn ein anderes Kind nicht macht, was du willst (Situationstyp), dann drohe mit Gewalt, und das Kind wird nachgeben (Verhaltenstyp und Konsequenzerwartung). Das Skript ist verdichtetes Wissen, in dem all dies zusammengefasst ist. Es bildet sich aus Erfahrungen vor allem in der frühen Sozialisation und ist dann offenbar nicht mehr leicht zu verändern.

Für das Lernen von Skripten spielen neben bewusstem Wissenserwerb Modelle eine wichtige Rolle und ebenso eigener Erfolg oder Misserfolg. In der Praxis sind diese Lernformen, wie eingangs schon angedeutet, häufig miteinander verknüpft. Dasselbe gilt etwa für die Aneignung *sozialer Normen*; sie beruht auf Belehrungen über Gebote und Verbote, auf der Beobachtung normgerechten Verhaltens und auf zustimmenden bzw. missbilligenden Reaktionen der Mitmenschen.

Der Erwerb *verbaler* Aggressionsformen ist ein weiteres Beispiel für diese Verquickung verschiedener Lernarten. Das Sprachmuster selbst wird über Modell-Lernen erworben, das inhaltliche Verständnis aber über verstehend-kognitives Lernen. Beides geht, z.B. bei Schimpfwörtern, nicht immer Hand in Hand: «Kinder benutzen häufig auch Wörter, ohne ihre Bedeutung recht zu verstehen, sie wissen nur, dass damit eine Schmähung oder Verunglimpfung ausgedrückt wird» (Kiener 1983, S. 204). Der richtige Gebrauch von Schimpfwörtern (wann passt «Blödmann», wann passt «Schwein»?) setzt also voraus, dass man sie nicht nur nachahmen kann, sondern auch ihre spezifische Bedeutung erfasst hat, was gewöhnlich durch Abstraktion aus den Kontexten geschieht, in denen sie zu hören sind.

Aggression mittels oder mangels problemlösenden Denkens

Als höchste Form des Lernens und Denkens gilt das Problemlösen. Hier entdeckt man etwas subjektiv Neues und produziert selbst das Wissen, das man dann in sein Gedächtnis aufnimmt.

Leider beschert diese Befähigung den Menschen nicht nur Wohltaten, sondern auch unzählige neue Aggressionsvarianten: von Spottgedichten und raffinierten Streichen über kriminelle Tricks und militärische Taktiken bis zur Entwicklung technisch brillanter Massenvernichtungswaffen. Das Problemlösen kommt also vor allem der Erweiterung der Formen und Wirkungsgrade aggressiver Handlungen zugute. Es gibt aber auch ein Entdecken beim Verstehen einer Situation, was dann wiederum der Planung von Angriffen dienlich sein kann. Beispielsweise kann man seinen Scharfsinn dazu nutzen, empfindliche Stellen eines anderen Menschen oder des militärischen

Gegners herauszufinden, um ihm so besonders wirkungsvolle Schläge versetzen zu können.

Problemlösendes Denken kann also, wie für tausend andere Zwecke, auch im Dienste aggressiven Handelns stehen. Ein Thema der psychologischen Forschung ist jedoch eher der Tatbestand, dass aggressives Verhalten mit einem *Mangel* an produktivem Denken zu tun haben kann, wenn nämlich einem Menschen in Konfliktsituation keine andere Lösung als eine aggressive einfällt, wenn er vielleicht nicht einmal erwartet, dass es eine andere Lösung geben könnte, die sich durch Nachdenken finden lässt.

Dieser Zusammenhang ist vielfach gefunden worden. Jugendliche, die wegen Gewalttätigkeiten inhaftiert waren, nannten auf hypothetische Konfliktsituationen mehr aggressive Lösungen als Vergleichsgruppen, und insgesamt fielen ihnen weniger Lösungsalternativen und weniger Handlungsfolgen ein (Slaby & Guerra 1988). Auch bei verhaltensauffälligen Kindern, sowohl aggressiven wie zurückgezogenen, wurde ein ähnliches Defizit an alternativen Lösungsideen gefunden (Shure & Spivack 1981). Hinzu kommt, dass aggressive Kinder, sobald die Umstände für eine friedliche Lösung nicht ideal erscheinen, viel schneller Aggression als gute Lösung ansehen (Guerra & Slaby 1989). Solche Denkweisen behindern einen konstruktiven Umgang mit Konflikten. Das gilt beispielsweise auch für Eltern, die nach wiederholter Anwendung eines Strafkatalogs ebenso ratlos wie überzeugt erklären, sie hätten gegenüber ihrem Kind schon «alles» probiert.

6.6 Signallernen: Neue Affektauslöser

Nehmen wir an, dass jemand Groll verspürt, sobald er nur das Gesicht einer bestimmten Person sieht. Wie könnte man dies erklären? Lernen am Effekt und Lernen am Modell kommen hier kaum infrage, eher schon kognitiv gelernte Bewertungen. Für die affektive Erregung hinter dem sichtbaren Verhalten ist jedoch noch eine weitere

Lernart von Interesse: die klassische Konditionierung, auch bedingter Reflex (ursprünglicher Name) oder Signallernen genannt.

Dieses zuerst von dem russischen Physiologen Pawlow entdeckte Prinzip besteht darin, dass ein zunächst neutraler Reiz (z.B. eine enge Straße) zum Auslöser einer Emotion wird (z.B. von Angst), weil dieser Reiz mit einen «natürlichen» Auslöser (z.B. einem Überfall) gekoppelt war. Der ursprünglich neutrale Reiz ist zum Signal für das unangenehme Ereignis geworden. Der betroffene Mensch hat eine neue Reiz-Reaktions-Verbindung gelernt.

Bedeutsam sind solche Lernprozesse generell für unwillkürliche emotionale Reaktionen. Je unwillkürlicher sie sind, je weniger sie sich gedanklich steuern lassen, desto wahrscheinlicher sind sie «klassisch konditioniert». Das gilt vermutlich auch für aggressionsrelevante Emotionen. Zum Auslöser solcher Affekte werden vor allem Reize, die entweder mit Aggression oder mit negativen Zuständen assoziiert sind (vgl. Berkowitz 1993):

- Mit Aggression können z.B. assoziiert sein: Waffen, bestimmte Bilder, bestimmte Wörter, Redeformeln und Symbole, bestimmte Uniformen.
- Mit negativen Zuständen bzw. schlechten Erfahrungen können z.B. assoziiert sein: die Anwesenheit eines Gegners, Angehörige bestimmter Gruppen, bestimmte Personennamen, bestimmte Orte, bestimmte mimische oder stimmliche Angewohnheiten eines anderen.

Manche Kopplungen beruhen auf persönlichen Erlebnissen (z.B. als Opfer von Gewalt), andere auf negativ getönten Erzählungen und Belehrungen (z.B. «Kapitalist», «Kommunist», «Nigger»). Im ersten Fall wäre es eine «echte» klassische Konditionierung, die auf eine direkte Kopplung mit einem «natürlichen» Reiz zurückgeht, im anderen Fall wäre es eine indirekt vermittelte Assoziation bestimmter Wörter mit bestimmten Vorstellungen (beides kann man als Varianten «assoziativen» Lernens ansehen; Edelmann 2000).

Es ist auch möglich, dass es sich bei der Affektauslösung nicht nur um eine mechanische Reiz-Reaktions-Automatik handelt, sondern eine kognitive Reizverarbeitung, eine Signaldeutung, dazwischen liegt. Auch Berkowitz spricht von der «negativen Bedeutung» bestimmter Personen, Symbole usw. Hier gäbe es dann mehr Spielraum für ein kognitives Umlernen. In jedem Fall ist allerdings mit einem «automatisch» ausgelösten Affekt noch nicht festgelegt, ob er sich in aggressives Verhalten umsetzt.

6.7 Reichweite und Grenzen des Lernens

Wie die vorangehenden Abschnitte gezeigt haben, ist «Lernen» als Aggressionserklärung nicht ein einziges Konzept, sondern eher ein Sammelname für unterschiedliche Prozesse, durch die Erfahrungen ihre Spuren in einem Menschen hinterlassen können. Zum Abschluss dieses Kapitel möchte ich nun auf einige generelle Aspekte der Lernwirkung, der Lernsteuerung und der Grenzen des Lernens eingehen.

Was gelernt wird: Inhalte und Situationsbezüge

Es gibt nicht nur verschiedene Typen von Lernprozessen. Auch *was* gelernt werden kann, ist sehr vielfältig: wie man andere herabsetzt, wie man eine Waffe bedient, wer die Schuldigen sind, wo Erfolge zu erwarten sind, wo man aggressives Verhalten lieber im Zaume hält – und natürlich auch, welche nichtaggressiven Alternativen es gibt. Aggressive Verhaltensdispositionen entwickeln sich zum Teil *durch* Lernen, zum Teil durch einen *Mangel* an Lernen.

An allen Lernergebnissen, an den erworbenen Dispositionen, lassen sich zwei grundlegende Aspekte unterscheiden:

- *Inhalte* wie etwa Verhaltensformen, Bewertungsweisen, Begriffe, Vorlieben, Problemlösefertigkeiten usw. – das «Was».
- *Situationsbezüge* für die Aktivierung dieser Inhalte: bei welchen Anlässen, gegenüber welchen Personen, an welchen Orten usw. – das «Wann».

Der zweite Aspekt bedeutet unter anderem, dass bestimmte Verhaltensweisen durchaus angeboren sein können, dass es aber von Lernprozessen abhängt, wann sie eingesetzt werden. Das Kind kann von Natur aus schreien, hauen oder zerren. Aber ob es, jenseits der Säuglingsphase, selten oder häufig brüllt, um einen Wunsch durchzusetzen, oder ob es selten oder häufig andere Kinder bei Streitereien an den Haaren zieht – dies alles hängt weitgehend von Lernprozessen ab. Das Lernen bestimmt also in solchen Fällen nicht, ob sich ein Mensch aggressiv verhalten *kann*, sondern ob er es bei Gelegenheit *tut*.

Für den Erwerb neuer Inhalte (Verhaltensformen, Denkweisen usw.) ist vor allem das Lernen am Modell sowie kognitives Lernen (Wissenserwerb) von Bedeutung. Das Wann, der Bezug zu relevanten Situationen, wird durch die Erfolge und Misserfolge in bestimmten Situationen und durch Signallernen vermittelt, doch auch das Lernen am Modell und kognitives Lernen spielen hierfür eine Rolle.

Der Aspekt des Situationsbezuges wirft die Frage auf, wie weit sich ein Lerneffekt ausbreitet: Wird ein auf bestimmte Situationen beschränktes Verhalten erworben oder so etwas wie eine allgemeine «Eigenschaft» Aggressivität?

Lernen bringt zunächst eine gewisse Tendenz zur *Generalisierung* mit sich. Wenn also ein Kind einem anderen durch Schlagen ein Spielzeug wegnehmen kann, so wächst die Wahrscheinlichkeit, dass es dies in einer ähnlichen Situation wieder tut. Und «ähnlich» muss nicht «sehr ähnlich» sein. Kinder, die für das Schlagen einer großen Puppe unregelmäßig belohnt worden waren, verhielten sich anschließend auch in einem Wettkampfspiel aggressiver gegen andere Kinder (Walters & Brown 1963).

Ebenso kann sich auch der Lern*inhalt* über die ursprüngliche Erfahrung hinaus ausweiten (sog. Reaktionsgeneralisierung): Die Erfahrung «Der hat mich kritisiert» kann sich zu «Der hat was gegen mich» erweitern. Und wie schon frühe Experimente zeigten, kann die Belohnung sprachlicher Aggression unter Umständen auch körperliche Aggression mitsteigern oder umgekehrt (Loew 1967, Geen & Pigg 1970).

Das bedeutet aber nicht, dass allgemein mit breiten Lerneffekten zu rechnen ist. Denn gewöhnlich machen Menschen zugleich Erfahrungen, die zum Differenzieren zwingen und die Lernübertragung begrenzen. Diese sog. *Diskrimination* ist das gegenläufige Phänomen zur Generalisierung. Man lernt, dass die Personen und Ereignisse verschieden sind, dass ein Verhalten, das in einer Situation erfolgreich ist, in einer anderen fehlschlägt. Ein Kind lernt z. B., dass es auf dem Schulhof aggressiv sein kann, zu Hause aber nicht (weil es dort bestraft wird), dass es Schwächere ärgern kann, nicht aber Stärkere, dass es gegenüber der Oma seinen Willen mit Schreien und Schimpfen durchsetzen kann, aber nicht gegenüber der Mutter.

Das Lernen bestimmt hier also, bei welchen Anlässen, für welche Ziele, gegen welche Personen – und damit auch: mit welcher Häufigkeit – ein Mensch welche Formen aggressiven Verhaltens zeigt. All dies sind dann Aspekte der spezifischen «Aggressivität» dieses Menschen.

Lernen durch Umwelt und Selbststeuerung

Wer bestimmt, was ein Mensch lernt? In erster Linie denkt man an den Einfluss der *Umwelt*, also an die Eltern, an die Schule, an die Kindergruppe usw. Von solchen Einflüssen war bereits mehrfach die Rede, denn die Umwelt vermittelt Lernprozesse durch Verhaltensmodelle, durch Reaktionen (Effekte) und durch die Vermittlung von Wissen und Denkweisen. Indirekt steuert die Umwelt das Lernen durch die Bereitstellung oder Verhinderung von Lerngelegenheiten (Kontakte zu anderen Kindern, Fernsehkonsum, Ausstattung für Hobbys usw.).

Lernen geschieht aber nicht einfach als «Formung» durch die Umwelt, sondern ebenso als direkte und indirekte Wirkung der *Eigenaktivität* des Individuums. In direkter Weise steuert ein Mensch seine Lernprozesse z. B. durch aktives Probieren, Trainieren und Problemlösen, aber auch durch die Reflexion von «Umwelt» (von Begegnungen, Vorfällen, Medieninhalten usw.). Indirekt reguliert die Person das Lernen, indem sie bestimmte Umwelten meidet und andere Umwelten aufsucht (z. B. eine antisoziale Gruppe oder gewalthaltige Filme). Und in gewissem Grade schafft sie sich auch die Umwelt, von der sie dann wieder beeinflusst wird; denn durch das eigene Verhalten veranlasst sie ebenjene Umweltreaktionen (z. B. Zuwendung oder Aggression), aus denen sie lernt. Gleichzeitig lernt auch die Umwelt mit, und wer wen mehr beeinflusst, ist oft schwer auszumachen und kann sich im Laufe der Entwicklung auch wandeln.

So fanden Eron, Huesmann & Zelli (1991) in einer Längsschnittuntersuchung, dass die Aggressivitätsentwicklung von Kindern vorrangig in den ersten sechs Jahren von der Art der elterlichen Erziehung abhängt, dass dann aber hohe Aggressivität des Kindes elterliche Ablehnung und Strafneigung stärker hervorruft als umgekehrt. Mit anderen Worten: Die Eltern *re*agieren dann eher auf die Eigenheiten des Kindes, als dass sie sie prägen. Ein solcher Befund bedeutet nicht, dass später eine positive elterliche Einflussnahme nicht mehr möglich ist, sondern nur, dass sie faktisch eher unwahrscheinlich ist. Zugleich wird deutlich, wie wichtig es ist, schon in den ersten Lebensjahren der Entwicklung hoher Aggressivität vorzubeugen.

Die Rolle des Lernens hat aber auch seine *Grenzen*, denn andere Faktoren bestimmen die Entwicklung ebenfalls mit. In Kapitel 4 wurde bereits über angeborene Grundlagen gesprochen. Zu ihnen gehört

Tafel 10: Regulierung von Lernprozessen durch die Umwelt und durch Eigenaktivität

Lernregulierung durch die Umwelt	*Lernregulierung durch die Person selbst*
• Verhaltensmodelle	• Reflexion von «Umwelt»
• Belohnung, Nachgeben, Bestrafung	• Probieren, Trainieren
• Wissensvermittlung, Stellungnahmen	• Aufsuchen/Meiden bestimmter Umwelten
• Schaffung von Lerngelegenheiten	• Beeinflussen der Umwelt

das allgemein-menschliche Erbgut, aber bei jeder Person auch die individuelle genetische Ausstattung. Hinzu kommen physische Umwelteinwirkungen wie beispielsweise die Ernährung, Verletzungen oder Schadstoffe. Neben diesen strukturellen Grenzen (Gene, physische Umwelt) gibt es *faktische* Grenzen auch dort, wo Lernen «an sich» möglich wäre: Es werden dann die positiven *Lernmöglichkeiten nicht ausgeschöpft*, weil die Umwelt oder mangelnde Motivation der Person selbst dies verhindert. Häufig verschlimmert die Umwelt durch ihr Verhalten eventuelle Entwicklungsstörungen, wobei auch die Person selbst, wie dargelegt, durch ihre Aggressivität die ungünstigen Reaktionen erzeugt. Ein «Umlernen» wäre zwar eigentlich nicht unmöglich, aber faktisch findet es nicht statt. Lernpsychologische Aggressionserklärungen sind also nicht per se schon optimistisch. Sie öffnen aber den Blick für das, was unter guten Bedingungen möglich wäre.

7 Interaktion

Aggressives Verhalten ist auf andere Menschen bezogen und wird gewöhnlich von anderen mit beeinflusst. Dieser schlichte Tatbestand gerät leicht aus dem Blick, wenn man nur auf die Person schaut, die sich aggressiv verhält. Nun spielten zwar auch in den bisherigen Betrachtungen «die anderen» eine Rolle als «Provokateure», als «Modelle» oder als «Belohner». Doch bildeten sie damit lediglich einen erklärenden Hintergrund für das Verhalten des Aggressors. In diesem Kapitel sollen nun die *interpersonalen* Bezüge mehr Gewicht erhalten. Zu untersuchen ist also, was zwischen verschiedenen Personen geschieht und welche Bedeutung dies für die Erklärung aggressiven Verhaltens hat. Die zentralen Begriffe dieser Inter-Perspektive sind: Interaktion, Kommunikation und Beziehung.

7.1 Mit im Blick: Angegriffene, Mittäter, Zuschauer

Die anderen Menschen, mit denen ein «Aggressor» in Interaktion steht – das sind manchmal Mitaggressoren, manchmal Zuschauer und in jedem Fall die *angegriffenen* Personen, die Opfer. Selbst wenn jemand heimlich Brücken sprengt oder Autoreifen durchschneidet, so ist dies letztlich nicht gegen die Gegenstände, sondern gegen andere Menschen gerichtet, wenngleich es in diesem Ausnahmefall keine direkte Interaktion zwischen Täter und Opfer gibt.

Anders ist es bei einer persönlichen Begegnung. Hier sind die Handlungen der Beteiligten aufeinander bezogen, und die angegriffene Person beeinflusst das Verhalten des Aggressors in vielfältiger

Weise. Vielleicht provoziert sie die Attacke, vielleicht erleichtert sie sie durch sichtbare Schwäche, vielleicht wirkt schon ihre bloße Anwesenheit als Signal zum Losschlagen, falls der Aggressor ein solches Bedürfnis schon in sich trägt. Oder aber das Opfer bremst die Aggression durch eigene Stärke, durch eine gelassene Reaktion oder durch eine Entschuldigung im richtigen Augenblick. Manchmal ist eine klare Unterscheidung von Täter und Opfer kaum möglich, die Beteiligten sind beides zugleich oder wechseln die Rolle im Verlauf einer längeren Interaktion (Krahé & Greve 2002).

Im Falle *kollektiver* Aggression steht der einzelne Aggressor auch in Interaktion mit *Mitaggressoren*. Das gilt für momentane Zusammenrottungen und besonders für alle Formen von organisierter Gewalt, beispielsweise für kriminelle Banden oder militärische Apparate. Die gemeinsamen Angriffe sind nicht die Summe individueller Handlungen, sondern ein mehr oder minder koordiniertes Zusammenspiel, das mitreißen und enthemmen kann. Infolge dieser gegenseitigen Beeinflussung ist bei kollektiver Aggression die psychologische Situation für den Einzelnen in vieler Hinsicht ganz anders als bei individueller Aggression – so anders, dass er sich vielleicht an Handlungen beteiligt, die er als Einzelner niemals begehen würde. (Hierzu mehr in Kapitel 8, S. 140, und Kapitel 10, S. 172).

Auch *Zuschauer* können aggressives Verhalten fördern oder bremsen. Schon durch stilles Nichtstun können sie Einverständnis signalisieren und für jene Aggressoren, die Beachtung und Anerkennung suchen, ein willkommenes Publikum bilden. *Welche* Wirkung sie ausüben, hängt unter anderem davon ab, welche Einstellung der Aggressor bei den Zuschauern vermutet: Glaubt er etwa, sie seien harte Burschen, wirken sie eher stimulierend, hält er sie hingegen für besonders friedfertige Menschen, wirken sie eher bremsend (Borden 1975). Zuschauer, die nicht nur stumm dabeistehen, sondern Stellung nehmen und eingreifen, können natürlich erst recht stimulieren oder hemmen (Borden & Taylor 1973 im Experiment; Felson et al. 1984 zu Gewaltverbrechen). Sofern sie anfeuern, sind sie in gewisser Weise schon als Mittäter anzusehen. Umgekehrt kann es Zuschauern gelingen, zu beschwichtigen, zu vermitteln oder Streithähne zu trennen.

7.2 Eskalationen und Teufelskreise

Bei gegenseitiger Aggression sind Menschen gleichzeitig Aggressoren und Opfer. Zuweilen sieht ihre Interaktion vollkommen *symmetrisch* aus: A schlägt B und B schlägt A, oder A beschimpft B und B beschimpft A, eventuell gar mit ähnlichen Schimpfwörtern. Aggressiv ist die Interaktion aber gewöhnlich nicht von Anbeginn, sondern meist erst im Verlauf des wechselseitigen Hin und Her. Sie beginnt jedoch zumindest «negativ», z.B. mit einer Ablehnung, einer Störung, einer Nachlässigkeit oder sonstigen Verhaltensweise, die von der anderen Person als Regelverstoß empfunden wird, und eskaliert dann allmählich bis zu eindeutig aggressivem oder gar gewalttätigem Verhalten.

Tafel 11: Beispiel eines möglichen Interaktionsablaufes

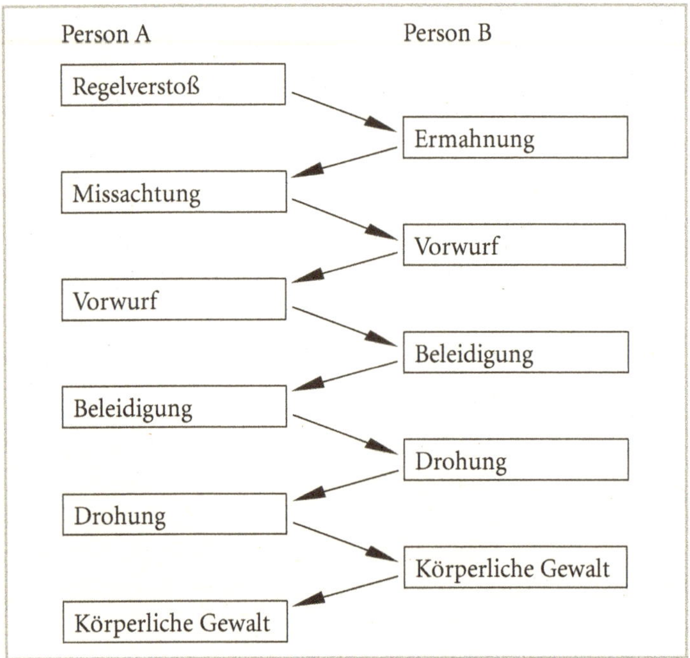

Die bereits früher (S. 64) erwähnte Untersuchung von Felson (1984) gibt Hinweise darauf, wie aggressive Interaktionen anfangen: In etwa 90 Prozent der verbalen und fast 70 Prozent der gewalttätigen Auseinandersetzungen reagierte zunächst eine Person auf eine Handlung, die sie als Verstoß gegen eine Norm oder Anweisung auffasste. Felson versteht diese Reaktion als Versuch der «sozialen Kontrolle» und die Aggression als Akt der Bestrafung. Der erste Angriff (z.B. Beleidigung, Bedrohung oder körperlicher Angriff) geht nämlich meist vom «Kontrolleur» aus, allerdings gewöhnlich nicht sofort, sondern im Verlauf einer Eskalation, die beispielsweise so aussehen kann wie in Tafel 10. In den restlichen Fällen beginnt die Interaktion unmittelbar mit einem absichtlichen Angriff; der kann eine Reaktion auf eine zurückliegende Provokation sein oder geschieht «spontan» aus zunächst unklarer Motivation.

In manchen *Familien* kommt es zu Eskalationsprozessen zwischen erzieherisch inkompetenten Eltern und einem «schwierigen» Kind (Patterson 1982). Ausgangspunkt ist fast immer ein störendes Verhalten des Kindes (Ungehorsam, lautes Verhalten usw.). Hierauf reagiert die Mutter oder der Vater sehr heftig, das Kind seinerseits ebenfalls und so fort. Kind und Eltern setzen sich gegenseitig immer stärker unter Druck, und zuweilen endet die Eskalation in einer Misshandlung des Kindes.

Die lernpsychologische Vorgeschichte solcher Interaktionen wurde bereits erläutert (S. 95, 97): Das Kind hat gelernt, die Eltern durch aggressives Verhalten zum Nachgeben zu zwingen, während die Eltern gelernt haben (zumindest hin und wieder) nachzugeben, weil das unangenehme Verhalten des Kindes dann vorübergehend aufhört. Oder es haben umgekehrt die Eltern gelernt, dass das Kind schließlich nachgibt, wenn man es nur hart genug zu zwingen versucht. So haben sich beide Seiten gegenseitig konditioniert und fallen in dieses Interaktionsmuster immer wieder zurück.

Das Beispiel der *Kindesmisshandlung* zeigt sehr deutlich, wie wichtig der *inter*personale Aspekt ist, dass es also nicht ausreicht, die Misshandlung allein aus der Persönlichkeit der Täter zu erklären. Statt nur zu fragen: «Was sind das für Menschen, die so etwas tun?», ist ebenso zu fragen: «Was sind das für Kinder, die misshandelt werden?», und: «Was sind das für Interaktionen?» In Untersuchungen wurde vielfach festgestellt, dass in der jeweiligen Familie fast immer nur ein einziges Kind misshandelt wird, die Geschwister hingegen nicht. Insofern spielen also auch Eigenheiten des jeweiligen Kindes eine wichtige Rolle (Neigung zum Schreien, zu Unruhe usw.). Wenn die ungünstigen Dispositionen beider Seiten zusammentreffen und sie die zuvor beschriebenen Lernprozesse durchmachen, kann dies schließlich zu den fatalen Interaktionen führen, die in eine Misshandlung münden (zusammenfassend Amelang & Krüger 1995, Engfer 1986).

In *Paarbeziehungen* kann es ebenfalls zu einer Eskalation der aversiven Druckausübung kommen, die auch schon ohne Gewaltanwendung destruktiv wirkt. Die problematischen Verhaltensweisen entstehen aus dem Versuch, den anderen zu einer Verhaltensänderung zu bewegen, und zwar nicht mit einer Bitte, sondern, weil die nicht erfolgreich war, mit aversiven Mitteln. Schindler, Hahlweg & Revenstorf (1998, S. 53) beschreiben den Teufelskreis so: «Partner A drückt seine eigenen Gefühle und Bedürfnisse nicht mehr direkt aus, sondern in Form von Vorwürfen und Anklagen. Dies führt dazu, dass Partner B den Inhalt nicht erkennt, da er durch die Form der Äußerung verletzt ist und zu Rechtfertigung oder Gegenangriff übergeht. Dadurch fühlt sich Partner A wiederum missverstanden und brüskiert und wird seinerseits wieder aversiv reagieren. Um die Dringlichkeit seines Anliegens zu vermitteln, wird er zu noch intensiveren Signalen greifen, die aber durch ihren aversiven Charakter die Eskalation nur vorantreiben. So kommen beide Partner zu keinen gemeinsamen Lösungen mehr, die Enttäuschungen nehmen zu.»

Neben symmetrischen Teufelskreisen, in denen beide Seiten sich ähnlich gegeneinander verhalten, gibt es auch *asymmetrische* Interaktionen mit aggressivem Verhalten auf der einen und nichtaggressivem auf der anderen Seite. Auch die nichtaggressiven Verhaltensweisen des «Opfers» (sich fügen, flüchten, weinen usw.) beeinflussen das aggressive Verhalten des anderen, beispielsweise so: Ein Ehemann brüllt seine Frau an – sie wird ganz stumm – ihr Mann empfindet dies als «Verstocktheit» und wird noch wütender – sie weint nun und kriegt kein Wort heraus – und so fort.

Was immer die angegriffene Person tut, sie wird mitbestimmen, wie der nächste Verhaltensakt des Aggressors aussieht. *Welche* Wirkung das Opfer erzielt, hängt unter anderem davon ab, welche Motive den Aggressor antreiben (z. B. Durchsetzung oder Rache oder Kampflust) und in welcher Beziehung mit welcher Vorgeschichte die Beteiligten zueinander stehen.

Fazit: Wie sich A und B zueinander verhalten, ist nicht hinreichend aus den Personen selbst zu erklären, sondern zum Gutteil aus dem Zusammenspiel ihrer Verhaltensweisen. Dieses Zusammenspiel kann sowohl bei symmetrischen wie auch bei asymmetrischen Interaktionen (oder Mischformen) die Gestalt eines Teufelskreises annehmen.

Was ein neutraler Betrachter als kreisförmige Interaktion erkennt, wird von den Beteiligten selbst allerdings oft ganz unterschiedlich «interpunktiert», wie Watzlawick et al. (1969) es nennen. Für jede Seite ist das eigene Verhalten «nur» eine Reaktion auf die Aktion des anderen. Jede Seite neigt dazu, der anderen die Schuld zuzuschreiben und sich selbst in der Opferrolle zu sehen. Sollten sich die Kontrahenten in den Augen eines Beobachters gleichermaßen aggressiv verhalten, wird dennoch jede Seite möglicherweise nur das Verhalten des Kontrahenten als Aggression bezeichnen, das eigene hingegen als «Empörung» oder «Verteidigung» (vgl. Kapitel 1, S. 25).

Die beschriebenen Beispiele für fatale Interaktionsmuster gehen häufig über ein einmaliges Geschehen hinaus. Sie sind typisch für das Zusammentreffen von Menschen, die in einer speziellen *sozialen Beziehung* zueinander stehen, z. B. als Ehepartner, als berufliche Rivalen, als Vorgesetzte/Untergebene usw. Der Begriff der Beziehung akzentuiert nicht das aktuelle Geschehen, sondern den Tatbestand, dass sich diese Menschen mit einer mehr oder minder dauerhaften Haltung begegnen, mit typischen Gefühlen und Erwartungen in Bezug auf die andere Person. Es ist letztlich die aus einer Vorgeschichte gewachsene, mithin erlernte negative Beziehung, aus der heraus z. B. Ehepartner, Eltern und Kinder regelmäßig mit bestimmten Verhaltensweisen aufeinander reagieren. Es ist durchaus möglich, dass derselbe Mensch, der sich gegenüber einer bestimmten Person (z. B. Ehepartner, Kollege) immer wieder aggressiv verhält, dies gegenüber anderen Menschen nicht tut.

Was bedeutet dies für die Aggressionsverminderung? Die gegenseitige Beeinflussung in der Interaktion lässt die Möglichkeit zu, den Teufelskreis an verschiedenen Stellen zu durchbrechen. Im Falle einer asymmetrischen Interaktion kann dies heißen, dass die Änderung nicht unbedingt bei der aggressiven Person beginnen muss. Leichter ist es oft, bei der Person zu beginnen, die den größeren Leidensdruck verspürt, die eher zu Änderungen motiviert ist oder leichter umlernen kann. So kann z. B. eine «schwache» Ehefrau ein Selbstsicherheitstraining mitmachen, oder Eltern können einen geschickteren Umgang mit dem «schwierigen» Kind erlernen.

Die Methode der Wahl ist in vielen Fällen jedoch, dass alle an der Interaktion beteiligten Personen – alle, die zusammen ein «System» bilden – die Probleme auch *gemeinsam* zu lösen versuchen. Dies kann z. B. in Form eines Familienrates oder eines Schulprojektes geschehen. In vielen Fällen ist allerdings professionelle Hilfe erforderlich; Beispiele sind etwa eine Paartherapie, eine Familientherapie, eine Supervision oder Mediation (hierzu mehr in Kapitel 16 bis 19).

7.3 Aggressives Verhalten als Kommunikation

Die in einem konkreten Falle ablaufenden Interaktionen werden verständlicher, wenn man sie unter dem Aspekt der Kommunikation betrachtet: Welche Informationen, welche Nachrichten oder Botschaften senden und empfangen die Beteiligten? Der im Wortlauf ganz harmlose Satz «Dann schicke ich die Fotos an ihre Frau» ruft vielleicht eine wütende Reaktion hervor, weil er für den Empfänger *bedeutet*: «Ich will Sie erpressen.»

Es liegt in der Natur von Kommunikation, dass die gemeinten und die vom anderen verstandenen Botschaften nicht immer übereinstimmen, dass also beim Empfänger etwas ankommt, was vom

Sender nicht intendiert ist, oder dass etwas gar nicht ankommt, was dem Sender wichtig ist. Wenn z. B. ein Ehepartner sagt: «Du brauchst bei dem Besuch nicht mitzukommen», so mag als Botschaft gemeint sein: «Du brauchst dich damit nicht zu belasten, ich schaffe das schon alleine.» Vom anderen wird aber vielleicht die Botschaft empfangen: «Du würdest dabei nur stören» – was prompt zu Verstimmung und Vorwürfen führt.

Mit Friedemann Schulz von Thun (1981) lassen sich an Nachrichten vier Aspekte unterscheiden:

- Der Sachaspekt: Aussagen über Tatbestände, Hergänge, Theorien usw.
- Die Selbstkundgabe: Aussagen über eigene Gefühle, Gedanken, Selbstwahrnehmungen usw.
- Der Beziehungsaspekt: Botschaften darüber, was man vom anderen hält und wie man zueinander steht.
- Der Appellaspekt: Wünsche, Aufforderungen und Erwartungen an den Empfänger.

Eine aggressive Handlung intendiert definitionsgemäß die Beeinträchtigung eines anderen und enthält insofern negative Beziehungsbotschaften (z. B. «Du bist ein übler Bursche», «Ich bin stärker als du», «Von dir halte ich gar nichts» usw.). Unabhängig davon, um welche Sachprobleme, welche Wünsche usw. es geht – der scharfe Beziehungsaspekt ist es, der die Kommunikation «aggressiv» macht. In der direkten Begegnung wird er vor allem durch nichtverbale Kommunikationsformen wie Mimik und Tonfall übermittelt.

Besonders deutlich sticht der Beziehungsaspekt bei der *Vergeltung* hervor. Denn deren Botschaft lautet: «Ich denke schlecht von dir, du hast eine Strafe verdient.» Eine solche Botschaft fehlt weitgehend bei einer bloßen Unmutsäußerung; der Empfänger nimmt hier vielleicht eher den Selbstkundgabe-Aspekt wahr («X hat schlechte Laune»).

Der Akzent der aggressiven Kommunikation kann aber auch auf dem Appellaspekt liegen («Wozu ich dich veranlassen will»). Das gilt besonders für *Erlangungsaggression* (s. S. 135). Während für den Sender bzw. Aggressor die Erfüllung seiner Wünsche (z. B. Durchsetzung, Bereicherung) im Vordergrund steht, nimmt der Empfänger allerdings auch hier möglicherweise primär den Beziehungsaspekt, also die Haltung ihm gegenüber wahr («Wie behandelst du mich»?), fühlt sich bedrängt und herabgesetzt und ist ebendeshalb nicht bereit, den Wunsch zu erfüllen – es sei denn, die Macht des Aggressors lässt keine andere Wahl (zu dieser Verschiebung von der Wunsch- zur Haltungsbotschaft siehe auch das Beispiel zur Paar-Interaktion auf S. 116).

Entscheidend für die Reaktion des Empfängers und damit für den Fortgang der Interaktion ist stets die *empfangene* und nicht die vom Sender gemeinte Botschaft. Es kommt vor, dass ein harmloses, nicht-aggressives Verhalten des Senders als Angriff aufgefasst wird. Selbst eine noch so sachlich gemeinte Kritik kann bekanntlich Groll auslösen, wenn der Empfänger sie eben nicht sachlich, sondern «persönlich» nimmt.

Gründe hierfür können zum einen in der Vorgeschichte der jeweiligen Beziehung liegen, zum anderen in der Person des Empfängers. Manche Menschen haben eine ausgeprägte Neigung, Äußerungen und Handlungen anderer als «böse Absicht», als «Feindseligkeit», als «Missachtung» usw. zu interpretieren (Dodge 1993). So wird aus einer Anmerkung eine Abwertung, aus einem Blick ein drohender Blick, aus einem Lachen ein Auslachen usw. – mit der möglichen Folge einer aggressiven Reaktion. Da hier das Verhalten anderer Personen buchstäblich missverstanden wird, da aus Signalen Botschaften entnommen werden, die nicht gemeint sind und von Dritten auch nicht empfangen werden, handelt es sich um eine regelrechte Kommunikationsstörung. Von Bedeutung ist dieses Problem vor allem für emotional-reaktive Aggressivität (s. auch Kapitel 9, S. 154 f.).

Erklärungen II: Zusammenschau nach Kernfragen

Die folgenden drei Kapitel erörtern Erklärungen zu aggressivem Verhalten aus dem Blickwinkel der drei (teilweise zusammenhängenden) Kernfragen, die bereits in der Vorschau von Kapitel 3 gestellt wurden:
(1) Ist aggressives Verhalten einheitlich oder unterschiedlich zu erklären? (2) Was für Menschen sind es vorrangig, die sich aggressiv verhalten? (3) Wann und wo tritt aggressives Verhalten auf?

Bei der Beantwortung dieser Fragen werden auch Ausführungen aus den vorangehenden Kapiteln wieder aufgegriffen.

- **Differenzierungen: Arten der Aggression**
- **Personen: Wer zeigt aggressives Verhalten?**
- **Situationen: Wann tritt aggressives Verhalten auf?**

8 Differenzierungen: Arten der Aggression

Erscheinungen, die denselben Namen tragen, werden gerne wie ein einheitliches Phänomen betrachtet. So wird denn auch oft gefragt, wie «die» menschliche Aggression zu erklären sei. Doch vieles spricht dafür, nicht von einem psychologisch einheitlichen Sachverhalt auszugehen, sondern verschiedene Erscheinungsformen aggressiven Handelns zu unterscheiden und sie zumindest teilweise unterschiedlich zu erklären.

8.1 Aggression ist nicht gleich Aggression

Die klassischen Theorien verstanden sich zunächst als allgemein gültige Erklärung «der» Aggression (vgl. S. 39). Doch im Gang der Forschung kam es zu Differenzierungen. Zu groß sind die Unterschiede beispielsweise zwischen einer wütenden Beschimpfung, einer räuberischen Erpressung und einer Massenerschießung im Gefangenenlager. Dabei geht es weniger um die Unterschiede im sichtbaren Verhalten (die sind offenkundig), sondern um die Prozesse «dahinter» und um die Bedingungen ihres Auftretens. Hier kann es keinen «Erklärungseintopf» geben, schon gar nicht durch Ein-Faktor-Theorien.

Differenzierungen im gemeinsamen Rahmen

In jedem Fall beruht aggressives Verhalten auf dem Zusammenspiel mehrerer Faktoren, wobei ihr jeweiliges Gewicht von Fall zu Fall unterschiedlich sein kann. Alle Erklärungen bewegen sich zwar innerhalb des allgemeinen theorieneutralen Rahmens der 4 + 1 Grundaspekte: Aktuelle Prozesse, Situation, Person und Entwicklung sowie zusätzlich interpersonale Bezüge (s. Kapitel 3, S. 35 ff.). Doch wie diese Aspekte jeweils inhaltlich zu füllen sind – darin liegen die Unterschiede in den Erklärungen: *Welche* Gedanken, Gefühle und Bedürfnisse bestimmen das aggressive Verhalten? *Welche* Besonderheiten der Situation spielen dabei eine Rolle? *Welche* Dispositionen sind typisch für diese Person, und *welche* Entwicklungsbedingungen können dazu geführt haben? Und schließlich: In *welcher* Weise ist das Verhalten ein Ergebnis der Interaktion, der Kommunikation und der Beziehung zwischen den beteiligten Personen?

Damit sind vielfältige Differenzierungen möglich. Doch zwei Unterscheidungskriterien erscheinen mir besonders hilfreich, wenn man versucht, konkrete Vorfälle zu verstehen.

- Die erste Differenzierung betrifft die *Art der Motivation* hinter dem aktuellen Verhalten. Während viele aggressiven Handlungen von Ärger oder anderen negativen Affekten getragen werden, dominiert in anderen Fällen die Erwartung bestimmter Nutzeffekte.
- Die zweite nützliche Differenzierung ergibt sich aus dem Aspekt der Interaktion des Einzelnen mit anderen Menschen (vgl. Kapitel 7): Handelt er allein oder gemeinsam mit anderen? Dies führt zu der Unterscheidung von *individueller* und *kollektiver* Aggression. Die Beteiligung an kollektiver Aggression ist psychologisch nicht mit individueller Aggression gleichzusetzen (Näheres s. S. 140 ff.).

Beide Differenzierungen betreffen die Erklärung des *aktuellen* Handelns, also vorrangig die inneren Prozesse und ihre situative Anregung. Dieselben Differenzierungen lassen sich aber auch auf *personale Dispositionen* beziehen: Menschen unterscheiden sich unter anderem in den vorrangigen Motiven für aggressives Handeln oder auch in ihrer Vorliebe für die Beteiligung an kollektiver Gewalt. Und diese personalen Unterschiede beruhen wiederum auf unterschiedlichen Entwicklungsbedingungen.

Die Notwendigkeit von Differenzierungen bedeutet nicht, dass es sich jeweils um unabhängige Sachverhalte handelt. Es können in einer Handlung mehrere Motivationen zusammenfließen und insofern verschiedene Aggressionsarten verbunden sein. Ebenso kann eine Person sowohl zu individuellen als auch zu kollektiven Gewalthandlungen neigen. Aber dies kann man nicht einfach voraussetzen. Daher ist es wichtig – für die Erklärung wie auch für die Aggressionsverminderung –, genauer hinzusehen und zu differenzieren.

Aggressionsarten – unterschieden nach Art der Motivation

Fragt man nach dem «Warum» eines Verhaltens, so empfindet man Auskünfte über die jeweilige Motivation als besonders informativ. Ebendieser Aspekt soll daher in diesem Kapitel besonders gründlich beleuchtet werden, zunächst als Vorschau, anschließend im Detail.

Die populäre Vorstellung, dass aggressives Verhalten einfach ein Ausdruck aggressiver Emotionen («Aggressionen») sei, lässt sich, wie gesagt, so nicht halten. Aggressives Verhalten muss keineswegs immer auf aggressiven Gefühlen beruhen. Seit langem schon werden in der Aggressionspsychologie wenigstens zwei Grundtypen unterschieden: (1) affektive Aggressionsformen, die durch aggressive Emotionen wie Ärger, Groll, Rachebedürfnis motiviert sind und insofern direkt das «Wehtun» anstreben, und (2) instrumentelle Aggressionsformen, die auf einen Nutzeffekt gerichtet sind und für die das Wehtun nur ein Mittel zur Befriedigung eines an sich nichtaggressiven Bedürfnisses ist (z.B. Bereicherung oder Anerkennung) (vgl. Berkowitz, 1962, 1993, Buss 1961, Dodge 1991, Feshbach 1964, Geen 2001). Knapp formuliert: Dominiert der *A*ffekt oder der *E*ffekt?

Während der Begriff «instrumentelle Aggression» sich eingebürgert hat, gibt es für den ersten Typ verschiedene, nicht immer völlig bedeutungsgleiche Bezeichnungen, z.B. «feindselige», «emotionale» oder «Ärger»-Aggression. Über diese zwei Grundtypen hinaus sind aber weitere Differenzierungen möglich und sinnvoll (s. Tafel 12). So gibt es bei emotionalen Reaktionen eine «scharfe» Variante, nämlich die *Vergeltung*, die aus tiefem Ärger, Groll oder Hass erwächst, und eine nicht wirklich aggressive Variante, nämlich die impulsive *Unmutsäußerung*. Beim instrumentellen Grundtyp kann man zwei Arten des Nutzeffektes bzw. des Erfolges unterscheiden: Das Erlangen von Vorteilen (es gilt als Prototyp instrumenteller Aggression) und das Abwenden von Bedrohungen und Nachteilen, also *Erlangungs-Aggression* und *Abwehr-Aggression*. Während die Erlangungs-Aggression «aktiven» Charakter hat, ist die Abwehr-Aggression reaktiv und häufig zugleich recht «emotional».

Die Unterscheidung der genannten Aggressionsarten hat auch Bedeutung für die Frage, *gegen wen* eine aggressive Handlung gerichtet wird: nämlich gegen «provozierende» Opfer (bei Vergeltung), gegen «bedrohende» oder «störende» Opfer (bei Abwehr) oder gegen Personen, die für Erlangungsziele «nützlich» sind.

Es bleiben allerdings Aggressionsphänomene übrig, für die man weder einen negativen Anlass noch einen Nutzeffekt finden kann, die weder «ärgerlich» noch instrumentell sind. Ich meine die unprovozierte Lust am Kämpfen, Schikanieren oder gar Quälen. Hinter solchen scheinbar motivlosen Handlungen, die im Folgenden als *Lust-Aggression* zusammengefasst werden, steckt vermutlich die Suche nach Stimulierung oder nach Machtgefühl als emotionalem Selbstzweck.

Alle Typen gibt es zwar in reiner Form, doch faktisch kommen oft Übergangsformen und Kombinationen vor. Die Einteilung ist

Tafel 12: Aggressives Verhalten – unterschiedlich motiviert

• Unmutsäußerung	reaktiv	nichtaggressiver / halb aggressiver, impulsiver Affektausdruck
• Vergeltungs-Aggression	reaktiv	emotionale, feindselige Aggression
• Abwehr-Aggression	reaktiv	instrumentell, emotional (Angst, Ärger)
• Erlangungs-Aggression	aktiv	instrumentell (Durchsetzung, Vorteile)
• Lust-Aggression	aktiv	emotional (Machtgefühl, Stimulierung)

insofern lediglich eine Leitlinie zur Analyse und Diagnose. Dabei lässt sich die Art der Motivation gewöhnlich nur aus dem gesamten Geschehen und dem Kontext erschließen und nicht schon allein aus der sichtbaren Handlung. Ein Faustschlag, ein Attentat, eine Verleumdung usw. kann mal so, mal anders motiviert sein. Und ein harmlos aussehender Austausch von Argumenten ist vielleicht wirklich «harm»-los (= nicht verletzend), vielleicht aber auch gezügelter Ausdruck eines Machtkampfes oder persönlicher Feindschaft.

8.2 Vergeltungs-Aggression

Es sind emotional-reaktive Aggressionen, für die man negative Ereignisse (ursprünglich «Frustrationen») als Erklärung heranzieht (vgl. Kapitel 5). Man kann auch von Ärger-Aggression sprechen, sofern es sich um eine «echte» Aggression handelt wie bei der Vergeltung. Ärgerliches Verhalten gibt es, wie erwähnt, auch in der schwächeren Form der Unmutsäußerung. Der Übergang ist fließend, aber die Unterscheidung ist wichtig.

Vorform: Unmutsäußerung – Echte Aggression: Vergeltung

Bei der typischen *Unmutsäußerung* setzt sich die affektive Erregung unmittelbar in heftiges Verhalten um. So schreit z.B. jemand kurz auf: «Ey, pass doch auf», als er versehentlich auf den Fuß getreten wird. Die Äußerung ist nicht Ausdruck feindseliger Gefühle gegen die andere Person und will nicht wirklich verletzen oder wehtun. Unmutsäußerungen können sogar in Allein-Situationen auftreten, in denen eine andere Person nicht einmal mitgedacht wird. Beispielsweise stößt ein Mensch allerhand wüste Laute aus, weil er eine Tür nicht aufbekommt.

Der Affektausbruch ist impulsiv und unkontrolliert, und manchmal tut er dem betreffenden Menschen hinterher leid. Daraus wird dann besonders deutlich, dass eine Schädigungsabsicht fehlt. Insofern ist solches Verhalten auch nicht aggressiv, allenfalls «halb aggressiv». Zumindest handelt es sich hier um eine Grauzone zwischen aggressivem und nichtaggressivem Verhalten. Schimpfen ist noch nicht wirklich aggressiv, *Be*schimpfen hingegen schon.

Die wichtigste Erscheinungsform emotional-reaktiver Aggression ist die *Vergeltung*. Sie ist eine zielgerichtete Antwort auf Provokationen, unfaires Verhalten usw. Die Emotion Ärger wäre in diesem Fall als Groll, Hass oder Feindseligkeit zu spezifizieren, also als eindeutig aggressives Gefühl. Es entsteht, wenn man dem Widersacher Böswilligkeit, Rücksichtslosigkeit oder zumindest Fahrlässigkeit zuschreibt (vgl. Kapitel 5, S. 67). Beispiele:

- Eine Mutter erschießt im Gerichtssaal den Mann, der ihr Kind ermordet hat.
- Ein Schüler sticht einem anderen ein Loch in den Fahrradreifen, weil der ihn während der Klassenarbeit nicht abschreiben ließ.

Die Vergeltung ist eine *Bestrafungsaktion*, mit der man wirklich wehtun möchte; eben daraus ergibt sich dann auch die emotionale Befriedigung, die Genugtuung («Rache ist süß», «Schadenfreude»). Dass die grollende Person sich von ebendieser Intention leiten lässt, macht ein Experiment von Rule & Nesdale (1974) auf fast groteske Weise deutlich. Sie fanden zunächst, kaum verwunderlich, dass eine Versuchsperson dem Gegenspieler bei einer «Lernaufgabe» mehr bestrafende Elektroschocks erteilt, wenn sie zuvor von ihm beleidigt wurde – allerdings nur, wenn man ihr gesagt hatte, dass die Schocks wehtäten. War ihr hingegen gesagt worden, die Schocks würden den Lernerfolg des Gegners steigern, so erteilte sie weniger (!) Schocks als eine nichtbeleidigte Versuchsperson.

Weil es dem Widersacher «schlecht» gehen soll, wirken Schmerzäußerungen des Opfers auch nicht hemmend wie oftmals bei instrumenteller Aggression, sondern geradezu als Anreiz (Sebastian et al. 1981). Es geht ums «Heimzahlen», und zwar, anders als beim Unmut, zuweilen noch lange Zeit nach der Provokation.

Wenn Vergeltung zugleich auf Abschreckung zielt, ist sie schon eine Mischung mit instrumentellen Anteilen. Doch die reine Vergeltung kommt durchaus vor. Man erkennt sie daran, dass der Aggressive keinen Nutzen verfolgt und möglicherweise sogar Nachteile und Selbstschädigungen (!) in Kauf nimmt – nur um den Widersacher zu treffen. Berühmte Erzählungen («Michael Kohlhaas», «Moby Dick») schildern die selbstzerstörerischen Folgen des Rachedurstes. Auch im Experiment zeigte sich, dass provozierte (verärgerte) Versuchspersonen durch die Erwartung von Gegenschlägen kaum gebremst wurden, während nichtprovozierte Versuchspersonen ihren Gegner in diesem Fall viel zurückhaltender behandelten (Baron 1973). Da sich die reine Vergeltung also kaum von Vorteilen und Nachteilen leiten lässt, erscheint sie oft so irrational.

Aber was ist an der Vergeltung eigentlich befriedigend, *emotional* befriedigend? Sie soll sicherlich etwas wiederherstellen, und zwar «Gerechtigkeit» und das Selbstwertgefühl.

Zur *Gerechtigkeit*: Der Provokateur hat eine Norm verletzt und muss dafür «bezahlen», damit die Gültigkeit der Norm bestätigt wird. Denn sie würde in Zweifel gezogen, wenn sie ungeschoren übertreten werden dürfte. Insofern dient die Bestrafung der Erhaltung «sozialer Gewissheit» (Hofstätter 1986). Die Waage als Symbol der Gerechtigkeit macht bildhaft deutlich, das hier ein (normatives) Gleichgewicht wiederhergestellt wird. So wird in der Regel auch nicht wahllos vergolten bzw. bestraft, sondern «abgewogen», das heißt dem Verstoß angemessen (dies meint wohl auch das alttestamentarische «Auge um Auge, Zahn um Zahn»).

Zum *Selbstwertgefühl*: Für den Fall, dass man selbst das Opfer eines Normverstoßes bzw. einer Provokation wurde, geht es auch um die Wiederherstellung der Selbstachtung bzw. der «verletzten Ehre». Die Bestrafung macht jetzt den Provokateur zum Unterlegenen und gleicht somit (subjektiv!) das Oben-unten-Verhältnis wieder aus; man ist «quitt». Allerdings: Dass der Bestrafte die Vergeltung meist keineswegs als gerechten Ausgleich empfindet und nun seinerseits wieder eine Störung ausgleichen will, macht die Sache in der Realität oft so verhängnisvoll.

Zwischen der Unmutsäußerung und der echten Vergeltung gibt

es, wie dargelegt, sicher fließende Übergänge. Die aggressive Reaktion kann mehr oder weniger gezielt sein. Eine Zwischenform ist etwa der Fall des direkten Schlagabtausches: Zwei Kinder stoßen sich abwechselnd gegenseitig weg, oder in einem Streit «gibt ein Wort das andere». Diese unmittelbaren Reaktionen sind zwar deutlich personenbezogen, aber sie sollen möglicherweise nicht wirklich wehtun, und über den Kontakt hinaus gibt es auch kein nachträgliches Heimzahlen. Wichtig für die Unterscheidung ist also: Ist das Ziel «to hit» oder «to hurt»? (Feshbach 1964).

Sündenbockphänomene

Vergeltung richtet sich in erster Linie gegen die Personen, die man als Provokateure und insofern als «schuldig» wahrnimmt. Allerdings ist schon aus Alltagserfahrungen bekannt, dass verärgerte Menschen manchmal «die Falschen», also *Unschuldige*, aggressiv behandeln. Dieses Phänomen ist auch in der experimentellen Forschung vielfach bestätigt worden und hat vermutlich damit zu tun, dass in der provozierten Person die gedankliche Beschäftigung mit ihrem Groll und dem Vergeltungswunsch noch fortdauert und sie so für negative Reize besonders empfänglich ist (Marcus-Newhall et al. 2000).

Unschuldig angegriffene Menschen werden in der Alltagssprache gern als Sündenbocke bezeichnet, um auszudrücken, dass sie für das Fehlverhalten anderer «büßen» müssen. Allerdings werden dabei leicht ganz unterschiedliche Erscheinungen in einen Topf geworfen (ausführlich Nolting 1978). Zu unterscheiden ist vor allem, ob sich jemand aufgrund einer *gereizten Stimmung* gegen irgendwelche Anwesenden aggressiv verhält oder ob er unberechtigt bestimmte Menschen aggressiv *anschuldigt* und für ein Übel verantwortlich macht. Nur im zweiten Fall passt der Ausdruck Sündenbock.

Ein klassisches Beispiel für den ersten Typ, für die Aggression aus akuter Reizbarkeit und Ärgerstimmung, ist etwa dies: Ein Mann kommt wegen eines Konfliktes mit seinem Chef verärgert von der Arbeit nach Hause und schnauzt nun aus nichtigem Anlass seine Frau oder seine Kinder an. Angegriffen wird in solchen Fällen vornehmlich, wer durch irgendwelche *kleinen Störreize*, die ohne die Reizbarkeit gar nicht stören würden, «das Fass zum Überlaufen bringt». Nicht angegriffen werden gewöhnlich Menschen, die «nett» erscheinen und einen Kontrast zum eigentlichen Provokateur bilden (Marcus-Newhall et al. 2000). Das Verhalten entspricht hier einer relativ ungerichteten Unmutsäußerung, die verschiedene, manchmal zufällig anwesende Personen treffen kann. Der Aggressor wirft dem Opfer nicht ernsthaft eine Schuld vor, und der Ausbruch tut ihm hinterher eventuell sogar leid. Deshalb ist es hier problematisch, die angegriffene Person als Sündenbock zu bezeichnen.

Anders ist es im zweiten Fall, nämlich bei der gezielten aggressiven Anschuldigung. Denn Sündenbock soll ja heißen: Sündenbock *für etwas*, nämlich für «Frustrationen» des Angreifers, an denen die angegriffene Person nicht wirklich die Schuld trägt. Beispielsweise wird in einer Familie ein bestimmtes Kind («Karin mit ihren dauernden Essproblemen») als Ursache für tiefere familiäre Schwierigkeiten und eigene Unzufriedenheit angesehen.

Manchmal mag es zwar so aussehen, als ob der Aggressor ein Opfer sucht, um aggressive Impulse zu «entladen», doch tatsächlich greift er nur ganz bestimmte Personen an, nämlich Personen, die er fälschlich für einen Missstand verantwortlich macht. Häufig haben sie für ihn schon aus anderen Gründen eine negative Bedeutung (Berkowitz 1993). Aus der Schuldzuschreibung entstehen feindselige Gefühle (s. S. 67 f. über Ärger), und ein kleines aktuelles Fehlverhalten des Sündenbocks reicht dann als Anlass für eine massive «Bestrafung».

In ihren Auswirkungen sehr schwerwiegend sind oftmals jene Sündenbock-Phänomene, bei denen nicht eine bestimmte Person, sondern eine soziale Kategorie (ein Volk, eine Konfession usw.) als «schuldig» angesehen wird. Angegriffen werden dann Menschen einfach deshalb, weil sie dieser Gruppe angehören, selbst wenn sie persönlich für keine der Taten verantwortlich sind, die der Gruppe vorgeworfen werden. Dieser Fall ist typisch für politische Verfolgung (s. Kapitel 10).

Tafel 13: Aggressionstypen im Vergleich: Unterschiedliche Prozesse vor und nach dem Verhalten

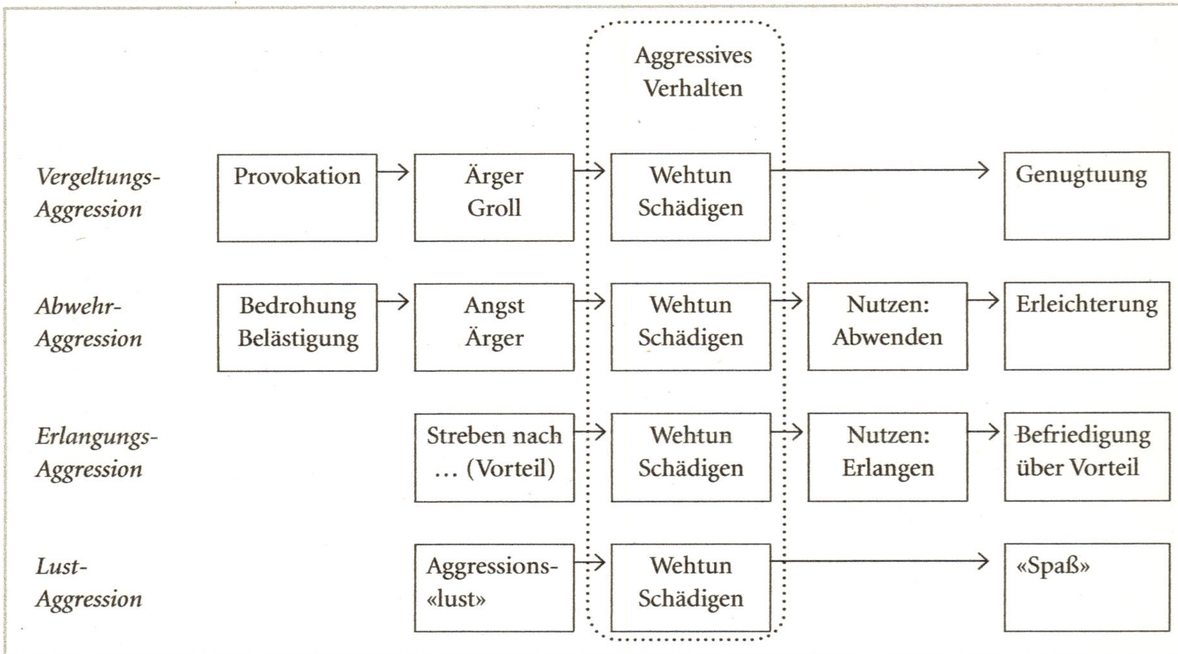

8.3 Abwehr-Aggression

Aggression zum Zwecke der Abwehr mag der Vergeltung auf den ersten Blick sehr ähnlich erscheinen. Beide sind Reaktionen auf aversive Erfahrungen, und sie können durchaus gemeinsam auftreten. Dennoch: Sie sind nicht dasselbe (s. auch Tafel 13).

Abwehr-Aggression will etwas Negatives abwenden; die Befriedigung bzw. Erleichterung ergibt sich aus dem erreichten Schutz und nicht schon, wenn man dem Gegner wehtut. Besonders deutlich wird dies an unmittelbarer Notwehr gegen eine physische Bedrohung. Doch abwehren kann man auch vieles andere, z.B. Machtverlust, Störungen, lästige Pflichten und peinliche Fragen. Beispiele:

- Ein Schüler wirft seinen Eltern die Schulhefte vor die Füße, als sie ihn an seine Hausaufgaben erinnern.
- Ein Ehemann reagiert mit gereizten Worten («Lass mich doch in Ruhe»), als seine Frau mit ihm über ein unangenehmes Thema sprechen will.

Auch schwerste Gewalttaten sind oftmals im Kern eine Abwehr. Offenkundig ist dies, wenn z.B. ein Krimineller einen Zeugen seiner Tat «beseitigt». Nach Zillmann (1979) werden aber Morde und andere Gewaltverbrechen auch begangen, um eine heftige, unangenehme Auseinandersetzung zu beenden, was nach Zillmann überwiegend unter Menschen vorkommt, die einander kennen, also häufig in der Familie. Toch (1992) berichtet von Gewalttätern, die sich in die Enge getrieben sahen und aus «panic in the corner» handelten.

Wie bereits erwähnt (Kapitel 6, S. 97f.), *lernen* Kinder oftmals schon in der Familie oder im Kindergarten, dass sie sich mit aggressivem oder voraggressiv-oppositionellem Verhalten nicht nur Angriffe, sondern auch Störungen oder lästige Anforderungen von Leibe halten können. Weil das aggressive Verhalten hier ein Mittel der Abwehr ist, handelt es sich primär um eine instrumentelle Aggression. Gleichgültig, ob jemand seinen Körper, sein Eigentum oder seine Seelenruhe schützen will – die Abwehr-Aggression will eine Bedrohung oder Belästigung *beenden*, und wenn dieses Ziel erreicht ist, wird auch die aggressive Handlung beendet.

Ebendaran erkennt man den Unterschied zur Vergeltung, die *nach* der Provokation verübt wird. Wenn ein Schüler die körperliche Attacke eines anderen zurückschlägt, ist es eine Abwehr-Aggression. Wenn er ihm nach der Attacke Prügel verabreicht, ist es ein Racheakt. Die Abwehr-Aggression reagiert mithin auf die akute Bedrohung oder Belästigung, die Vergeltung reagiert auf die darin enthaltene «Kränkung». Allerdings kann beides zusammenfließen und gleichzeitig zu Abwehr und zu Vergeltung motivieren. Und selbst eine nachträgliche Reaktion kann auch eine instrumentelle Funktion haben, sofern sie der Abschreckung (= vorbeugende Abwehr) dient.

Abwehr und Vergeltung sind also sicher oft gekoppelt, jedoch gibt es beides in reiner Form, und die Unterscheidung bleibt wichtig – nicht nur zum psychologischen Verständnis einer aggressiven Auseinandersetzung, sondern auch für die Aggressions*verminderung*: Eine Abwehr-Aggression ließe sich durch die Aufhebung der Bedrohung oder Belästigung vermeiden, eine Vergeltung hingegen z.B. durch eine Entschuldigung. Und *juristisch* ist die Unterscheidung ebenfalls bedeutsam: Gefahrenabwehr ist erlaubt, Selbstjustiz aber nicht.

Wenngleich die Abwehr-Aggression primär instrumentellen Charakter hat, weil sie einen Nutzeffekt verfolgt, spielen doch *Emotionen* eine wichtige Rolle. Nach der Art der Emotion könnte man differenzieren in eine ärgerliche und eine angstvolle Abwehr, je nachdem wie das aversive Ereignis empfunden wird. Zwischen Angst und Ärger gibt es allerdings Übergänge.

Wird das Ereignis als Belästigung oder Störung empfunden, wird die Emotion primär in Richtung *Ärger* gehen, und in diesem Fall wird es häufig zu einer Verquickung mit Vergeltung kommen. Zillmann (1979) legt den Akzent auf solche Aggression zur Ärgernis-Abwehr (bei ihm «annoyance-motivated» genannt).

Wird ein Ereignis dagegen als Bedrohung erlebt, wäre *Angst* zu erwarten. Petermann & Petermann (2001) heben «angstmotivierte Aggression» als eigenen Typ hervor, der nach ihrer Einschätzung auch bei Kindern ein wichtige Rolle spielt. Fürntratt (1974) hält angstmotivierte Aggression sogar für die wichtigste Variante instrumenteller

Aggression. Auf jeden Fall ist Angst eine häufige Motivation für unterschiedlichste Formen der Abwehr, auch gewaltsamer. Im Übrigen versuchen Menschen ja nicht nur reale, sondern auch vermeintliche Gefahren abzuwenden. Man denke etwa an die Bekämpfung des «Unheils», das in den Augen mancher Menschen von Hexen oder Andersgläubigen ausgeht.

8.4 Erlangungs-Aggression

Während Abwehr-Aggression und Vergeltung auf ein Ereignis reagieren, hat die Erlangungs-Aggression primär *aktiven* Charakter. Eine Person versucht, etwas zu bekommen und dabei auch Widerstand zu brechen. Der Nutzeffekt besteht hier also nicht in der Abwendung von Nachteilen, sondern der Erlangung von Vorteilen. Das Spektrum dessen, *was* ein Mensch erlangen möchte, ist endlos, und potenziell können sich alle Bedürfnisse auch aggressiver Mittel zu ihrer Befriedigung bedienen. Beispiele:

- Ein Schüler schubst einen anderen beiseite, um einen besseren Platz im Bus zu erhalten.
- Ein Killer führt gegen Bezahlung einen Mordauftrag aus.
- Ein Kind bekommt im Supermarkt einen Wutausbruch, damit die Mutter ihm eine Leckerei kauft.

Ob nun das aggressive Verhalten in körperlicher Gewalt, in einem Erpressungsversuch oder in lautstarken Machtworten besteht – in allen Fällen ist es eine *Form des Zwanges*: ein Mittel zum Zweck, nicht eine Bestrafung. Instrumentell in diesem Sinne ist das Handeln dabei nicht nur, wenn es um persönliche Vorteile geht (Streit ums Spielzeug, Eigentumskriminalität usw.), sondern auch, wenn es der Durchsetzung von «höheren Werten» dient, z.B. von moralischen Normen oder politischen Zielen. Erfolge bei der Erreichung der angestrebten Ziele stablisieren gewöhnlich die Neigung, erneut aggressive Mittel einsetzen, zumindest in ähnlichen Situationen (s. Kapitel 6.3. und 6.4 zum Lernen am Effekt).

Beachtung und *Anerkennung*, also soziale Vorteile, können ebenfalls Anreize für aggressives Verhalten sein. Auch hier ist es dann ein Instrument zur Befriedigung eines an sich unaggressiven Bedürfnisses. Beispiele:

- Ein Kind macht das Bauwerk eines anderen Kindes kaputt, um die Aufmerksamkeit der Kindergärtnerin zu erzwingen.
- Ein Jugendlicher beteiligt sich an einer Prügelei, damit seine Gruppe ihn für einen «echten Kerl» hält.

Das Streben nach Beachtung und Anerkennung hat besonders für das Verhalten in Gruppen und organisierten Kollektiven große Bedeutung.

Schließlich kann, zusammen mit den äußeren Erfolgen, eine *positive Selbstbewertung* angestrebt werden. Auch hier hat die Handlung instrumentellen Charakter, *soweit* die Befriedigung nicht schon mit dem Wehtun eintritt (wie etwa bei Vergeltung oder auch bei sadistischen Quälereien), sondern erst mit der Erreichung nichtaggressiver Ziele wie etwa: «gute Arbeit» leisten, seine «Pflicht» tun, sich als «Profi» erweisen etc. (z.B. als Soldat oder Folterer).

Erlangungs-Aggression wird nicht oder nicht primär von aggressiven Emotionen bestimmt. In manchen Fällen wird sie ausgesprochen kühl und kalkuliert ausgeführt, am häufigsten wohl dort, wo sie auf materiellen Gewinn gerichtet ist oder einen dienstlichen Auftrag erfüllt. In anderen Fällen mag zugleich auch eine ordentliche Portion Ärger dabei sein. Wenn nämlich jemand mit seiner Absicht auf Widerstand stößt, wird er vielleicht Ärger empfinden *und* diesen in aggressives Verhalten umsetzen, um den Widerstand zu brechen. Wegen der Auffälligkeit des Ärgeraffektes wird der instrumentelle Aspekt zuweilen übersehen. Doch es ist offenkundig: Auch Wutausbrüche können ein Instrument der Machtausübung sein.

Der Unterschied der Erlangungs-Aggression zur Vergeltungs- und zur Abwehr-Aggression zeigt sich auch in der Wahl der *Opfer*. Da das

Verhalten von Erfolgserwartungen bestimmt wird, muss das Opfer nützlich und nach Möglichkeit ohne großes Risiko angreifbar sein. Nützlich heißt: Es wird die Person angegriffen, die man benötigt, um etwas zu bekommen (etwa bei Erpressung, Geiselnahme oder Raub). Weiterhin wird gegen diejenigen vorgegangen, die im Wege stehen (z. B. der Einbrecher schlägt den Pförtner nieder). Dabei ist es oft reiner Zufall, welche Personen betroffen sind, wenngleich manche Personengruppen einem erhöhten Risiko ausgesetzt sind (z. B. sehr vermögende Personen, Prostituierte, Anhalterinnen usw.).

Manchmal mag es auf den ersten Blick so aussehen, als ob aus Feindseligkeit gehandelt wird, etwa wenn Menschen wehrlose Angehörige einer «Feindgruppe» attackieren wie im Falle der Judenverfolgung unter der Naziherrschaft. Es ist jedoch möglich, dass auch hier der eine oder andere Täter nicht aus Hass handelt, sondern um der eigenen Bezugsgruppe zu imponieren (so hatte sich die SS einem Härte-Ideal verschrieben). Und das Opfer ist hier insofern nützlich, als nur eine Attacke auf speziell diese Gruppe die gesuchte Anerkennung einbringt.

8.5 Lust-Aggression

Die meisten Aggressionshandlungen lassen sich problemlos als Vergeltungs-, als Abwehr- oder als Erlangungs-Aggression verstehen. Darüber hinaus kommt es aber auch vor, dass Menschen ohne negativen Anlass und ohne Nutzeffekte schikanieren, eine Gelegenheit zum Kämpfen suchen oder gar grausame Quälereien begehen. Beispiele:

- Fußball-Hooligans suchen die Schlacht mit der gegnerischen Gruppe.
- Schüler schikanieren ohne Anlass immer wieder bestimmte Mitschüler.
- Ein Mann sucht gerne Orte auf, an denen sich leicht eine Gelegenheit zur Prügelei ergibt.

Solche Erscheinungen sind bislang nur wenig erforscht, und es hat sich für sie auch keine gemeinsame Bezeichnung eingebürgert. «Gesuchte» Aggression wäre treffend, ist aber sprachlich nicht zu vertreten. «Spontane» Aggression habe ich in früheren Auflagen des Buches bevorzugt, aber weil «spontan» nicht nur «von selbst in Gang setzend» bedeutet (das ist hier gemeint), sondern auch «ungeplant» oder «prompt» (das ist nicht gemeint), wähle ich jetzt zur Vermeidung von Missverständnissen den Begriff «Lust-Aggression». Denn es geht um das Attackieren und Quälen als Selbstzweck, also um des puren emotionalen Gewinns willen.

Das Spektrum solcher Handlungen reicht von Sticheleien bis zu sadistischen Quälereien, und zwar unprovoziert. Irgendwelche Anlässe mögen zwar vorausgehen, doch die sind eher willkommen. Genau besehen wird nämlich die Provokation selbst provoziert oder die Gewalttätigkeit aus nichtigem Anlass angezettelt. Im Kern ist der Angriff selbst initiiert. So suchen manche Männer genau solche Orte auf (z. B. bestimmte Kneipen), an denen Angriffe auf ihr Selbstwertgefühl zu erwarten oder leicht herbeizuführen sind, sodass sich die Gelegenheit zur «Verteidigung» ergibt (vgl. Toch 1992). Auch das wiederholte Schikanieren von Mitschülern, das sog. Bullying, braucht keinen wirklichen Grund; die Opfer verhalten sich gewöhnlich passiv (vgl. Olweus 1995, Scheithauer et al. 2003). Offenkundig geschehen die Angriffe, zumindest teilweise, «aus Spaß». Bei einem Teil der Gewalttäter in der rechtsextremen Szene spielt eine solche Motivation ebenfalls eine Rolle (Frindte 1998).

Fragt man genauer, worin denn der Spaß eigentlich bestehe, so kommen vermutlich zwei Arten emotionaler Befriedigung in Frage:
- das Erlebnis von Macht und Stärke
- Selbststimulierung (Nervenkitzel)

Der erste Aspekt dürfte fast immer eine Rolle spielen: das Gefühl der Überlegenheit zu genießen. Manche Jugendlichen sind stolz auf ihre Härte und Schlagkraft (Cairns & Cairns 1991), und die eben erwähnten Gewalttäter bezeichnet Toch (1992) als «self-image-promoter», weil sie ihre Stärke und Männlichkeit demonstrieren und erleben wollen.

Die zweite mögliche emotionale Befriedigung ist die Selbststimulierung, der «Kick» – mithin Gewalt als Abenteuer. Dies ist eine zentrale Motivation bei vielen Hooligans in der Fußballszene (vgl. Lösel et al. 2001, Pilz 1998; Buford 1992 mit einem Erlebnisbericht). Die Suche nach Abenteuer kann auch eine Rolle spielen, wenn Menschen sich freiwillig zum Kriegseinsatz melden (vgl. Mantell 1972).

Menschen mit *sadistischer* Neigung brauchen zu ihrer Befriedigung in extremer Weise die Qual des Opfers, und sie versuchen, diese auszudehnen und auszugestalten. Wenn auch hier die Selbststimulierung mitspielen mag, etwa bei sexuellem Sadismus, dürfte Fromm (1974) Recht haben, wenn er in dem Gefühl grenzenloser Beherrschung eines anderen das eigentliche Ziel des Sadismus sieht, also in der Selbsterhöhung durch das Erleben eigener Macht und Stärke. Sadistisch motivierte Gewalt gibt es sicher nicht nur in Folterkammern und Gefängnissen, sondern zuweilen auch in der Familie oder am Arbeitsplatz. Doch nicht jede Gewalthandlung, die sadistisch anmutet, entspringt einer sadistischen Neigung. Gerade im engeren Zusammenleben von Menschen kann es sich bei näherem Hinsehen auch um wiederkehrende Vergeltungsakte innerhalb einer feindseligen Beziehung handeln.

Die *Opfer* reiner Lust-Aggression sind gewöhnlich schwach und wehrlos. Daher werden oft Kinder, Frauen, Gefangene, Obdachlose oder auch Tiere gequält. Auch zum Phänomen des Bullying in der Schule gehört ein Machtgefälle zwischen Täter und Opfer (Olweus 1995). Die Schwäche des Opfers erleichtert anscheinend das Erlebnis der vollkommenen Beherrschung (Fromm 1974).

Nicht hinreichend geklärt ist, *warum* manche Menschen Selbsterhöhung und Selbststimulierung gerade durch aggressive und nicht durch andersartige Aktivitäten suchen. Erfolgserlebnisse mit aggressiven Handlungen dürften immerhin eine gewisse Rolle spielen und in diesem Fall die Entwicklung eines Aggressions-«Interesses» unabhängig von Nutzeffekten begünstigen.

8.6 Individuelle versus kollektive Aggression

Ein weiterer bedeutsamer Aspekt für die Differenzierung von Aggressionsphänomenen ist die Unterscheidung von individueller und kollektiver Aggression.

Wenn ein Vater seinen Sohn verprügelt, wenn zwei Kolleginnen sich gegenseitig angiften, wenn ein Schüler einem anderen ein Bein stellt, dann sind dies Beispiele individueller Aggression. Vielfach tun sich Menschen aber mit anderen zu *kollektiven* Aggressionshandlungen zusammen:

- Mehrere Schüler bestrafen einen Mitschüler mit «Klassenkloppe».
- Mehrere Mitarbeiter eines Betriebes spinnen Intrigen gegen einen Kollegen.
- Zwei Gruppen von Fußball-Hooligans liefern sich eine Schlägerei.
- Mehrere Männer überfallen zusammen eine Bank.

In all diesen Fällen wirken mindestens zwei Personen zusammen. Ihr Tun muss nicht gleichartig, aber doch gleichgerichtet sein. Nicht alle Beteiligten müssen z.B. schlagen oder schießen, einige geben vielleicht Anweisungen oder stehen Schmiere.

Die Unterschiede

Ist die Erklärung für kollektive Aggression dieselbe wie für individuelle? Ist kollektive Aggression die Summe individueller Handlungen? Sicherlich nicht. Denn die Gewichte von Personen- und Situationsfaktoren sind hier ganz anders verteilt. Jeder einzelne Angreifer ist von den anderen Beteiligten «umgeben», und unter ihrem Einfluss begeht er möglicherweise Handlungen, die er als Einzelner nie begangen hätte. Manche Aggressionsphänomene kommen überhaupt nur in kollektiver Form vor. Ein einzelner Fußball-Hooligan zettelt ebenso wenig eine Schlägerei an, wie ein einzelner Soldat einen Krieg zu veranstalten sucht.

Individuelle Aggression wird nicht nur von Einzelnen ausgeübt, sondern richtet sich gewöhnlich auch gegen Einzelne: z. B. gegen ein Kind, den Ehepartner, einen Kollegen. Nur wer sich sehr stark fühlt (z. B. ein Lehrer gegenüber der Schulklasse), wird als Einzelner gegen ein Kollektiv aggressiv auftreten. Zudem kommt individuelle Aggression meist in persönlichen Beziehungen vor, was je nach Qualität der Beziehung das aggressive Handeln emotional aufladen oder auch hemmen kann.

Tafel 14: Typische Unterschiede zwischen individueller und kollektiver Aggression

Individuelle Aggression	*Kollektive Aggression*
Einzelne Person als Aggressor	Mehrere kooperierende Personen
Meist gegen Einzelne gerichtet	Gegen Einzelne oder gegen anderes Kollektiv
Aggressor und Opfer meist miteinander bekannt	Aggressor und Opfer oft nicht miteinander bekannt (bes. bei Angriff gegen Kollektiv)
Eigenmotiviert (aktiv oder reaktiv), selbständige Entscheidung	Verhalten zum Teil «fremdmotiviert» (Vorbild der anderen, Gruppendruck, Anweisungen, ansteckende Stimmung)
Hemmungen aus Angst vor Strafe, aufgrund eigener Einstellung	Hemmungen oft vermindert durch Anonymität, diffuse Verantwortung, Gruppenideologie
Ausführung der Gesamthandlung	Arbeitsteilung

Kollektive Aggression dagegen kann sich zwar auch gegen Einzelne richten (Bestrafung eines «Verräters» usw.), doch die besonders gravierenden Formen kollektiver Aggression richten sich gegen ein anderes Kollektiv («wir» gegen «die»). Es geht dann nicht um Beziehungen zwischen Einzelnen, sondern zwischen Gruppen (Brown 2001). Der Einzelne denkt, fühlt und handelt hier *als* Gruppenmitglied und sieht auch die Angegriffenen nur *als* Mitglied der gegnerischen Gruppe und nicht als Person. Das heißt: Andere Menschen werden allein deshalb angegriffen, weil sie zu dem bekämpften Kollektiv *gehören*. Dies geschieht z. B. in Kriegen oder zwischen rivalisierenden Banden. Kennzeichen der Gruppenzugehörigkeit (z. B. Kleidung, Hautfarbe) wirken daher bei einer Begegnung als aggressiver Signalreiz (vgl. S. 75).

Innerhalb der eigenen Gruppe ist der einzelne Akteur zahlreichen Einflüssen ausgesetzt, die das Mitmachen fördern. Hierzu gehören das Vorbild der anderen, direkte Anweisungen, Anerkennung und Belohnungen, eventuell auch Missbilligung, Verachtung und Bestrafung für die Verweigerung. Zugleich können Aggressionshemmungen vermindert werden durch die Anonymität und Verantwortungsdiffusion sowie durch Rechtfertigungspropaganda. In *organisierten* Kollektiven sind meist alle diese Faktoren anzutreffen, bei momentanen Aktionen eines «Mobs» einige davon. In organisierten Kollektiven kommt häufig noch eine systematische Schulung für die Gewaltausübung hinzu.

Bei bestimmten Gruppen (z. B. manchen Straßen-Gangs oder militärischen Verbänden) kann man sogar von einer Subkultur der Gewalt sprechen, weil ihre Ausübung normativ verankert ist (Lamnek 1996). Gewalt ist hier also ein zentraler Wert des Gruppenlebens; wer sie ausübt, erwirbt Prestige; wer sie vermeiden will, gilt als «Memme».

Alle vorgetragenen Unterschiede führen zu dem Schluss, dass individuelle Aggression und die Beteiligung an kollektiver Aggression psychologisch nicht gleichzusetzen sind! Wenn man bei kollektivem Mobbing oder rassistischen Hetzjagden nur auf die einzelnen Täter schaut («Was sind das für Menschen!?»), ohne die Gruppenprozesse zu beachten, lassen sich solche Handlungen nicht hinreichend verstehen.

Autorität und Gehorsam

Damit nicht der Eindruck entsteht, eine Handlung sei sozusagen um so «kollektiver», je mehr Personen beteiligt sind, soll ein berühmtes Beispiel illustrieren, wie sehr sich die psychologische Situation schon unter dem Einfluss nur einer weiteren Person verändern kann. Das Beispiel ist mittlerweile auch vielen psychologisch interessierten Laien bekannt: die Gehorsamsexperimente von Stanley Milgram (1974):

«Zwei Leute betreten ein Psychologie-Labor, um an einer Untersuchung über Erinnerungsvermögen und Lernfähigkeit teilzunehmen. Einer von ihnen wird zum ‹Lehrer› bestimmt, der andere zum ‹Schüler›. Der Versuchsleiter erklärt ihnen, dass sich die Untersuchung mit den Auswirkungen von Strafe auf das Lernen befasst. Der Schüler wird einen Raum gebracht, auf einen Stuhl gesetzt, seine Arme werden festgebunden, um übermäßige Bewegungen zu verhindern, und an seinem Handgelenk wird eine Elektrode befestigt. Man erklärt ihm, dass er eine Reihe von Wortpaaren zu lernen habe und dass er bei jedem Fehler einen Elektroschock von wachsender Stärke erhalten werde» (Milgram 1974, S. 19). Der «Schüler» spielt nur eine Rolle: Er ist in Wahrheit ein Helfer des Versuchsleiters und erhält keine realen Schocks. Zum «Lehrer» aber werden echte, ahnungslose Versuchspersonen bestimmt, die sich aufgrund einer Zeitungsanzeige für 4 Dollar Honorar zur Teilnahme an einem einstündigen wissenschaftlichen Experiment zur Gedächtnisforschung gemeldet haben: Lehrer, Postbeamte, Arbeiter, Ingenieure usw. Der «Lehrer» wird vor einen eindrucksvollen Schockgenerator gesetzt, der mit 30 Schaltern von 15 Volt (Aufschrift: «Leichter Schock») bis 450 Volt («Bedrohlicher Schock») ausgestattet ist. Er erhält die Aufgabe, den Schüler für jeden Gedächtnisfehler mit einem Schock zu bestrafen, wobei er jedes Mal eine Stufe höher gehen soll. Bei der Ausführung dieser Aufgabe hört der «Lehrer» mit zunehmender Schockstärke immer heftigere Schmerzschreie des «Schülers». Wenn der «Lehrer» aufhören will, sagt der Versuchsleiter stereotyp: «Machen Sie weiter.»

Die Frage war nun: Bei welcher Schockstufe wird die Versuchsperson sich weigern weiterzumachen? Wie viele werden bis zum bitteren

Ende von 450 Volt gehorsam sein? In einer Umfrage vor dem Experiment hatten Psychologen wie Laien vorausgesagt, dass die Versuchspersonen fast zu 100 % vorzeitig abbrechen würden und dass durchschnittlich nur die 135-Volt-Stufe erreicht würde. Dagegen das tatsächliche Ergebnis: 65 % sind gehorsam bis zur Höchststärke, wenn das Opfer im Nebenraum sitzt, bei 300 Volt protestierend gegen die Laborwände hämmert und ab 315 Volt keinen Ton mehr von sich gibt. 40 % gehorchen bis zum Ende, wenn das Opfer im gleichen Raum sitzt und in seinem Schmerz zu hören und zu sehen ist. 30 % tun es sogar dann noch, wenn sie das Opfer berühren (seine Hand auf die «Schockplatte» drücken) müssen; aber auch hier gehen noch alle Versuchspersonen in den schmerzvollen Bereich (durchschnittlich 210 Volt).

Ähnliche Ergebnisse fand man in vielen Wiederholungen und Abwandlungen des Experiments, die an verschiedenen Orten der Welt, darunter auch in Deutschland (Mantell 1971), in Österreich (Schurz 1985) und in den Niederlanden (Meeus & Raaijmakers 1989), durchgeführt wurden.

Auf den ersten Blick mag man die Experimente als Beispiele für individuelle Aggression ansehen, da ja ausschließlich die echte Versuchsperson eine Gewalthandlung beging. Und so fassen es offenbar auch die meisten Menschen auf, die die Milgram-Experimente im Film sehen. Sie erklären das Verhalten der Versuchsperson in erster Linie aus deren Eigenschaften (etwa: «ist unkritisch», «ist latent aggressiv» etc.; vgl. Safer 1980). Die Betrachter übersehen dabei jedoch den Druck der Situation: Die Teilnehmer handeln nämlich innerhalb eines *Autoritätssystems*, in diesem Fall: auf Anweisung eines «verantwortlichen» Wissenschaftlers in einem wissenschaftlichen Institut. Schon kleine Veränderungen der Situation verändern das Verhalten. Verlässt etwa der Versuchsleiter vorübergehend den Raum, so erteilen die «Lehrer» deutlich niedrigere Schocks. Beide Personen wirken in ihren Rollen als Wissenschaftler und Laie zusammen und machen das Geschehen so zu einer Form kollektiver Aggression.

Der Gehorsam gegenüber Autoritäten ist ein *elementares* Prinzip des gesellschaftliches Lebens. Die Autoritäten sind gewöhnlich keine Wissenschaftler, sondern z. B. Eltern, Vorgesetzte im Betrieb, Minister, ranghöhere Offiziere, der Boss einer Bande, ideologische und religiöse Führer. Ohne Autorität und Gehorsam lässt sich keine Gesellschaft organisieren und ist kaum eine Institution handlungsfähig. Doch dieses an sich nützliche Prinzip macht eben *auch* organisierte Gewalt von verheerendem Ausmaß möglich (mehr hierzu in Kapitel 10.4 über politische Gewalt).

9 Personen: Wer zeigt aggressives Verhalten?

Die Menschen verhalten sich nicht alle in gleichem Maße aggressiv. Diese triviale Tatsache relativiert die Rede von der Aggressivität «des» Menschen und ist von großer Bedeutung für Möglichkeiten zu ihrer Verminderung. Die Aggressionsforschung hat in jüngerer Zeit den Blick von der *Gattung* Mensch stärker auf *Personen* verlagert (Coie & Dodge 1998). Das heißt: Man beschäftigt sich mehr als früher mit den individuellen Unterschieden.

Dieses Kapitel gibt zunächst einen Überblick über tendenzielle Unterschiede nach den Kriterien Alter und Geschlecht und befasst sich danach mit Unterschieden in der individuellen Aggressivität: Welche Personfaktoren spielen dabei eine Rolle, und durch welche Bedingungen entwickelt sich hohe Aggressivität?

9.1 Alterstypische Unterschiede

Es lässt sich nicht exakt festlegen, wann «echtes» aggressives Verhalten bei Kindern beginnt; es ist eher so, dass ihr Verhalten allmählich aggressive Merkmale gewinnen kann. Schreien und Abwehrreaktionen des Säuglings bei «Frustrationen» sind schwerlich als Aggression anzusehen. Er kann seine Affekte einzig in dieser Weise ausdrücken und verfolgt sicher keine Schädigungsabsicht. Aus solchen Elementarreaktionen *werden* aber aggressive Verhaltensweisen, wenn das Kind sie gegen andere Menschen zu richten beginnt, wenn beispielsweise aus dem Schreien ein Anschreien wird.

Den alterstypischen Übergang vom voraggressiven zum aggressiven Verhalten kann man nach Selg et al. (1997) etwa so beschreiben: Den Anfang bildet die «Phase der aggressionsaffinen Emotionen», also der Unmutsaffekte und Unmutsäußerungen, die sich gegen irgendetwas richten (z.B. gegen das Ankleiden, gegen eine Unterbrechung). Etwa ab dem 6. Monat kommen voraggressive körperliche Verhaltensweisen wie Hauen, Stoßen, Zerren usw. hinzu, die sich auf das Objekt richten (z.B. auf ein Spielzeug) und nicht gegen Personen. Im zweiten Lebensjahr können körperliche Aktivitäten allmählich gegen Eltern und Spielkameraden eingesetzt werden, um etwas zu erlangen oder abzuwenden. Von «aggressivem» Verhalten ist zu sprechen, wenn das Kind einigermaßen «bewusst» anderen Personen wehtun möchte, um sich durchzusetzen. Beabsichtigt es nur «to hit» oder auch «to hurt» (Feshbach 1964)? Die kritische Phase für diese neue Qualität liegt etwa im Übergang vom zweiten zum dritten Lebensjahr (s. auch Tafel 15, zusammengestellt nach Coie & Dodge 1998, Loeber & Hay 1997, Selg et al. 1997).

Auffällig – und für viele Eltern belastend – ist die Häufigkeit aggressionsnaher oder aggressiver Verhaltensweisen im zweiten und dritten Lebensjahr. In dieser Zeit wachsen die Bedürfnisse und Absichten des Kindes schneller als seine Handlungsmöglichkeiten; es wird «frustriert» durch Grenzen in der Umwelt und den eigenen Fähigkeiten. Diese sog. Trotzanfälle sind statistisch normal und keine Verhaltensstörung. Anders ist es, wenn das Verhalten bei einem Kind *fortdauert*, während es bei den meisten Kindern bis zum Alter von 5 Jahren wieder deutlich zurückgeht (Papousek & Hofacker 2004, S. 221). Hier spielt mangelhafte Erziehung oft eine entscheidende Rolle (Näheres in Abschnitt 9.4). Der normalerweise zu erwartende Rückgang beruht auf wachsenden Fähigkeiten zur sprachlichen Kommunikation, zur Problembewältigung und Selbstregulation.

Dies alles zeigt, wie sehr die Aggressionsentwicklung eingebettet ist in die allgemeine körperliche, sprachliche, intellektuelle und emotionale Entwicklung. Das gilt auch für den Wandel aggressiver Verhaltensformen. So wird mit dem Sprachvermögen auch das gezielte Beschimpfen möglich und mit dem problemlösenden Denken das Ausdenken eines raffinierten Streiches. Die Aggressionsformen wer-

Tafel 15: Alterstypische Entwicklung aggressiven Verhaltens

Erstes Jahr, 1. Halbjahr: Kind äußert negative Emotionen, auch rudimentären «Ärger», es zeigt Unmutsäußerungen bei verschiedenen Anlässen (Ankleiden, Waschen u. a.)

Erstes Jahr, 2. Halbjahr: Zusätzlich entwickeln sich körperliche Verhaltensformen wie Hauen, Stoßen, Zerren, Reißen usw. mit voraggressivem Charakter: objektbezogen statt personbezogen.

Zweites Jahr: Deutliche Zunahme solcher Aktivitäten und heftiger Unmutsreaktionen auf Einschränkungen («Trotzanfälle») bei den meisten Kindern. Gegen Ende des zweiten Jahres: erste personbezogene Aggression.

Drittes Jahr: Weiterhin Trotzanfälle, zunehmend auch *aggressives* Verhalten im engeren Sinne. Individuelle sowie geschlechtstypische Aggressivitätsunterschiede beginnen sich herauszubilden.

Vorschulalter: Im 4. und 5. Jahr allmählicher Rückgang der Trotz- und Wutausbrüche bei den meisten Kindern; Fortdauer dieses Verhaltens bei Einzelnen.

Grundschulalter: Unterschiede individueller Aggressivität treten deutlich hervor; antisoziale Tendenzen Einzelner fallen auf. Mehr körperliche Aggression bei Jungen und mehr indirekte Formen bei Mädchen.

Jugendalter und frühes Erwachsenenalter: Individuelle Unterschiede sind weiterhin bedeutsamer als der Alterstrend. Gravierende Gewalthandlungen Einzelner aufgrund von Körperkraft und Waffengebrauch. Zusammenschluss aggressiver Jugendlicher zu antisozialen Gruppen. Einzelne greifen Eltern oder Lehrkräfte an. Leichte Delinquenz bei vielen Jugendlichen.

Erwachsenenalter: Zwischen 20 und 25 Jahren insgesamt Rückgang der Aggressionsrate sowie der Kriminalitätsrate, da Jugenddelinquenz bei den meisten aufhört. Bei Einzelnen verfestigt sich die antisoziale Entwicklung.

den also differenzierter, vielfältiger und teilweise auch planvoller. Im Schulalter werden auch Racheakte möglich, für deren Ausführung das Kind auf den richtigen Zeitpunkt wartet, statt lediglich aus dem Affekt des Augenblicks zu handeln.

Im Jugendalter kommt die enge Beziehung zu Altersgenossen auch in kollektiven Aggressionshandlungen zur Geltung. In sozial auffälliger Weise gilt dies zwar nur für eine Minderheit. Ein Zusammenschluss aggressiver Jugendlicher kann aber in besonders schwerwiegende Gewalttaten münden. Solche Taten sind es dann, die durch die Medien gehen und bei manchen Menschen ein schiefes Bild von der «heutigen Jugend» erzeugen. Eher jugendtypisch ist eine leichte Delinquenz (vor allem kleine Diebstähle) als vorübergehende Episode, vermutlich aus dem Streben nach Autonomie, Abenteuer und Statussymbolen. Davon deutlich zu unterscheiden ist jene Minderheit von Jugendlichen, deren Verhalten nicht mit dem Alter zusammenhängt, sondern mit dauerhaften antisozialen Neigungen (Lösel & Bliesener 2003, Moffitt 1993). Sie sind meist schon vorher auffällig und auf dem Wege in eine, oftmals lebenslange, kriminelle «Karriere».

Über das Erwachsenenalter eine allgemeine Aussage zu machen ist schwierig. Einerseits, so Coie & Dodge (1998, S. 793), scheint aggressives Verhalten gegenüber dem Jugendalter insgesamt abzunehmen, und nur selten entwickelt ein Mensch erst im Erwachsenenalter ausgeprägte antisoziale Neigungen. Andererseits weisen sie darauf hin, dass in der Gesamtrechnung die innerfamiliäre Gewalt gegen Ehepartner oder Kinder (zu ergänzen wäre wohl auch Gewalt gegen alte Menschen) möglicherweise zu wenig berücksichtigt wird.

Zusammenfassend lässt sich sagen: Am häufigsten tritt aggressives Verhalten schon in der frühen Kindheit auf, die schwerwiegendsten Formen findet man aber im Jugend- und frühen Erwachsenenalter (vgl. Petermann, Döpfner & Schmidt 2001). Das frühe aggressive Verhalten zeigen die meisten Kinder, die späteren schwerwiegenden Handlungen aber nur eine kleine Minderheit.

9.2 Geschlechtstypische Unterschiede

Auf den ersten Blick mag Aggressivität ein vorwiegend männliches Phänomen sein. Allzu auffällig ist die höhere Rate körperlicher Aggression bei Jungen bzw. Männern. Das sieht man im Kindergarten, auf dem Schulhof und auf der Straße, es wird durch die Kriminalstatistik für Gewaltverbrechen dokumentiert, und auch organisierte politische Gewalt (Kriege, Folterapparate, Terrorismus u.a.) ist überwiegend «Männersache». Weiterhin zeigen männliche Personen häufiger als weibliche aggressives Verhalten ohne vorangehende Provokation (Bettencourt & Miller 1996). Höher ist bei Männern also das Ausmaß instrumentell-aggressiver Machtausübung sowie selbst initiierter Aggression aus Spaß am Kämpfen u. dgl.

Anders ist es beim Ausmaß ärgerbedingter Unmutsäußerungen und Vergeltungsakte (s. S. 127 ff.). Hannelore Weber (1994, S. 265) resümiert die empirischen Befunde mit den Worten: «Frauen reagieren nicht ‹netter› auf Ärger, sie reagieren überhaupt kaum anders, als es die Männer tun», und sie vermutet, das Bild von der Ärger unterdrückenden Frau halte sich so hartnäckig, weil ein Unterschied der Geschlechter eben viel interessanter sei als die Auskunft, es gebe keinen.

Tafel 16: Männliche und weibliche Aggressivität im Vergleich

Formen
- Körperliche Aggression: insgesamt mehr bei männlichen Personen (im häuslichen Bereich geringe Unterschiede)
- Verbale Aggression: etwa gleich
- Relationale Aggression: tendenziell mehr bei weiblichen Personen

Anlässe
- Aggressives Verhalten bei Provokationen: etwa gleich
- Aggressives Verhalten ohne Provokationen: mehr bei männlichen Personen

Überhaupt lässt sich das männliche Geschlecht nicht pauschal als «aggressiver» bezeichnen, wenn man das ganze Spektrum der Aggressionsformen berücksichtigt. Bei verbaler Aggression sind die Unterschiede unbedeutend, und indirekte, versteckte Formen kommen bei Mädchen bzw. Frauen tendenziell sogar häufiger vor. Insbesondere gilt dies für sog. relationale Aggressionsformen, die auf eine Beeinträchtigung sozialer Beziehungen abzielen: aus einer Clique ausschließen, die Freundschaft kündigen, heimlich verleumden usw. Die meisten Untersuchungen jedenfalls sehen hier weibliche Personen «vorn» (vgl. Björkqvist et al. 1992, Crick & Grotpeter 1995, Werner et al. 1999).

Außerdem wird im privaten *Nahraum* sogar körperliche Gewalt von Frauen durchaus etwa genauso häufig verübt. Zu denken ist an die körperliche Züchtigung und Misshandlung von Kindern und an Gewalt gegen den Partner. Eine amerikanische Analyse zahlreicher Untersuchungen kommt (jedenfalls für westliche Gesellschaften) zu dem Ergebnis, dass Frauen etwas häufiger Gewalt gegen Männer ausüben als umgekehrt, allerdings mit weniger Verletzungen (Archer 2000). Was in der Öffentlichkeit und in der Polizeistatistik (im «Hellfeld») bekannt wird, ist demnach weit von den Befunden dieser Dunkelfeld-Studien entfernt. Ein Grund: Geschlagene Männer schämen sich ihrer Schwäche, fürchten, dass man ihnen nicht glaubt, und verzichten gewöhnlich auf eine Anzeige. Wohl zu Recht, so der Kriminologe Michael Bock (2003, S. 28): «Man glaubt ihnen nicht und sie werden ausgelacht. Hilfseinrichtungen gibt es nicht … Bei Polizei und Gerichten erregen sie erst einmal den Verdacht, selbst provoziert, selbst Gründe geliefert, selbst tyrannisiert zu haben.» Es ergeht ihnen also offenbar ähnlich, wie es Frauen früher bei Vergewaltigungen erging. Jedenfalls ist auch dies ein Beispiel für die Kluft zwischen Alltagspsychologie und Wissenschaft beim Thema Gewalt.

Bei jedem Vergleich geschlechtstypischen Verhaltens sollte man allerdings nicht vergessen, dass es sich um statistische Unterschiede zwischen zwei Kategorien handelt und *innerhalb* dieser Kategorien die Unterschiede ebenfalls beträchtlich sind. Im persönlichen Umgang sind diese individuellen Unterschiede viel wichtiger als die geschlechtstypischen. Das heißt: Es kommt immer darauf an, *welchen*

Jungen/Mann oder welches Mädchen/welche Frau man vor sich hat.

Wie sind die, alles in allem, größere körperliche Aggressivität und die größere Neigung zu unprovozierter Aggression bei männlichen Personen zu *erklären*?

Mit Barbara Krahé (2001) kann man drei Erklärungsansätze unterscheiden: die Hormon-, die Evolutions- und die Geschlechtsrollen-Hypothese. Nach der *Hormon*-Hypothese steigert das männliche Testosteron die Aggressivität (z.B. Olweus 1986). Die Belege dafür, dass Testosteron überhaupt ein maßgeblicher Faktor für aggressives Verhalten ist, sind jedoch bislang recht unsicher und widersprüchlich (vgl. Kapitel 4, S. 58). Damit steht auch seine Bedeutung für die Erklärung geschlechtstypischer Unterschiede infrage.

Die zweite Erklärung, die *Evolutions*-Hypothese, besagt, dass Aggressivität den Männern, insbesondere jungen Männern, in der Frühgeschichte der Menschheit Vorteile in der Konkurrenz zu anderen Männern verschafft hat: Sie erhöhte die Chancen, Frauen zu «erobern» und die eigenen Gene weiterzugeben. Damit könnte nach und nach hohe Aggressivität von Männern «herausgezüchtet» worden sein. Dass es um die Ausschaltung von Rivalen ging, könnte auch erklären, warum vorrangig Männer das Ziel der Aggression werden (Buss 2004, S. 287). Die heute noch vorfindbaren geschlechtstypischen Unterschiede wären mithin genetisch determiniert (wobei offen bleibt, ob die Testosteronproduktion dabei als vermittelnder Prozess eine Rolle spielt). Indirekt könnte übrigens die größere Körperkraft ein Vermittler sein, weil sie aggressives Verhalten erfolgreich macht.

Der dritte Erklärungsansatz, die *Geschlechtsrollen*-Hypothese, besagt, dass die Unterschiede vor allem auf gesellschaftlichen Rollenbildern beruhen und über Lernprozesse vermittelt werden: Männern und Frauen werden unterschiedliche Aufgaben zugewiesen, und von ihnen wird unterschiedliches Verhalten erwartet (Eagly & Wood 1999). Die Erziehung und andere Sozialisationseinflüsse sorgen dafür, dass die heranwachsenden Jungen und Mädchen sich an diesen Leitbildern orientieren. Für diese Erklärung spricht, dass die Verhaltensunterschiede in Kulturen mit strengen Geschlechterrollen und starker Abhängkeit der Frau vom Mann viel krasser sind als in eher egalitären Gesellschaften (vgl. Archer 2000).

Eine Verbindung aus genetischen Faktoren und Sozialisationseinflüssen kann die typischen Unterschiede vermutlich am besten erklären.

9.3 Individuelle Aggressivität

Menschen sind zu aggressivem Verhalten individuell unterschiedlich «disponiert». Ihre persönliche Aggressivität manifestiert sich darin, mit welcher Häufigkeit, in welchen Situationen und in welchen Formen sie sich aggressiv verhalten. Manche Menschen tun es nur bei wenigen Anlässen und gegenüber wenigen Personen, andere tun es häufig, tun es auch in schwerwiegenden Formen. Bei nicht wenigen Menschen ist die Aggressivität Teil eines umfassenderen antisozialen Syndroms, das auch Diebstähle, Verkehrsdelikte usw. mit einschließt (Farrington 1991). Als Personmerkmal eines Menschen kann die jeweilige Aggressivität dann gelten, wenn sie im Zeitverlauf ziemlich stabil bleibt. Ebendies ist für Aggressivität tatsächlich typisch (Olweus 1979, Zumkley 1996).

Verschiedene Aggressivitäten

Die individuelle Aggressivität lässt sich allerdings nach einer bloß quantitativen Ausprägung zwischen «unaggressiv» bis «hoch aggressiv» nicht hinreichend charakterisieren. Es gibt anscheinend nicht «die» Aggressivität, sondern eher verschiedene *Aggressivitäten.* Mit wie vielen und welchen Arten von Aggressivität man auskommt, um alle personalen Unterschiede zu erfassen, ist bis heute umstritten (vgl. Selg et al. 1997, Zumkley 1996). Differenzierungen sind aber auf jeden Fall unerlässlich.

So scheint es sinnvoll, entsprechend der Unterscheidung von emotionaler versus instrumenteller Aggression auch die persontypische

Tafel 17: Einige Faktoren individueller Aggressivität

Förderlich für Motivation zu aggressivem Verhalten

Vorrangig bei reaktiv-emotionaler Aggressivität: Tendenz zur Wahrnehmung böser Absichten – unrealistisch positives Selbstbild – «Typ-A-Syndrom» (Ärgerneigung, Konkurrenzhaltung, Ungeduld)

Vorrangig bei instrumenteller Aggressivität: Egoismus – Bewertung aggressiven Verhaltens als nützlich – Vertrauen in eigene Stärke

Vorrangig bei Lust-Aggressivität: Streben nach Machtgefühl – Reizsuche

Förderlich für Gegenmotivation (Aggressionshemmung)

Ängstlichkeit bezüglich negativer Folgen – moralische Werthaltungen – Einfühlungsvermögen

Verhaltensmöglichkeiten, Handlungskompetenzen

Aggressive Kompetenzen – körperliche Stärke – Gegenläufig: Konstruktive Kompetenzen – Selbstkontrolle

Aggressivität zu differenzieren, ohne dass Personen immer eindeutig in eine der beiden Kategorien fallen (Berkowitz 1993).

Die *emotionale Aggressivität* äußert sich vor allem in heftigen Reaktionen auf Provokationen und andere negative Anlässe. Man könnte auch sagen: Menschen unterscheiden sich in ihrer Ärgerneigung. Wo manche sich heftig ärgern, bleiben andere gelassen. Verschiedene Faktoren können dabei eine Rolle spielen. Einer davon ist die Tendenz, überall böse Absichten und Feindseligkeit zu erblicken (Dodge 1993, Lösel & Bliesener 2003). Sie zeigt sich z.B. in Einstellungen wie: «Man kann niemandem trauen», «Alle sind gegen mich» usw. Sie zeigt sich auch darin, dass harmlose Bemerkungen, Blicke oder Handbewegungen als abfällig verstanden werden.

Hierzu ein Forschungsbeispiel: In einer Studie von Dogde & Coie (1987) wurden Jungen von 9 bis 12 Jahren Videoszenen vorgespielt, darunter Jungen, die (nach Lehrerurteil) zu aggressiven emotionalen

Reaktionen neigten («reaktive»), sowie Jungen, die zu instrumentell-aggressiver Durchsetzung und Machtausübung neigten («proaktive»). Die Videoszenen zeigten z. B. ein Kind, das einem anderen sein Bauklotz-Gebäude umstieß, und zwar in verschiedenen Versionen: (a) einmal eindeutig mutwillig, (b) einmal eindeutig aus Versehen bei einer Hilfeleistung und (c) einmal mehrdeutig, also aus unklarer Motivation. Die Jungen sollten bei allen Szenen die Absichten des Akteurs erläutern. Ergebnis: Die reaktiv-aggressiven Jungen sahen in der mehrdeutigen Szene weit öfter eine böse Absicht am Werke als die proaktiv Aggressiven und unauffälligen Kinder. Hinsichtlich der eindeutigen Szenen unterschieden sich die Gruppen nicht. Ähnliche Ergebnisse fanden Dodge et al. (1990) auch bei Jugendlichen, die wegen Gewaltdelikten einsaßen.

Neben dieser verzerrten sozialen Informationsverarbeitung können viele weitere Faktoren «Ärger-Aggressivität» mitbedingen. Hierzu gehört das Syndrom aus Ärgerneigung, Konkurrenzhaltung und Ungeduld («Typ-A-Persönlichkeit»), das als Risikofaktor für Herzinfarkte bekannt wurde (vgl. Williams 1992) und sich auch in erhöhten aggressiven Reaktion auf negative Ereignisse äußert (vgl. Berkowitz 1993).

Entgegen einer verbreiteten Ansicht leiden aggressive Menschen, anders als gehemmte, meist nicht unter niedrigem Selbstwertgefühl (in der Alltagspsychologie: unter «Minderwertigkeitskomplexen»). Typisch ist nach neueren Untersuchungen eher ein positives Selbstbild und Überlegenheitsgefühl, und zwar ein unrealistisches und/oder instabiles (Baumeister, Smart & Boden 1996). Bei solcher Selbstüberschätzung werden schon «normale» Kritik und andere Anlässe als (selbstwert)bedrohlich empfunden und können Abwehr- und/oder Vergeltungsaggression auslösen.

Emotionale Dispositionen müssen nicht generalisierte Eigenschaften eines Menschen sein. Stets sind auch die situativen Bezüge zu beachten. Es ist möglich, dass jemand auf bestimmte Ereignisse geradezu «allergisch» reagiert, gegenüber anderen hingegen gelassen bleibt. Aufgrund seiner Wertvorstellungen reagiert er vielleicht sehr heftig auf bestimmte Normverletzungen, auf andere aber nicht. Die Empfindlichkeit kann sich auch auf bestimmte Personen beschränken, z. B. auf den Ehepartner oder ein Kind. Solche Beispiele unterstreichen zugleich die Bedeutung der persönlichen Lerngeschichte für die Entwicklung der emotionalen Dispositionen.

Etwas anderes als die emotionale ist die *instrumentelle Aggressivität.* Sie ist die individuelle Neigung, aggressives Verhalten zur Erreichung eigener Vorteile, also zur Erlangung von Gütern oder sozialem Status einzusetzen. Eine hohe Ausprägung in dieser Aggressivität äußert sich z. B. in aggressivem Kommandieren, Wegnehmen, Erpressen und anderen Formen der Zwangausübung. Andere Menschen lediglich als Mittel für die eigenen Zwecke zu benutzen ist auch das hervorstechende Merkmal mancher krimineller Gewalttäter (Toch 1992). Instrumentell aggressive Menschen sehen aggressives Verhalten vor allem als nützlich an und vertrauen auf ihre Fähigkeit zur erfolgreichen Durchsetzung.

In mehreren Studien konnten emotional-aggressive und instrumentell-aggressive Schulkinder auf der Basis einer Lehrerbefragung voneinander unterschieden werden (Dodge & Coie 1987, Crick & Dodge 1996). Die einen reagieren z. B. sehr aggressiv auf Hänseleien, die anderen nutzen ihre Körperkraft zur Dominanz über Mitschüler. Allerdings: Auch die Kombination beider Aggressivitäten kommt häufig vor (s. Crick & Dodge). Ein Mensch kann mithin die Welt als feindlich und voller Provokationen erleben und zugleich aggressive Machtausübung als den besten Weg zum eigenen Erfolg und zu eigener Sicherheit ansehen.

Ein weiterer Aggressivitätstyp ist die Neigung mancher Menschen, auch ohne negative Anlässe und ohne zu erwartende Vorteile aggressive Aktivitäten zu suchen und sich beispielsweise auf eine Schlägerei zu freuen. Das tun unter anderem Hooligans oder jene Gewalttäter, die Toch (1992) als «self-image-promoter» bezeichnet (s. S. 138 zu Lust-Aggression). Dahinter steckt möglicherweise die Suche nach starken Reizen und/oder ein ausgeprägtes Bedürfnis, Macht*gefühl* zu erleben (auch ohne handfesten Nutzen wie bei instrumenteller Aggression). Es ist bislang unklar, wieweit bei einem Menschen diese Aggressionslust mit reaktiver oder instrumenteller Aggressivität verknüpft ist.

Fazit: Im konkreten Fall ist es ratsam, einen Menschen nicht pauschal als «aggressiv» zu bezeichnen, sondern stets genauer hinzusehen und zu fragen: In welchen Formen? Bei welchen Anlässen? Mit (vermutlich) welchen Zielen? Und gegen wen?

Individuelle Hemmungen

Die sichtbare Aggressivität wird nicht nur von Motiven *für*, sondern auch von Motiven *gegen* aggressives Verhalten, also von Hemmungen bestimmt (z. B. Kornadt 1982, Megargee 1972, Olweus 1979, Selg et al. 1997). Menschen unterscheiden sich also auch in der Disposition, aggressives Verhalten zu vermeiden.

Hierfür kommt zum einen Ängstlichkeit in Bezug auf negative Konsequenzen infrage. Wer häufig Strafen und Tadel für aggressives Verhalten erwartet, wird es eher unterlassen als jemand ohne diese Befürchtung. Zum anderen bilden moralische Werthaltungen bzw. eine ablehnende Einstellung zu Gewalt eine mögliche Hemmung. Die eigene Bewertung ist hier der entscheidende Faktor, nicht die Reaktion der Umwelt.

Auch die ausgeprägte Tendenz und Fähigkeit zur Einfühlung können hemmend wirken (Miller & Eisenberg 1988). Wer sich in ein Aggressionsopfer hineinversetzt, empfindet eher Mitgefühl und einen Widerspruch zu eigenen Werthaltungen. Wieweit die Person den hemmenden Impulsen tatsächlich folgt, hängt aber auch von der Selbstkontrollfähigkeit ab.

Bei hoch aggressiven Menschen sind moralische Hemmungen meist gering ausgeprägt. Sie neigen dazu, das eigene Verhalten unkritisch und selbstgerecht zu bewerten und die Schuld bei anderen zu suchen (z. B. Lipsey et al. 2001). Lächerlich kleine Gründe reichen aus, eventuell vorhandene Resthemmungen außer Kraft zu setzen: Der andere hat «blöd geguckt», «hat hier nichts zu suchen» oder «irgendwie kam der so schwul rüber». Weidner & Malzahn (2000), von denen das letzte Zitat berichtet wird, bezeichnen die typischen Gewalttäter als «Weltmeister im Gewaltrechtfertigen und Verharmlosen». Auch die notorischen Angreifer auf dem Schulhof (die «Bullys») haben immer Ausreden und Entschuldigungen zur Hand, selbst wenn für jeden Beobachter klar ist, dass sie Täter und nicht Opfer sind (vgl. Olweus 1995).

Beide Aspekte zusammen – die Aktivierbarkeit von Aggressionstendenzen und die Aktivierbarkeit von Hemmungstendenzen – bestimmen in hohem Maße die tatsächlich beobachtbare Aggressivität eines Menschen. Geringe Aggressivität kann dann sowohl auf schwachen Aggressionstendenzen als auch auf starken Hemmungen beruhen, hohe Aggressivität dagegen auf starken Aggressionstendenzen und schwachen Hemmungen. Allerdings: In seltenen Fällen können sehr starke Hemmungen indirekt zu vereinzelten extremen Gewaltakten führen (s. S. 228).

Verhaltenskompetenzen

Neben diesen dynamischen Faktoren, den «Kräften» für oder gegen aggressives Verhalten, ist auch das Verhaltensrepertoire bzw. die Handlungskompetenz eines Menschen zu beachten (vgl. Bandura 1973, Verres & Sobez 1980). Denn ob jemand eine Motivation in aggressives oder anderes Verhalten umsetzt, hängt auch davon ab, welches Verhalten er gut «kann» oder «nicht kann» – z.B. Brüllen, Spotten, Prügeln oder aber Argumentieren, Abwarten, Lösungen ausdenken usw.

Es geht hier also um körperliche, sprachliche und kognitive Kompetenzen und Gewohnheiten. Wie früher ausgeführt (Kapitel 6, S. 105), fallen aggressiven Menschen, verglichen mit gering aggressiven, für die Lösung eines Konfliktes überwiegend aggressive und wenig nichtaggressive Lösungen ein. In ihrem Gedächtnis sind vornehmlich aggressive «Skripte» gespeichert, und sie haben nur geringe Fertigkeiten für konstruktivere Formen der Situationsbewältigung entwickelt. Die Tendenz zu Impulsivreaktionen ist eher stark, die Tendenz zum Nachdenken und Nachfragen eher gering ausgeprägt (Lösel & Bliesener 2003).

Zusammengenommen ist es demnach nützlich, wenigstens nach drei Faktorenkomplexen zu fragen, um die persontypische Aggressivität zu verstehen:

- Aktivierbarkeit aggressionsrelevanter Motive und Emotionen
- Aktivierbarkeit von Hemmungen
- Verhaltenskompetenzen

Damit deuten sich zugleich typische Ansatzpunkte zur *Aggressionsverminderung* an: nämlich Motive für Aggression zu schwächen (hierzu Kapitel 13 über Bewertungen), Hemmungen zu stärken (hierzu Kapitel 14) sowie die Befähigung zu nichtaggressiven Handlungsweisen zu fördern (hierzu Kapitel 15).

Zur Abrundung noch eine Anmerkung zur Beteiligung an *kollektiver,* organisierter Gewalt. Hierfür spielen Unterschiede der persönlichen Aggressivität im Ganzen eine geringere Rolle als bei individueller Gewalt. Insbesondere an Kriegen und anderen Formen politischer Gewalt können auch solche Menschen beteiligt sein, die sich ansonsten durch geringe persönliche Aggressivität auszeichnen (s. hierzu Kapitel 10). Nicht selten besteht ihre «Gewaltbereitschaft» nur in der Unfähigkeit, sich den Befehlen von oben und dem Konformitätsdruck des Umfeldes zu widersetzen. Nicht im Mitmachen, eher in der Verweigerungsfähigkeit kommen hier besondere Personmerkmale zur Geltung: etwa ausgeprägte moralische Einstellungen sowie Autonomie und Selbstsicherheit.

9.4 Wodurch entwickelt sich hohe Aggressivität?

Aggressivität ist ein ziemlich stabiles Personmerkmal (Olweus 1979, Zumkley 1996). So zeigt sich denn auch hohe Aggressivität häufig schon in der Kindheit. Etwa die Hälfte der Kinder, die mit 8 bis 10 Jahren als hoch aggressiv auffallen, zählt auch noch mit 32 Jahren zu dieser «Spitzengruppe» (Farrington 1995). Daraus lässt sich zwar keine zwangsläufige Entwicklung herauslesen, wohl aber ein frühzeitig erkennbares Risiko.

Entwicklungsverlauf

Wie früher dargestellt, sind insbesondere im zweiten und dritten Lebensjahr zunächst Wutausbrüche («Trotz») und dann teilweise auch aggressive (personbezogene) Verhaltensweisen eine normale, aber vorübergehende Erscheinung. Bei einigen Kindern besteht dieses Verhalten jedoch fort und verschärft sich gar noch. Dies ist eines der frühen Warnzeichen.

Zu beachten ist vor allem ausgeprägt oppositionelles Verhalten, also eine wiederkehrende Verweigerung gegenüber Aufforderungen und Verhaltensregeln. Häufig kommt es dann auch zu den früher beschriebenen Teufelskreisen aus gegenseitigen Erzwingungsversuchen in der Eltern-Kind-Interaktion (vgl. S. 115). Dem vornehmlich oppositionellen folgt offen aggressives Verhalten gegen andere Personen und im Jugendalter delinquentes und gewalttätiges Verhalten. Solche Entwicklungen kommen bei Jungen häufiger vor als bei Mädchen. Wenn bei Mädchen hohe offene Aggressivität auftritt, gewöhnlich erst im Jugendalter, ist die Prognose aber ähnlich ungünstig wie bei Jungen (vgl. Petermann, Döpfner & Schmidt 2001).

Häufig ist die Entwicklung dissozialer Verhaltensprobleme mit *anderen Störungen* verbunden. Bereits als Säuglinge und Kleinkinder zeigen einige ein sog. schwieriges Temperament mit Reizbarkeit, Unruhe, Schlafproblemen u.a.m. (vgl. Schmeck 2003). Häufig findet man auch Hyperaktivität und Aufmerksamkeitsstörungen, und zwar schon vor dem oppositionellen Verhalten und der späteren Aggressivität. Im Jugend- und frühen Erwachsenenalter können weitere Probleme wie Suchtmittelkonsum und depressive Störungen hinzukommen (Petermann et al. 2001). Die depressiven Störungen sind vermutlich eine Folge der zahlreichen Konflikte, die das aggressive Verhalten mit sich bringt, vor allem Probleme in der Schule und Ausbildung sowie soziale Ablehnung.

Wenn eben von der typischen Vorgeschichte hoher Aggressivität die Rede war, so darf man diese nicht einfach umkehren und aus Vorläufern eine zwangsläufige Entwicklung vorhersagen. Denn: «Es ist eindeutig, dass nicht alle Kinder mit oppositionellem Verhalten eine Störung des Sozialverhaltens entwickeln. Ebenso kann aggressiv-dissoziales Verhalten erst im Jugendalter beginnen» (Petermann et al. 2001, S. 13; ähnlich Lösel & Bliesener 2003). Veränderungen in die eine oder andere Richtung sind also durchaus möglich. Dennoch: Die frühen Probleme bergen immerhin ein so beachtliches Risiko für eine ungünstige Entwicklung, dass sie ernst genommen werden müssen und professionelle Hilfe gesucht werden sollte. Es wäre falsch, einfach darauf zu vertrauen, dass sich das Problem «auswächst».

Entwicklungsfaktoren

Hohe Aggressivität hat nicht eine bestimmte Ursache, sondern entwickelt sich immer aus dem Zusammenspiel zahlreicher Faktoren. Zunächst ist nach *genetischen Anteilen* zu fragen. Auf der Basis zahlreicher Untersuchungen schätzen Miles & Carey (1997), dass Unterschiede der individuellen Aggressivität (ohne Differenzierung nach Arten) sich maximal zu 50% durch genetische Unterschiede erklären lassen, wobei die Zahlen je nach Alterstufe und Untersuchungsmethode variieren. Rhee & Waldmann (2002) kommen zu einem ähnlichen Ergebnis für «antisoziales Verhalten», das außer Aggressivität auch Kriminalität einschließt. Aufgrund der Auswertung von 51 Studien schätzen sie, dass die Unterschiede zu etwa 40 Prozent auf genetischen und etwa 60 Prozent auf Umweltunterschieden beruhen.

Der erbliche Anteil besteht sicherlich nicht in einem «Aggressivitäts-Gen», sondern erblich mitbedingt sind eher Komponenten wie Erregbarkeit und mangelnde Impulskontrolle oder auch Vorläufer wie schwieriges Temperament und Hyperaktivität bzw. deren biologische Grundlagen. Auch diese Personaspekte führen aber nicht geradewegs zu hoher Aggressivität. Viel hängt davon ab, wie die Umwelt damit umgeht. Auch bei Dispositionen wie etwa Affekterregbarkeit oder mangelnder Impulskontrolle sind antisoziale Entwicklungen nur zu erwarten, wenn sie mit einer Umwelt zusammentreffen, die darauf ungünstig reagiert und «alles nur schlimmer macht».

Neben genetischen Faktoren spielen auch *physische Umweltein-*

Tafel 18: Faktoren für die Entwicklung hoher Aggressivität

Biologische Faktoren
- Individuelle genetische Faktoren
- Neurologisch mitbedingte Erregbarkeit
- Vorgeburtliche Schädigungen (z. B. Nikotin, Alkohol in der Schwangerschaft)

Erziehungsverhalten der Eltern
- Mangelnde Akzeptanz und Wärme
- Negative, harte Erziehungsmethoden
- Aggressives Modellverhalten gegenüber Ehepartner
- Inkonsistente, wechselhafte Erziehung
- Bekräftigung für aggressives Verhalten (z. B. Nachgeben)
- Mangelnde Resonanz und Ermutigung für positives Verhalten
- Mangelnde Vermittlung klarer Regeln, mangelnde Aufsicht

Weitere Umwelteinflüsse
- Probleme der Eltern (z. B. Ehekonflikte, Depression, Alkoholismus, Kriminalität)
- Armut, enge Wohnung
- Ablehnung durch nichtaggressive Altersgenossen, Akzeptanz durch aggressive Altersgenossen
- Hoher Konsum von Medien-Gewalt

flüsse eine Rolle. Beispielsweise können Schadstoffe, Fehlernährungen oder Verletzungen vor oder bei der Geburt Hirnschädigungen hervorrufen, die voraggressive Verhaltensweisen wie Schreien und Hyperaktivität bedingen oder auch langfristig die Selbststeuerungsfähigkeit und Affektkontrolle beeinträchtigen (Brennan et al. 1991; s. auch Petermann et al. 2001).

In erster Linie ist die Umwelt aber als Erfahrungsraum, als *Lernumwelt* von Interesse. Insbesondere fördert die *Familie* die Entwicklung von Aggressivität durch einige typische Mängel des Erziehungsverhaltens und des Familienklimas (vgl. Lösel & Bliesener 2003, Patterson et al. 1989, Petermann et al. 2001). Die in Tafel 18 gesammelten

Aspekte zur elterlichen Erziehung wurden bereits an anderer Stelle ausführlicher erörtert und vornehmlich mit Begriffen der Lernpsychologie interpretiert (Kapitel 5.4, Kapitel 6). Einige Punkte der Tafel («mangelnde» ...) machen deutlich: Man darf nicht nur fragen, was Eltern Negatives tun, sondern auch, was sie unterlassen!

In der *Schulzeit* können sich die Probleme eines aggressiven Kindes in zweierlei Hinsicht verschärfen (Patterson et al. 1989): Zum einem können Widersetzlichkeit und mangelnde Selbstkontrolle der Erfüllung schulischer Anforderungen im Wege stehen und die Schulleistungen beeinträchtigen. Zum anderen bekommt das Kind Probleme in seinen Beziehungen zu Altersgenossen. Von nichtaggressiven Kindern wird es abgelehnt und sucht daher andere Kontakte. Spätestens im Jugendalter schließt es sich dann oft einer dissozialen Gruppe an, die Vorbilder und Anerkennung für aggressives Verhalten bietet. Die Folge ist häufig delinquentes Verhalten, das sich bis ins Erwachsenenalter fortsetzt.

Es handelt sich hier um typische Stationen einer ungünstigen Entwicklung und nicht um eine unvermeidliche Abfolge. Unterbrechungen einer solchen Entwicklung sind natürlich möglich und gar nicht so selten (vgl. Lösel & Bliesener 2003). Klar ist, dass die tatsächliche Entwicklung von der Gesamtkonstellation der Risikofaktoren sowie der gegenläufigen Schutzfaktoren abhängt. Mehrere ernste Risikofaktoren treffen allerdings meist nicht zufällig zusammen, sondern ergeben sich häufig in der Weise, dass die eine negative Bedingung eine andere nach sich zieht. Nicht selten schließen sich mehrere Bedingungen zu einem sich selbst erhaltenden *Teufelskreis* zusammen.

Bei einem solchen Wirkungsgefüge darf nicht übersehen werden, dass auch die *Person selbst* – so wie sie sich zu einem bestimmten Zeitpunkt bereits entwickelt hat – Einfluss auf ihre eigene Entwicklung nimmt (s. S. 109 f.). Durch ihr Verhalten ruft sie Umweltreaktionen hervor, von denen sie wiederum beeinflusst wird. Sie begibt sich in bestimmte Umwelten und meidet andere. Sie trifft Entscheidungen, die für das eigene «Lernschicksal» von weitreichender Bedeutung sein können (z. B. Schulabschluss machen oder Schule abbrechen, ein Beratungsangebot nutzen oder nicht). In gewissem Grade ist die Person also Gestalter der eigenen Entwicklung.

Es ist denkbar, dass die Entwicklungsbedingungen für verschiedene *Arten* der Aggressivität unterschiedlich sind, doch ist darüber wenig bekannt. Ähnlich wie Dogde (1991) vermute ich, dass für ausgeprägte emotional-reaktive Aggressivität vor allem aversive, feindselige und gewalttätige Behandlungen durch die Umwelt von Bedeutung sind. Für instrumentelle Aggressivität entscheidend sind wahrscheinlich erfolgreiche Modelle sowie eigene Erfolge mit aggressivem Verhalten (Durchsetzung, Abwehr von Lästigkeiten, Anerkennung in einer Gruppe usw.). Natürlich kann beides zusammenkommen, nämlich sowohl Erfahrungen, die das Bild von einer feindseligen Welt stabilisieren, als auch Erfahrungen, die aggressives Verhalten als nützlich erscheinen lassen. Bei der Entwicklung von Lust-Aggressivität dürfte noch die wiederkehrende Erfahrung hinzukommen, dass Aggression als solche «Spaß macht», weil sie mit Nervenkitzel und Selbsterhöhung verbunden ist.

Die Bedingungen, denen Menschen im Laufe der Jahre ausgesetzt sind bzw. denen sie sich selbst aussetzen, können, wie dargestellt, eine ungünstige Entwicklung stabilisieren, steigern oder auch vermindern. Wenn die Aggressivität eines Menschen faktisch stabil bleibt, bedeutet das nicht unbedingt, dass sie unveränder*bar* ist, sondern vielleicht nur, dass verändernde Bedingungen bisher nicht genügend vorgekommen sind. Wenn ungünstige Umwelteinflüsse fortdauern und ein aggressiv disponierter Mensch die «passenden» Umwelten aufsucht und selber erzeugt, entsteht der Teufelkreis, der die Aggressivität verfestigt. Faktisch ist es daher in der Regel schwierig – je älter die Person, desto schwieriger –, hohe Aggressivität zu verändern. Doch «schwierig» bedeutet in den meisten Fällen wohl eher «aufwendig» und «schwer zu realisieren», nicht aber «psychologisch unmöglich». Für die *meisten* Menschen gilt zum Glück, dass sie ohnehin nur in begrenztem Maße zu aggressivem Verhalten neigen und ein «Umlernen» weniger Probleme bereitet.

10 Situationen: Wann tritt aggressives Verhalten auf?

Aggression und Gewalt gibt es fast allen Lebensbereichen, in der Schule ebenso wie auf dem Sportplatz, in der Familie ebenso wie in der Politik. Trotz dieser Gemeinsamkeit hat jeder Bereich in gewissem Grade auch eigene typische Merkmale, die bei den psychologischen Aggressionserklärungen zu berücksichtigen sind.

Es scheint mir nützlich, in dem uferlosen Spektrum drei große Felder aggressiven Handelns zu unterscheiden, nämlich (1) persönliche Beziehungen, (2) Kriminalität und (3) Politik. Zwischen ihnen gibt es natürlich Überschneidungen. Diese Felder bilden allerdings nicht nur unterschiedliche situative Kontexte für aggressives Handeln; sie unterscheiden sich zum Teil auch durch die handelnden Personen. Während zwar alle Menschen im Kontext persönlicher Beziehungen handeln, werden nur wenige zu Raubmördern oder zu Kriegstreibern, und das hat gewöhnlich auch mit ihren besonderen Personmerkmalen zu tun.

Deshalb möchte ich vor der Charakterisierung der drei Felder noch einmal die grundsätzliche Bedeutung nichtpersonaler, situativer Faktoren hervorheben. Denn zu bedenken ist: Auch hoch aggressive Menschen verhalten sich nicht immer und überall aggressiv, und umgekehrt tun es überaus friedliche Menschen eben in manchen Situationen doch. Die Frage, welche Situationsmerkmale für das Auftreten von aggressivem Verhalten typisch sind, ist daher die notwendige Ergänzung zur Frage nach den Personmerkmalen.

10.1 Anregende und enthemmende Faktoren

Aggressives Verhalten tritt in Situationen auf, die aggressive Tendenzen anregen und/oder zugleich Hemmungen reduzieren; zumindest müssen die anregenden Faktoren stärker sein als die hemmenden. Die wichtigsten Aspekte aus den Kapiteln 5, 6, 7, 8 werden hier noch einmal kurz aufgegriffen. Tafel 19 gibt eine Übersicht in Stichworten.

Unter den *anregenden* Faktoren sind von grundlegender Bedeutung: (a) negative Ereignisse und b) positive Anreize. Negative Ereignisse sind die externen Anreger für Vergeltungs- und für Abwehr-Aggression. Vergeltungs-Aggression wird durch Anlässe angeregt, die als *Provokation* empfunden werden: etwa physische Angriffe, verbale Angriffe auf das Selbstwertgefühl oder einfach «unfaires» Verhalten. Abwehr-Aggression wird angeregt durch Anlässe, die als *bedrohlich* oder *lästig* erlebt werden.

Für das Auftreten instrumenteller Erlangungs-Aggression ist entscheidend, dass die Situation *Anreize* bietet bzw. «Belohnungen» verspricht, etwa Beachtung, Anerkennung, materielle Vorteile oder auch nachgiebiges und dienstbares Verhalten anderer. In gewisser Weise wird auch Lust-Aggression von Anreizen bestimmt, doch sind diese eher «innerer» Natur (Machtgefühl, Nervenkitzel). Situative Bedingungen tragen aber auch hier dazu bei, das Verhalten möglich zu machen, etwa die Anwesenheit einer «schwachen» Person und ein geringes Strafrisiko.

In erster Linie sind es nicht «äußere» Umgebungsfaktoren, sondern *andere Personen*, die in einer bestimmten Situation aggressives Verhalten anregen oder erleichtern. Besonders deutlich wird dies in dem wichtigen Fall der *kollektiven* Aggression (vgl. Kapitel 8, S. 140 ff.). Der Einzelne ist hier von anderen Menschen umgeben, die durch ihr aggressives Vorbild stimulieren, die ermuntern und anfeuern, die Aufforderungen und Befehle erteilen oder die Hemmungen abbauen, indem sie Verantwortung übernehmen und Rechtfertigungen liefern. Jedenfalls ist bei kollektiver Aggression das Gewicht der Situationseinflüsse oft so groß, dass die Individualität der einzelnen Akteure nur noch eine geringe Rolle spielt. Dies gilt ganz besonders im Falle von Kriegen. Es sind aber auch gegenläufige Einflüsse möglich: Andere Personen können aggressives Verhalten hemmen, etwa indem sie mit Strafen drohen und moralische Appelle aussprechen oder friedfertiges Verhalten vormachen.

Um zu erklären, wann aggressives Verhalten auftritt, sollte man «die anderen» allerdings nicht einfach nur als Teil der Situation ansehen, sondern darüber hinaus beachten, was «zwischen» den Personen passiert (s. Kapitel 7). Aggressive Handlungen treten häufig nur in bestimmten *Interaktionen* auf, nur in einem bestimmen Wechselspiel zwischen dem Verhalten von A und B (deutliches Beispiel: die Eskalation) oder nur in bestimmten *Beziehungen*, etwa zwischen den Rivalen A und B, aber nicht zwischen A und C. Ebenso sind es bestimmte interpersonale Konstellationen, aus denen sich leicht kol-

Tafel 19: Situative und interpersonale Aspekte für das Auftreten aggressiven Verhaltens

Anregende Faktoren:
- Negative Ereignisse (Provokationen, Bedrohungen u.a.)
- Positive Anreize (materielle, soziale, emotionale)
- Aggressive Modelle; Aufforderungen, Befehle
- Aggressive Signalreize

Enthemmende Faktoren:
- Geringes Entdeckungs- und Strafrisiko (Anonymität, Dunkelheit usw.)
- Diffuse Verantwortlichkeit; rechtfertigende Beeinflussung
- Alkohol

Hemmende Faktoren:
- Hohes Entdeckungs- und Strafrisiko
- Moralische Appelle, «friedliche» Signalreize

Zusätzliche interpersonale Bezüge:
- Wechselwirkung des Verhaltens von A und B (z.B. Eskalation)
- Beziehung der zusammentreffenden Personen
- Besondere Gruppenkonstellationen

lektive Aggressionshandlungen ergeben; typisch sind etwa Cliquen aus mehreren aggressiven Mitgliedern oder ein starker Anführer mit gehorsamen Mitläufern.

Insgesamt bedeutet dies: Ob ein Mensch aggressives Verhalten zeigt oder nicht, hängt – außer von seiner Aggressivität – auch davon ab, welche «anderen» in einer Situation anwesend sind und wie sie sich verhalten. Zu den «anderen» gehören dabei die potenziellen Opfer sowie Mitaggressoren und Zuschauer (s. Kapitel 7).

Darüber hinaus können Faktoren der *äußeren Umgebung* aggressive Handlungen fördern oder auch hemmen. Als anregende Stimuli sind vor allem aggressive Signalreize zu nennen, wie etwa Waffen, Kampfsymbole, Feindsymbole (s. S. 75, 106). Hinzu kommen situative Anzeichen für «gute Gelegenheiten» (z. B. Dunkelheit, Menschenmassen, unübersichtliches Gelände). Andere äußere Bedingungen können eventuell eine hemmende Wirkung ausüben, so etwa Gebäude, die «Frieden» signalisieren (z. B. Krankenhäuser, Kirchen), oder Orte, an denen man leicht beobachtet werden kann.

Ein anderer, in erweitertem Sinne situativer Faktor ist der Konsum von *Alkohol* (vgl. Krahé & Greve 2002). Er spielt bekanntlich nicht nur bei Verkehrsdelikten, sondern auch bei vielen Gewalthandlungen eine Rolle, und zwar sowohl in persönlichen Beziehungen als auch in anderen Kontexten, etwa bei Attacken rechtsextremistischer Jugendlicher (Willems 1993).

10.2 Kontext: Persönliche Beziehungen

«Persönliche» Beziehung meint, dass die Personen in direktem Kontakt stehen und eine Einstellung zueinander entwickelt haben, selbst wenn direkte Kontakte nur selten vorkommen (z. B. feindselige Nachbarn). «Nicht persönlich» sind demgegenüber Beziehungen zwischen Menschen, die voneinander lediglich ihre Rollen (z. B. Polizist, Gewerkschaftsvertreter) oder ihre Gruppenzugehörigkeit kennen (z. B. Mitglied der X-Partei, gegnerischer Soldat).

Persönliche Beziehungen bestimmen in vielen Lebensbereichen das Verhalten, auch aggressives, maßgeblich mit. Das gilt nicht nur für die Familie; man denke auch an Mobbing am Arbeitsplatz, an Aggression unter Schülern oder an Feindseligkeiten unter Politikern («Freund – Feind – Parteifreund»). Überwiegend haben wir es dabei mit *individuellen* Handlungen zu tun: Herr A gegen seine Frau, Kind X gegen Kind Y usw. Es kommen aber auch kollektive Handlungen vor wie z.B. die Schikanierung einzelner Schüler durch eine Clique oder die Kindesmisshandlung durch beide Eltern gemeinsam.

Statistisch betrachtet, ist für die meisten Menschen die *Familie* der gefährlichste Ort. Nirgendwo sonst werden so viele Tötungen, Körperverletzungen und seelische Misshandlungen begangen (das Gegenteil ist natürlich auch wahr: Nirgendwo sonst können Menschen gewöhnlich so viel Schutz und Hilfe erwarten). Die Opfer sind Ehepartner, Kinder oder auch alte Menschen. Wie stark der häusliche Kontext das Handeln mitbestimmt, zeigt sich auch darin, dass Frauen hier etwa so häufig körperliche Gewalt ausüben wie Männer, während sie dies im öffentlichen Raum deutlich seltener tun (Archer 2000; s. auch S. 151). Doch nicht nur offene Gewalt ist ein Problem, sondern auch verbale, nonverbale und relationale Aggressionsformen. Sie können ein Klima erzeugen, unter dem alle oder einige Familienmitglieder schwer zu leiden haben.

Dass Menschen Opfer anderer Familienmitglieder werden, hat verschiedene Gründe. Gewalttaten werden begünstigt durch die abgeschirmte Privatsphäre, und die Opfer selbst schweigen meist aus Angst vor noch schlimmeren Folgen. Im Übrigen gibt es auch in der Familie besonders viele Anlässe für aggressives Verhalten: Familienmitglieder leben in engem Kontakt, und was der eine tut, tangiert auch die anderen. Unerwünschte Eingriffe und lästige Gewohnheiten bieten Anlässe für aggressive Abwehrreaktionen. Überdies sind Familienmitglieder füreinander *emotional* bedeutsam. Was sie tun, berührt häufig das Selbstwertgefühl der anderen und führt zu Enttäuschungen und Kränkungen. Man denke etwa an das Phänomen der Eifersucht bei Ehepartnern oder Kindern. Aus dem emotionalen Charakter der Beziehungen ergibt sich, dass auch die Art der Aggression oft emotional ist. Neben ärgerlichen Abwehrreaktionen kommt es zu kleinen oder größeren Vergeltungsakten («Retourkutschen»), und sei es nur in der Form gegenseitiger Anschuldigungen und Aufrechnungen.

Auch instrumentelle Erlangungs-Aggression kommt in Familien häufig vor. So soll aggressives Verhalten von Kindern oftmals Aufmerksamkeit oder eine Wunscherfüllung erzwingen, und auch unter den Erwachsenen geht es nicht selten um Geld und Güter oder um die Durchsetzung einer bestimmten Entscheidung. Die Handlungen haben dabei zugleich immer eine Bedeutung für die persönliche Beziehung. Ebendies ist ganz anders bei krimineller Gewalt.

10.3 Kontext: Kriminelle Gewalt

Im großen Feld der Kriminalität spielt die rein *instrumentelle* Erlangungs-Aggression eine überragende Rolle. Zu denken ist etwa an die zahllosen Eigentumsdelikte wie Raub, Erpressung von «Schutzgeld» usw. Der persönliche Vorteil ist hier die eigentliche Triebfeder und nur sekundär, wenn nämlich die eigenen Pläne von anderen gestört werden, kommen Ärger und Rachebedürfnis ins Spiel. Zum großen Teil sind Täter und Opfer nicht miteinander bekannt; viele Gewalthandlungen werden in zufälligen Begegnungen verübt.

Definiert man als «kriminell», was nach dem Strafgesetzbuch verboten ist, so sind auch viele Gewalthandlungen in der Familie und anderen persönlichen Beziehungen kriminell. Psychologisch (nicht juristisch) gesehen, sind solche Fälle aber nur selten der «unpersönlichen» Kriminalität vergleichbar. Gefühle wie Groll, Wut, Hass und Angst, die aus der menschlichen Beziehung entstehen, haben hier ein viel geringeres Gewicht.

Die «eigentliche» kriminelle Gewalt (außerhalb des Nahraums) gibt es sowohl in *individueller* als auch *kollektiver* Form; es gibt Einzeltäter, und es gibt organisierte Banden. Die Opfer sind ebenfalls teilweise Einzelpersonen und teilweise andere Kollektive (z.B. konkurrierende Banden, bestimmte Firmen). Unter dem Terminus «organisierte Kriminalität» ist der kollektive Charakter eines Teils der Gewaltkriminalität einer breiten Öffentlichkeit bekannt geworden. Bei kriminellen Handlungen im Kollektiv ist der einzelne Täter den Einflüssen durch die Mittäter ausgesetzt, und hierin liegt ein wichtiger situativer und interaktioneller Anteil an der Erklärung seines Verhaltens. Als Einzelne würden viele Täter die kriminelle Handlung nicht begehen.

Im strengsten Sinne «situativ» sind *Gegenstände* und *Umgebungsfaktoren*, ohne die die Handlungen häufig nicht stattfinden würden – vorneweg die Anreize, die die Handlungen motivieren (Geld, Schmuck, Kleidung etc.), aber auch äußere Bedingungen, die die Kriminologen «Gelegenheitsstrukturen» nennen, also Bedingungen, die die Ausführung der Tat erleichtern und das Risiko vermindern. Hierzu gehören unter anderem die Wehrlosigkeit der Opfer, die Leichtigkeit des Zugriffs oder ein geringes Risiko, entdeckt zu werden.

Es ist bekannt, dass kriminelle Gewalthandlungen in manchen Bezirken einer Stadt häufiger auftreten als in anderen. Das hat zum Teil mit den dort ansässigen Bevölkerungsgruppen zu tun, zum Teil aber auch mit den Umgebungsfaktoren. So kann z. B. die *Architektur* der Wohngebäude und Wohnsiedlungen den Straftätern gute Möglichkeiten bieten, zu flüchten oder sich zu verstecken, und/oder den Bewohnern die soziale Kontrolle erschweren, wenn etwa die Gebäudeeingänge von den Wohnungen und der Straße aus kaum zu sehen sind (vgl. Kube 2003).

Die Bedeutung örtlicher Bedingungen wird auch durch das Beispiel der *Straßenbeleuchtung* illustriert. Denn Dunkelheit kommt den Straftätern meistens entgegen, und Untersuchungen zeigen, dass eine Verbesserung der Straßenbeleuchtung die Kriminalität in diesem Bezirk durchaus vermindern kann (Pease 1999). Von Interesse ist weiterhin die Broken-Windows-Hypothese, die besagt, dass *Anzeichen äußerer Verwahrlosung* (kaputte Häuser, Graffiti, herumliegender Müll usw.) zu weiteren Zerstörungen animieren und daher schnell beseitigt werden sollten. Äußere Unordnung und mangelnde

Beleuchtung können überdies die Kriminalitäts*furcht* erhöhen und die Bewohner veranlassen, sich möglichst von der Straße fern zu halten – wodurch sie selbst die natürliche Überwachung des Gebietes vermindern, was dann wiederum die Kriminalität fördern kann (Hermann & Laue 2003).

Wenngleich situative Faktoren häufig mitbestimmen, ob eine Tat ausgeführt wird oder nicht, reichen sie doch als Erklärung nicht aus. Zwar gibt es sicherlich Notsituationen, in denen Menschen zum schieren Überleben Raubüberfälle begehen. Doch zumindest in westlichen Industriegesellschaften ist kriminelle Gewalt, wie in Kapitel 9 dargestellt, stark *person*abhängig. Es sind überwiegend immer wieder dieselben Täter, während viele Menschen gar keine Gewaltdelikte begehen. Die Täter *suchen* geeignete Situationen für ihre Taten, aber sie werden nicht durch die Situationen «getrieben». Das ist bei politischer Gewalt teilweise deutlich anders.

10.4 Kontext: Politische Gewalt

Gewalt ist «politisch», wenn sie darauf abzielt, gesellschaftliche Zustände zu bewahren oder zu verändern. Man kann hier im Wesentlichen drei Hauptformen unterscheiden: (1) Kriege zwischen Staaten sowie Bürgerkriege, (2) Völkermord, Verfolgung und Vertreibung (als mehr oder minder «einseitige» Formen) und (3) Aufruhr, Rebellion und Terrorismus (als Gewalt «von unten»). Die Verflechtung mehrerer Typen kommt in der Praxis häufig vor.

Für das Feld der Politik ist «das Kollektive» geradezu ein Wesensmerkmal, und das gilt auch für politische Gewalt. Für eine umfassende psychologische Erklärung von politischen Gewalthandlungen sind drei Ebenen zu berücksichtigen (Nolting 2004):

- die Beziehungen zwischen den Gruppen,
- die Einflüsse innerhalb der jeweiligen Gruppe,
- die einzelnen Personen.

Schon daraus wird deutlich, dass man politische Gewalt nicht mit individueller Gewalt und den politischen Frieden nicht mit persönlicher Friedfertigkeit gleichsetzen kann.

Am umfassendsten ist die Ebene der *Intergruppen-Beziehung* (vgl. Wagner & Stellmacher 2004). Politische Gewalt hat immer mit einem Konflikt zwischen Gruppen zu tun: zwischen Völkern, politischen Lagern, religiösen Gruppen usw. («wir» gegen «die»). Selbst ein einzelner Attentäter sieht sich im Dienste einer gesellschaftlichen Gruppierung oder Strömung. (Macht er es, um berühmt zu werden, ist es keine politische Gewalt.) Angegriffen wird ebenfalls immer ein Kollektiv, d.h., angegriffen werden Menschen nicht als Person, sondern als Repräsentanten bzw. Angehörige eines bestimmten Volkes, einer Staatsmacht, einer Partei usw.

Was die *Motivation* anbetrifft, so verleiht die primäre Zielsetzung, nämlich eine politische Ordnung zu erhalten oder zu verändern, der Gewalt einen deutlich instrumentellen Charakter. Es geht um Landbesitz und Bodenschätze, um Machtpositionen und um die Durchsetzung einer Weltanschauung oder Religion. Allerdings ist Politik auch ein emotionales Geschäft. Vor allem die Sympathien für und Antipathien gegen bestimmte Gruppen haben großes Gewicht. Eventuell verändert sich auch die Art der Motivation im Verlaufe eines Konfliktes. Nicht selten passiert es, dass es am Anfang noch «um etwas ging», dass der Kampf dann aber als Folge der Gewalt («Was haben die uns Schlimmes angetan») immer emotionaler wird und schließlich in sinnlose Vergeltungsakte mündet, die keinerlei Nutzen haben, sondern nur von der Leidenschaft getragen werden, es dem Gegner ordentlich «heimzuzahlen» – und sei es auf dem eigenen Trümmerfeld.

Typisch ist, dass die Konfliktparteien den Gewaltprozess einseitig und parteiisch bewerten. Was der Gegner tut, ist eine «Aggression», was das eigene Lager tut, ist eine «legitime Verteidigung»; selbst für Völkermord und Vertreibung findet sich immer eine Rechtfertigung. Dabei spielt meist eine Intergruppen-Beziehung mit langer Vorgeschichte eine Rolle: das Feindbild von der gegnerischen Seite und demgegenüber das positive Bild von der eigenen. Die Wichtigkeit des Gruppenselbstbildes ergibt sich daraus, dass es nicht legitim wäre,

Tafel 20: Varianten individueller Gewaltbereitschaft im gesellschaftlich-politischen Kontext

Aggressive Gewaltbereitschaft (Gewaltneigung) Eher personabhängig	*Nichtaggressive («banale») Gewaltbereitschaft Eher* situationsabhängig	*Gewaltlosigkeit (keine Gewaltbereitschaft) Stark* personabhängig
a) Gewaltmotive und Gewaltakzeptanz mit politischem Akzent: Vorliebe für Gewalt als politisches Instrument oder als Vergeltung («skrupelloser Machtmensch», «Überzeugungstäter», «Fanatiker») b) Gewaltmotive und Gewaltakzeptanz mit persönlichem Akzent: Vorliebe für Gewaltausübung («Abenteurer», «Sadist»)	a) Gewaltausübung auf Anweisung oder Konformitätsdruck in institutionellem Rahmen, auch entgegen eigener Einstellung («gehorsamer Bürger», «Mitläufer») b) Gewalt in institutionellem Rahmen zum eigenen Vorteil («Job-Täter», «Opportunist») c) Gewaltausübung zum Selbstschutz im akuten Kampf	a) Ablehnung jeglicher Gewalt für politische Ziele oder als Vergeltung. Verweigerung eigener Gewaltbeteiligung, eventuell auch Widerstand gegen Gewaltaktionen im eigenen Lager b) Ablehnung von Gewalt im persönlichen Bereich, evtl. außer unmittelbarer Notwehr
Persönliche und politische Gewaltlosigkeit können verwoben sein		Persönliche und politische Gewaltlosigkeit können verwoben sein

den Feind zu bekämpfen, wenn man selbst genauso wäre. Nur die eigene moralische Überlegenheit («wir Freiheitskämpfer», «wir Diener Gottes») macht es möglich, die eigene Gewalt ganz anders zu bewerten als die des Gegners. Typisch für Terrorismus und andere Formen politischer Gewalt ist also «die Verknüpfung von Wahrheitsvorstellungen mit einem gedachten, sich zur Gestaltung der Geschichte berufen fühlenden Kollektiv» (Eckert 2003, S. 54).

Auf der Ebene der *Prozesse innerhalb jeder Gruppe* werden jene Einflüsse wirksam, die bereits früher (vgl. S. 140 ff.) als typische Merkmale kollektiver Gewalt beschrieben wurden und gewöhnlich im Kontext *hoch organisierter* politischer Gewalt besonders prägnant in Erscheinung treten: Es gibt Rollenverteilungen und Befehlsstrukturen, es gibt Propaganda zur Pflege des Feindbildes, des positiven (Gruppen-)Selbstbildes und der Legitimierung eigener Gewalt, es gibt Belohnungen für die Beteiligung und Bestrafungen für die Nichtbeteiligung, es gibt eine ausgiebige Schulung für die Ausübung organisierter Gewalt (Nolting 1981). Vieles davon gilt nicht nur für staatliche und nichtstaatliche Armeen, sondern auch für terroristische Gruppen. Nichts davon aber gibt es beispielsweise bei aggressivem Streit zwischen Schulkindern oder Eheleuten, weshalb dieser auch keine Analogie zu Krieg und Verfolgung ist.

Auf der Ebene der *einzelnen Personen* ist vor allem nach der individuellen *Gewaltbereitschaft* zu fragen (s. Tafel 20). Diese ist natürlich besonders bedeutsam, wenn es sich um die politischen Entscheidungsträger handelt. «Machtmenschen» oder «Fanatiker» werden eher einen Krieg oder einen Völkermord beginnen als «besonnene» Politiker. Für viele Beteiligte sind aber die gruppeninternen Einflüsse oft so mächtig, dass Persönlichkeitsunterschiede kaum mehr zur Geltung kommen. Es reicht jene stark situationsabhängige Gewaltbereitschaft, die man in Anlehnung an Hannah Arendts berühmtes Buch (1978) als «banal» bezeichnen kann: Sie hat mit Gehorsam, mit Pflichtgefühl und mangelnder Fähigkeit zum Widerspruch zu tun, aber nicht mit persönlicher Aggressivität. So können auch allerfriedlichste Familienväter ganze Städte verwüsten oder an Massakern mitwirken.

Während Aggression in persönlichen Beziehungen mit der angegriffenen Person zu tun hat, kämpfen insbesondere bei staatlich organisierter Gewalt viele Beteiligte möglicherweise sogar ohne negative Einstellungen zum Gegner und eventuell auch, ohne die Ziele der politischen Führung zu teilen, sondern einfach aufgrund der Einbettung in das eigene Lager.

Je größer das organisierte Kollektiv, umso vielfältiger können die individuellen Motive und Persönlichkeitsmerkmale der beteiligten Personen sein. Das gilt besonders für Kriege und organisierten Völkermord: Politische Fanatiker, kühle Machtstrategen, Sadisten, Opportunisten, Abenteurer und gehorsame Bürger vereinigen sich, zusammengehalten durch eine hierarchische Führung, zu gleichgerichteten Aktionen. Selbst in kleineren Gruppen wie jenen, die in Deutschland fremdenfeindliche Gewalt verüben, können die einzelnen Mitglieder recht unterschiedlich motiviert sein. Viele denken völlig unpolitisch, sind einfache Mitläufer oder kriminelle Schlägertypen (Willems 1993).

Tafel 20 fasst verschiedene Arten der Gewaltbereitschaft zusammen und macht deutlich, dass es neben jenen Varianten, die mit persönlicher oder politischer Aggressivität zu tun haben, auch andere gibt, die nur in einem bestimmten situativen und interaktionellen Kontext zur Geltung kommen.

Zu ergänzen ist, dass nicht nur die einzelnen Täter und ihre Gruppen, sondern auch die *Zeugen* der Gewalt – einzelne Menschen, Regierungen oder auch die UN – eine wichtige Rolle spielen können (Staub 2003). Sie nehmen Einfluss, indem sie etwa verfolgten Menschen helfen oder aber passiv bleiben. Während der Naziherrschaft haben Menschen in verschiedenen Ländern Europas und in Deutschland zahlreiche Juden vor der Vernichtung gerettet. Hilfe zu leisten oder sich gar offen gegen politische Gewalt aufzulehnen ist für einzelne Menschen häufig sehr schwierig und riskant. Die Situation für solches Handeln verbessert sich erheblich, wenn es gelingt, ebenfalls *organisiert* gegen die organisierte Gewalt vorzugehen (s. hierzu Kapitel 20).

Aggressionsverminderung I: Einzelne Ansätze

Die folgenden Kapitel geben einen Überblick über psychologische und pädagogische Möglichkeiten der Aggressionsverminderung, d.h. der Vorbeugung und der Intervention. Das Spektrum der Möglichkeiten ist dabei nach psychologischen Ansatzpunkten gegliedert (Kapitel 12 bis 16), und die Ausführungen greifen auf Erklärungsaspekte zurück, die in vorangehenden Kapiteln erörtert wurden. Die Ansätze sind nicht als Alternativen, sondern als einander ergänzende Zugänge zu verstehen. Vorangestellt ist ein Forschungsüberblick zu der überaus populären Idee vom «Abreagieren» (Kapitel 11).

Ausdrücklich sei betont: Es geht um *Möglichkeiten* der Aggressionsverminderung, nicht um Notwendigkeiten. Es wird beschrieben, welche Wege man beschreiten *könnte,* und nicht, welche man beschreiten *soll.* Denn im konkreten Fall ist es auch eine Frage persönlicher Bewertung, welches Verhalten «veränderungswürdig» erscheint.

11 «Aggressionen abreagieren» – geht das?

Eine populäre Idee zur Aggressionsverminderung besagt, dass man aggressive Impulse auf möglichst harmlosem Wege «abreagieren» solle, um zu verhindern, dass sie sich in schädlicher Weise gegenüber den Mitmenschen äußern. Empfohlen werden dafür alle möglichen Rezepte von Kraftsport bis zu Kriminalromanen.

Um es vorweg zu sagen: Dieser Lösungsansatz ist heute in doppeltem Sinne «erledigt»: Zum einem nimmt sich die Forschung nach zahlreichen Untersuchungen, vor allem in den sechziger und siebziger Jahren, dieses Themas nur noch selten an. Zum anderen ist klar: Ein Beitrag zur Aggressionsverminderung ist von diesem Ansatz nicht zu erwarten.

Dennoch verdient die Vorstellung von «Abreagieren» nach wie vor eine ausführliche und konkrete Erörterung. Denn erstens stehen die Forschungsergebnisse in krassem Widerspruch zu populären Vorstellungen. Zweitens kann der Glaube an den Segen des Abreagierens sogar schädlich sein. Und drittens haben die Forschungen zu diesem Ansatz ganz nebenbei Hinweise auf hilfreichere Wege mitgeliefert.

11.1 Das Bild vom Ventil und die Katharsis-Hypothese

Es scheint eine Binsenweisheit zu sein, dass aggressive Impulse ihr Ventil brauchen. Man spricht davon, dass man «Dampf ablassen» müsse oder dass Schimpfen der «Stuhlgang der Seele» sei. Diese Vorstellung veranlasst manche Erzieher, Therapeuten und prominente

Zeitgenossen, die sich als Hobbypsychologen versuchen, zu allerlei praktischen Vorschlägen. Einige Beispiele:

- Eine bekannte deutsche Krimi-Autorin erklärte kürzlich im Radio, das Lesen von Krimis mache die Leser friedlich, weil sie hierdurch über ihre Phantasie Aggressionen abbauen könnten.
- Der Meister der Thriller-Filme, Alfred Hitchcock, behauptete (zit. nach Bushman et. al 1999, S. 367): «Im Fernsehen einen Mord zu sehen kann eine gute Therapie sein. Es kann eigene Feindseligkeit abbauen helfen.»
- Ein Pädagoge empfiehlt als «Aggressionsabbauübung» in der Schule, manchen Schülern ein «Aggressionskissen» zu geben, das sie kräftig schlagen und gleichzeitig anschreien sollen («Du Lump») (Winkel 1996, S. 133).
- Erwachsenen in Paarbeziehungen wird vorgeschlagen, sich für kurze Zeit anzuschreien oder mit wattierten Schlägen zu prügeln («Bataca-Kämpfe» nach Bach & Goldberg 1974).
- In einer Zeitung sieht man ein Foto mit Basketball spielenden Jugendlichen und dem Untertitel: «Hier werden auf spielerische Weise Aggressionen abgebaut.»

Die Vorstellung, um die es hier geht, wird in der Psychologie als Katharsis-Hypothese bezeichnet (Aristoteles meinte mit Katharsis eine Reinigung der Gefühle durch das Theater). Die Hypothese wird bzw. wurde natürlich vorwiegend Triebtheoretikern vertreten (s. Kapitel 4), gehörte aber auch zur ursprünglichen Frustrationstheorie (s. Kapitel 5). Danach wird durch die Frustration ein Aggressionsbedürfnis geweckt, das nur durch einen aggressiven Akt, möglichst gegen den Provokateur, wieder entspannt werden kann; andernfalls könnten sich, vor allem nach mehrfachen Frustrationen, aggressive Impulse anstauen.

Es ist offenkundig, dass die Idee der Katharsis sich nicht auf instrumentelle, sondern nur auf emotionale Aggression beziehen kann. Das ist an sich kein Mangel; es wäre schon sehr viel, wenn der kathartische Weg hier einen Ausweg böte. Aber tut er das?

Angebliche Wege und angebliche Effekte

Zunächst ist zu beachten, dass recht unterschiedliche Aktivitäten und Wirkungen des «Auslebens» gemeint sein können. Streng genommen gibt es also nicht «die» Katharsis-Hypothese, sondern verschiedene Versionen.

Was die kathartischen *Aktivitäten* anbelangt, so reichen sie von nur quasi-aggressiven wie Holzhacken oder dem Anschauen eines Boxkampfes bis zur direkten Vergeltung am Provokateur. Tafel 21 ordnet verschiedene Varianten (die Übergänge sind manchmal fließend). Eine Differenzierung der Aktivitäten ist notwendig, weil man nicht unbesehen voraussetzen kann, dass das Zertrümmern von Geschirr genauso kathartisch wirkt wie die reale Vergeltung. Klar ist allerdings, dass nur entschärfte Aktivitäten, nicht aber aggressive Handlungen, als Beitrag zur Aggressionsverminderung gelten könnten.

Wichtig ist es auch, zwischen *unterschiedlichen Effekten* dieser Aktivitäten zu unterscheiden:

– Das Abreagieren soll *akuten Ärger* abbauen, und/oder es soll *vorbeugend* den Pegel angestauter aggressiver Impulse senken.

Tafel 21: Wege zum Abreagieren?

Katharsis durch aggressive Handlungen?
- Eigene Vergeltung am Provokateur
- Wahrnehmung der Bestrafung des Provokateurs durch andere

Katharsis auf Ersatzwegen?
- Körperlich: Sport allgemein, quasi-aggressive sportliche Aktivitäten, Gewalt gegen unbelebte Objekte
- Verbal: Schimpfen (allein, gegenüber Dritten), ins Leere brüllen usw.
- Kognitiv: Aggressive Phantasien, Gewalt anschauen (Filme, Sport)
- Quasi-aggressive Spiele

- Das Abreagieren soll weiteres aggressives *Verhalten* vermindern, und/oder es soll im Falle akuten Ärgers auch eine *emotionale Beruhigung* mit sich bringen.

Auch diese Unterscheidungen sind höchst bedeutsam. Es könnte ja sein, dass bei genauer Untersuchung der eine Effekt möglich ist, der andere aber nicht.

Den wissenschaftlichen Untersuchungen (sie werden anschließend vorgestellt) ist gemeinsam, dass sie zwei Gruppen von Versuchspersonen vergleichen, von denen eine die Gelegenheit zum «Abreagieren» hat, während die andere eine «neutrale» Aktivität ausübt. Verglichen werden ihr aggressives Verhalten und/oder ihre emotionale Stimmung. Die Untersuchungen unterscheiden sich darin, welche Art der Aktivität die Personen ausüben und über welche Indikatoren Aggression erfasst wird. In den meisten Untersuchungen geht es um den Abbau akuten Ärgers; hier werden die Versuchspersonen vor dem «Abreagieren» auf die eine oder andere Weise verärgert. In anderen Studien sollen dagegen aus dem (angeblich) vorhandenen Aggressionsreservoir Energien abgeleitet werden.

Sonderfall: Aggression gegen den Provokateur

Was geschieht mit aggressiven Gefühlen und Verhaltensweisen, wenn man sich am Widersacher rächen kann? Ist es nicht offenkundig, dass dies «Aggressionen abführt»? Da die Vergeltung selbst eine aggressive Handlung ist, ist sie natürlich das Problem und nicht die Lösung. Dennoch soll auch hier die Frage nach der Katharsis kurz erörtert werden, bevor es um das Abreagieren auf nichtverletzenden Ersatzwegen geht.

Ein Beispiel: Eine Versuchsperson wird durch eine Hilfskraft provoziert und hat später die Möglichkeit, sich über das unverschämte Benehmen beim Versuchsleiter zu beschweren. Dieser zeigt Verständnis und verspricht, die Hilfskraft zur Rechenschaft zu ziehen. Zumkley (1978) fand, dass diejenigen, die Gelegenheit zur Beschwerde hatten, sich später zu dem Vorfall nicht mehr äußerten, als sie mit dem Provokateur zusammentrafen, während in der Kontrollgruppe (ohne Katharsis) verbale Angriffe zu hören waren. Dies spricht für eine Katharsis.

Die Forschungsbefunde sind aber nicht einheitlich. Einige Untersuchungen bestätigen, dass die eigene Vergeltung oder die Bestrafung des Provokateurs durch Dritte eine aggressive Tendenz beenden oder vermindern kann (z.B. Doob & Wood 1972, Konecni 1975, teilweise Peper 1981). In anderen Untersuchungen zeigte sich hingegen keinerlei Wirkung (z.B. Berkowitz 1964, Dann 1971) oder sogar eine Aggressionssteigerung (Berkowitz et al. 1962, Geen et al. 1975).

Immerhin möglich, wenn auch unsicher ist also offenbar eine Katharsis in dem Sinne, dass eine Aggressionstendenz deaktiviert wird, sobald das spezifische Ziel, den Widersacher zu treffen, tatsächlich erreicht ist (Kornadt & Zumkley 1992). Selbst wenn damit aggressives Verhalten nicht abnimmt, ändert sich doch häufig die Stimmung: Es stellt sich ein «besseres Gefühl» ein, wenn man Vergeltung üben kann oder wenn man erfährt, dass es dem Provokateur schlecht geht (Berkowitz 1964, Bramel et al. 1968). Die emotionale Beruhigung kann auch im Absinken des systolischen Blutdrucks messbar sein (Hokanson 1970).

Falls solche Effekte eintreten, haben sie allerdings nichts mit einer Abfuhr aggressiver Energien zu tun (!), sondern nur mit der Aufhebung einer Aggressionstendenz, die sich auf eine bestimmte Provokation und Person bezieht. Der Provozierte muss die Vergeltung gar nicht selbst ausüben; auch eine Bestrafung durch Dritte oder durch ein «gerechtes» Schicksal kann zur «Katharsis» führen, zuweilen gar eine Entschuldigung oder die Erkenntnis, dass die Provokation auf einem Missverständnis beruht. All dies kann das Gerechtigkeits- und/oder Selbstwertgefühl wiederherstellen; und eben darauf kommt es an, nicht auf eine «Energie abführende» Handlung.

Vergeltungshandlungen können die Aggressionstendenz aber auch wach halten und steigern, wie einige der erwähnten Studien nahe legen. Das könnte auf Selbststimulierung beruhen («in Fahrt kommen») oder auf dem «guten Gefühl», falls dieses eintritt. Im Übrigen birgt die Vergeltung weitere Tücken: Im realen Leben wird sie vom Widersacher häufig ihrerseits vergolten und so fort. Und falls man hinterher wegen der eigenen Handlung Schuldgefühle bekommt oder fürchtet, etwas falsch gemacht zu haben (z. B. weil die Zielperson einen höheren Status hat), so ist statt eines «guten Gefühls» eher das Gegenteil zu erwarten.

11.2 Sport oder Gewalt gegen Ersatzobjekte

Nun zurück zu der praktischen Frage: Lässt sich «echte» Aggression verhindern, wenn man auf relativ harmlosen Wegen «seine Aggressionen auslebt»?

Besonders häufig werden Sport, vor allem Kraftsport, sowie quasi-aggressive körperliche Aktivitäten gegen unbelebte Objekte (z. B. Holzhacken) als hilfreicher Weg zur Aggressionsverminderung empfohlen – vermutlich weil solche Aktivitäten aggressionsartig aussehen und weil angenommen wird, dass aggressives Verhalten mit «angestauten Energien» zu tun hat, die durch solche Aktivitäten «verbraucht» werden könnten.

Von der Forschung kann dies aber in keiner Weise bestätigt werden. Nehmen wir zunächst zwei Experimente, in denen *verärgerte* Personen sich durch *einfache sportliche Tätigkeiten* «abreagieren» konnten. In dem einen Experiment (Zillmann et al. 1972) konnten sie kräftig in die Pedalen eines Heimtrainers treten. Dies machte sie aber nicht weniger aggressiv. Im Gegenteil, es steigerte (!) ihre Neigung, den Provokateur in einem anschließenden «Lernexperiment» mit Elektroschocks zu bestrafen – im Vergleich zu einer Gruppe mit ruhiger Tätigkeit. In einer Untersuchung von Stützle-Hebel (1993) verminderte Skigymnastik die durch eine Provokation entstandenen aggressiven Gefühle nicht stärker als gleich langes Warten. Als wirksamer erwies sich dagegen eine Konzentrationsaufgabe (Geschicklichkeitstest). Nach Ansicht der Autorin spricht dies für einen Ablenkungseffekt.

Bringen *quasi-aggressive, heftige Aktivitäten* bessere Ergebnisse? Peper (1981) verglich zwei Typen sportlicher Übung, nämlich kraftvolle, heftige Bewegung und Geschicklichkeit (z. B. einen elastischen Medizinball so gegen die Wand schleudern, dass er möglichst weit zurückprallt, oder auf einem Balken balancieren und dabei Keulen einsammeln). Versuchspersonen waren ca. 15-jährige Schüler, die in einer Sportstunde von einer Hilfskraft unfair behandelt worden waren. Eine «motorische Abreaktion von Aggressionen» durch den Kraftsport zeigte sich weder im Verhalten noch an anderen Indikatoren (Befragung, Bildgeschichten).

Musterbeispiele quasi-aggressiver Handlungen kamen in den folgenden Untersuchungen zur Geltung. In einem Experiment von Ryan (1970) konnten die verärgerten Personen in einer Art Hau-den-Lukas-Spiel kräftig dreinschlagen, während die Vergleichsgruppe nur still auf dem Stuhl saß. In den verbleibenden Aggressionswerten (Bestrafen mit Elektroschocks, Einschätzung eigenen Ärgers) gab es keinen Unterschied zwischen beiden Gruppen. In einer neueren Untersuchung von Bushman, Baumeister & Stack (1999) konnten die Versuchspersonen einen Punching-Sack traktieren, um ihren «Ärger loszuwerden». In einem anschließenden Wettspiel waren sie aggressiver gegen den Provokateur als die Kontrollgruppe, die stattdessen nur gewartet hatte.

Bushman und Mitarbeiter gingen in diesem Experiment auch der Frage nach, ob das «Abreagieren» vielleicht doch hilft, wenn man daran glaubt. Sie hatten die Versuchspersonen mit einem (vermeintlichen) Zeitungsartikel beeinflusst, in dem über neue Forschungsergebnisse pro beziehungsweise contra Katharsis berichtet wurde. Sein Titel in den zwei Versionen: «Forschungen zeigen: Das Einschlagen auf unbelebte Objekte ist ein effektiver (bzw.: ein ineffektiver) Weg, Ärger loszuwerden». Diejenigen, die pro Katharsis beeinflusst worden waren, hatten zwar größeres Interesse an dem Punching-Sack als die negativ Informierten, aber die erwartete Ärgerabfuhr trat nicht ein. Im Gegenteil: Wer an eine Katharsis glaubte und sie praktizierte, verhielt sich sogar aggressiver als die Vergleichgruppe.

In all diesen Versuchen zur Reduzierung akuter Ärgeraggression war das Ergebnis also negativ. Aggressives Verhalten und/oder eine aggressive Stimmung wurden durch die «kathartischen» Aktivitäten, verglichen mit «neutralen» Aktivitäten, nicht vermindert, zuweilen sogar gesteigert.

Gilt dies auch, jenseits akuten Ärgers, sozusagen für ein *vorbeugendes* «Abreagieren»? Ja, hier sogar noch deutlicher: Keine Katharsis, sondern eher Aggressionssteigerungen sind zu erwarten. Lediglich eine Untersuchung zum nichtakuten Abreagieren sei angeführt. Sipes (1973) untersuchte an einer Anzahl von Volksstämmen den Zusammenhang zwischen Krieg und Kampfspielen. Nach der Ventiltheorie müssten Stämme, die viel Kampfsport treiben, auf diesem Wege ihre aggressiven Impulse abreagieren und daher weniger zu Kriegführung neigen. Sipes fand aber genau das Gegenteil. Offenbar dienten die Kampfspiele eher der Vorbereitung und Einübung als der Verhinderung kriegerischer Handlungen.

Fazit: Eine besondere Wirkung motorischer Aktivitäten lässt sich weder für eine vorbeugende Abfuhr aggressiver Energien noch für eine Minderung akuter Ärger-Erregung erkennen. Es gibt gewiss gute Gründe, Sport zu treiben, aber dass er die Menschen friedlicher macht, gehört eher ins Reich des Aberglaubens. Und wenn jemand durch kräftiges Schlagen, Hacken, Zertrümmern etc. aggressive Energien abführen oder verbrauchen will, so gleicht dies schon magischen Handlungen – die in diesem Fall aber nicht einmal für einen Placeboeffekt gut sind.

11.3 Verbales «Rauslassen», Spiele, Phantasien

Heilsame Wirkungen werden häufig auch einer anderen quasi-aggressiven Aktivität zugesprochen: dem *stellvertretenden Schimpfen.* Gemeint ist damit eine sprachliche Aggression allein oder gegenüber einem Zuhörer, also ohne den Widersacher selbst zu treffen (insofern stellvertretend). Anders als die körperlichen Aktivitäten beziehen sich die verbalen gewöhnlich inhaltlich auf den konkreten Ärger-Anlass.

Ein reales Ereignis wurde von Ebbesen et al. (1975) untersucht. Etwa 200 Ingenieure und Techniker waren von einer kalifornischen

Firma vorzeitig entlassen worden und hatten allen Grund, darüber verbittert zu sein. Das vom Verteidigungsministerium finanzierte Projekt, für das sie tätig waren, sollte drei Jahre dauern, endete aber schon nach einem Jahr, und dies erfuhren sie zuerst aus der Zeitung. Vor ihrem Ausscheiden wurden sie nun zu einem Gespräch gebeten. Dabei stellte der Interviewer Fragen, die Gelegenheit gaben, (A) sich ärgerlich für die Firma zu äußern (z.B. «Hat die Firma Ihnen geholfen, neue Arbeit zu finden?») oder (B) sich ärgerlich über den Vorgesetzten zu äußern (z.B. «Hat er Sie mal unfair behandelt?»). Einer Kontrollgruppe wurden neutrale Fragen gestellt (z.B. «Wie fanden Sie die Cafeteria?»). Um zu prüfen, ob die Betroffenen ihren Ärger «losgeworden» waren, gab man ihnen später noch einen Fragebogen, in dem sie erneut zur Firma und zum Vorgesetzten Stellung nehmen konnten. Ergebnis: Wer schon im Interview auf die Firma schimpfen konnte, äußerte sich auch jetzt besonders aggressiv zur Firma (aber nicht zum Vorgesetzten); und wer vorher schon aggressiv über den Vorgesetzten geredet hatte, bewertete ihn (aber nicht die Firma) auch im Fragebogen besonders negativ. Die neutral befragte Kontrollgruppe bewertete weder die Firma noch die Vorgesetzten besonders schlecht.

Die Befunde legen nahe: Durch die Gelegenheit zum Schimpfen wurde der Ärger nicht «abgeladen», sondern gesteigert. Dies geschah offenbar durch die gedankliche Beschäftigung mit dem Ärgernis, zu der das Interview Anlass gab. Eigentlich dürfte jeder Mensch diese Erfahrung kennen: Durch das Denken an und das Reden über das Ärgernis stimuliert bzw. reaktiviert man auch die Ärgergefühle. Das alles bedeutet allerdings nicht, dass das Sprechen über solche Erfahrungen grundsätzlich nicht hilfreich ist. Klärende Gespräche, in denen man über die Sache und über die eigenen Gefühle reflektiert, können durchaus ein guter Umgang mit Ärger sein (s. Kapitel 15). Aber die sind etwas ganz anderes als aggressives Jammern, Schimpfen, Brüllen etc.

Dass solche Verhaltensweisen nicht helfen, bestätigt eine weitere Untersuchung. Bohart (1980) bat Studenten, sich vorzustellen, dass ihnen der Provokateur gegenübersitzt, und dann ein bis zwei Minuten kräftig zu schimpfen. Auch hier zeigte sich: Die Teilnehmer fühlten danach nicht weniger, sondern mehr Groll auf den Provokateur als vorher. Andere Vorgehensweisen dagegen, wie etwa das Nachdenken über die eigenen Gefühle oder das Sprechen mit einem verständnisvollen Zuhörer, wurden als ärgermindernd empfunden. Entscheidend ist offenbar, dass ein Prozess der Selbstklärung und Problemlösung eingeleitet wird. Das Schimpfen als solches ist dagegen kein «Stuhlgang der Seele».

Gilt dies auch für *ärgerbezogenes Spiel*, in dem phantasierte Aggression mit motorischem Tun verbunden wird? In einem Versuch von Mallick & McCandless (1966) wurden 9-jährige Kinder in einem Wettspiel von einem Mitspieler verärgert und hatten später Gelegenheit, auf ein Bild zu schießen, das in Geschlecht und Alter dem Übeltäter glich. Dies verminderte aber keineswegs ihr aggressives Verhalten, wie sich nachfolgend zeigte, als sie dem Provokateur wieder leibhaftig begegneten und ihn bei einer Leistungsaufgabe absichtlich behindern konnten. Eine Erläuterung hingegen, die das frustrierende Verhalten des Mitspielers verständlich machte (z. B. er sei übermüdet), reduzierte die aggressive Bestrafung durchaus.

Mehrfach wurde untersucht, ob sich das Produzieren *eigener aggressiver Phantasien* als Katharsisweg eignet. So kann man sich zu geeigneten Bildvorlagen Geschichten ausdenken und dabei indirekt auch die aggressiven Gefühle gegen einen Provokateur ausdrücken. Auch hier fanden die meisten Untersuchungen keine Aggressionsreduzierung (z. B. Zumkley 1978). Genauso wenig kann man dies vom Lesen eines Krimis erhoffen.

Ebenfalls funktioniert es nicht über das Anschauen von *aggressiven Filmen*. Wie früher bereits berichtet, sind eher kurzfristige Stimulierungen und (durch jahrelangen Medienkonsum) auch eine Steigerung der individuellen Aggressivität zu erwarten, zumindest bei einem Teil der Zuschauer (s. S. 89 ff.). Auch im Zustand akuten Ärgers steigert das Anschauen von Gewalt häufig aggressives Verhalten (z. B. Hartmann 1969, Geen & Berkowitz 1967), zumindest bringt es keine Katharsis (Lukesch & Schauf 1990).

11.4 Fazit: Die Befunde und der Volksglaube

Die Forschungsergebnisse sind eindeutig. Gleichgültig, welches «Ventil» man wählt – das Produzieren aggressiver Phantasien, das Anschauen von Gewalt, aggressives Reden, quasi-aggressive spielerische oder körperliche Aktivitäten –, es ist weder möglich, dadurch sein Reservoir an «Aggressionen» abzusenken, noch ist es möglich, auf diese Weise akuten Ärger loszuwerden. Ein Aggressionsreservoir, aus dem man Energien ablassen kann, gibt es nicht, und auch Ärgergefühle sind nicht so unspezifisch, dass man sie durch irgendeine aggressive Handlung gegen irgendjemanden oder irgendwas loswerden könnte. Den Groll auf den Ehepartner durch Schläge auf den Punching-Ball zu «kanalisieren» ist völlig unrealistisch.

Zwar mag es angenehm und häufig auch harmlos sein, auf leblose Objekte einzudreschen oder aggressionsartige Rituale oder Spiele zu praktizieren. Aber verglichen mit «neutralen» Aktivitäten ist das Risiko größer, dass es nicht harmlos bleibt. Spiel kann zuweilen in Ernst umschlagen (z.B. im Fußballspiel), und manche Formen des subjektiven «Abreagierens», wie etwa ausgiebiges Schimpfen, heizen den Ärger oft eher noch an.

Die angeblich kathartischen Aktivitäten wurden in den Untersuchungen, anders als im Alltag, immer mit *anderen* Aktivitäten verglichen (z.B. mit Denkaufgaben, stillem Sitzen, nichtaggressiven Filmen), und in ebendiesem Vergleich schnitt das Abreagieren häufig schlechter, zumindest nicht besser ab. Umgekehrt heißt dies: Die «nichtkathartischen» Aktivitäten sind hilfreicher oder ebenso wirksam.

Welche Empfehlungen lassen sich daraus ableiten? Unterschiedlichste Aktivitäten können zumindest vorübergehend eine gereizte *Stimmung* mildern. Das können eventuell *auch* solche sein, die äußerlich wie ein «Abreagieren» aussehen (z.B. Kraftsport). Doch entscheidend ist, das Brüten über das Ärgernis zu beenden und/oder den körperlichen Zustand zu verbessern. Es geht also um *Ablenkung*, es geht darum, Gedanken und Gefühle herbeizuführen, die gerade nichts mit Verdruss oder Ärger zu tun haben. Manche Menschen schalten Musik an, manche gehen spazieren, manche nehmen eine

Dusche, manche lösen Kreuzworträtsel. Auch wer kräftig in die Klaviertasten schlägt oder einen Waldlauf macht, mag die gereizte, ärgerliche Stimmung vertreiben – aber nicht, weil dabei «Aggressionen abgeführt» werden, sondern weil es *diesem* Menschen hilft, eine bessere Stimmung zu erzeugen. Bei einem anderen Menschen mag eine andere Aktivität nützlicher sein. Die Empfehlung lautet deshalb: *Tu etwas, was dir Spaß macht.*

Falls allerdings hinter der ärgerlichen Stimmung ein *ungelöstes Problem* steckt, kann Ablenkung allenfalls eine Hilfe für den Augenblick sein. Das Problem selbst muss gelöst werden. Gefordert ist, zumindest in engeren Beziehungen, *offene Kommunikation* – auch über die eigenen Gefühle (s. Kapitel 15, S. 234 ff.). Dies ist aber etwas ganz anderes als das sog. Abreagieren durch Anschreien und Beschimpfen, und sei es nur als Ritual.

Für Menschen, die im Ausdrücken von Gefühlen sehr *gehemmt* sind, kann es im Einzelfall dennoch sinnvoll sein, unter dem Schutz von Spielregeln einmal mit dem Körper und der Stimme auszudrücken, wie ihnen zumute ist (z. B. durch Schimpfen oder Raufen) – und zwar als Hilfe zum *Erkennen* eigener Gefühle und zum *Erproben* weniger gehemmten Verhaltens.

Die vorgetragenen Einwände gegen die «Ventiltheorie» bedeuten also keineswegs, man solle aggressive Gefühle immer unter Kontrolle halten. Unvermeidlich ist jedoch die Einsicht, dass man die *hilfreichen* Prozesse woanders suchen muss: zuweilen in bloßer Ablenkung, oft aber im Nachdenken über die eigenen Gefühle und ihre Anlässe sowie in einer offenen Kommunikation über Empfindungen und Problemlösungen.

Rückblickend mag man auch fragen, warum eigentlich die Vorstellung vom Abreagieren so verbreitet ist, obwohl sie nicht nur den Forschungen widerspricht (die kennt kaum jemand), sondern auch einer kritischen Prüfung von Alltagserfahrungen. Das mag mehrere Gründe haben. Erstens ist die Vorstellung vom Abreagieren so schön simpel. Zweitens ist den meisten Menschen sicherlich oft danach *zumute*, aggressive Gefühle in aggressiver oder heftiger Form auszudrücken; und wenn man dies tut und die Stimmung bessert sich – denn

Ärger verraucht meist sowieso nach einiger Zeit –, wird man sagen: Das hat mir geholfen. Vergleiche stellt man nicht an.

Drittens erliegt man wohl auch leicht der Suggestivkraft bildhafter Begriffe wie «Ventil», «Kanalisierung» oder «Rauslassen». Das Bild vom Ventil ist wirklich nur ein Bild – und zwar ein irreführendes! Noch einmal: *Gefühle ausdrücken heißt nicht: Gefühle loswerden.* Gefühle kann man nicht «rauslassen» wie Wasserdampf aus dem Ventil, und sie entschweben nicht durch die Lüfte. Auch wenn man sie «äußert», sie bleiben in uns. Dort aber können sie sich *verändern* – auf Wegen, die eben schon angesprochen wurden und die in Kapitel 13 und 15 noch ausführlicher erörtert werden.

12 Ansatzpunkt: Anreger

Manche externe Faktoren stimulieren aggressives Verhalten, andere hemmen es oder stimulieren nichtaggressives Verhalten. Die einen zu vermindern und die anderen zu fördern – dies ist eine beinahe triviale Folgerung für die Aggressionsverminderung. Häufig ist es jedoch keineswegs leicht, sie in die Tat umzusetzen.

12.1 Verminderung von Provokationen, Frustrationen etc.

Aus der klassischen Frustrationstheorie wurde von Anbeginn die Konsequenz gezogen, man müsse Frustrationen nach Möglichkeit vermeiden oder zumindest reduzieren. Zwar hat die Theorie erhebliche Relativierungen erfahren (s. Kapitel 5), aber die Verminderung von Provokationen, Frustrationen und anderen negativen Faktoren bleibt ein wichtiger Ansatzpunkt.

Verminderung von Provokationen

Angriffe, Obstruktionen und unfaires Verhalten sind besonders wirksame Aggressionsanreger (und teilweise selbst aggressiv). Auf den ersten Blick mag es müßig erscheinen, über Wege zu ihrer Verminderung zu reden. Denn wer bereit ist, weniger zu provozieren, braucht keine Vorschläge, und wer nicht, wird sie nicht nutzen – so könnte man argumentieren. Doch auf den zweiten Blick ist es nicht immer *nur* eine Frage des guten Willens. Auch Unwissenheit und eingeschliffene Verhaltensmuster können eine Rolle spielen.

So lassen sich manche Menschen vielleicht von der Vorstellung leiten, dass man mit verbalen Attacken besonders wirksam «erziehen» oder «zur Vernunft bringen» könne – und bedenken dabei nicht die Nebenwirkungen, zu denen oft auch Vergeltungsbedürfnis gehört. Wem daran liegt, dass seine Botschaften verstanden und akzeptiert werden, muss vermeiden, dass beim Empfänger zuallererst eine Herabsetzung ankommt. Wichtig ist es daher, zwischen dem «Schlechtmachen» einer *Person* und der Kritik an einem bestimmten *Verhalten* zu unterscheiden (dies wird unter anderem in Paartrainings erlernt, s. Kapitel 17). Die Aussage «Du bist ein ausgesprochener Egoist» ist eine pauschale Abwertung der Person, «Du hast bisher von deinen Wünschen gesprochen, aber zu meinen noch nichts gesagt» ist eine konkrete Verhaltenskritik. Diese wird gewöhnlich nicht so provozierend empfunden wie das Pauschalurteil, weil sie das Selbstwertgefühl nicht so verletzt. Eine weitere Möglichkeit sind die Ich-Botschaften, in denen man seine eigenen Empfindungen beschreibt («Ich fühle mich durch deine Entscheidung zurückgesetzt»). (Mehr hierzu in Kapitel 15.)

Selbst wenn jemand einen anderen bereits provoziert und damit «böses Blut» erzeugt hat, lässt sich die Situation nachträglich durch eine *Entschuldigung* entschärfen. Denn was Menschen erbost, ist oftmals weniger eine bestimmte Handlung, sondern die Haltung, mit der sie geschieht. Hier kann die Entschuldigung etwas zurechtrücken und dem Selbstwertgefühl des Provozierten entgegenkommen. Das alles mag trivial erscheinen, aber das gilt für vieles, was zur Aggressionsverminderung beiträgt: Es ist altbekannt, hat aber nichts von seiner Gültigkeit verloren.

Verminderung von Frustrationen

Wollte man konkret all die negativen Bedingungen aufzählen, die geändert werden sollten, würde man kein Ende finden. Ich möchte deshalb nur einige Aspekte herausgreifen, die viele Menschen betreffen und die gewöhnlich Spielraum für persönliches Handeln bieten.

Das gilt besonders für die *Erziehung von Kindern*. Wie viel «Frustration» kann und soll man ihnen zumuten? Eine vernünftige Erziehung muss zwei Ziele gleichzeitig im Auge haben: (1) Schon Kinder müssen lernen, mit Hindernissen und unerfüllten Wünschen fertig zu werden, und (2) psychische Schäden müssen vermieden werden. Das heißt: Es ist weder möglich noch sinnvoll, von Kindern und Jugendlichen alles fern zu halten, was sie als Frustration erleben könnten. Aber es muss gesichert sein, dass das Kind daran tatsächlich etwas *lernt* und nicht nur darunter *leidet.*

Erstes Beispiel: *Leistungsanforderungen.* Sie müssen so dosiert sein, dass vorrangig Erfolge erlebt werden können und sich Misserfolge durch vermehrte Anstrengung, Zeiteinteilung, bessere Lernstrategien usw. bewältigen lassen. Schädlich sind dagegen permanente *Über*forderungen, bei denen das Kind sich nur als unfähig erleben kann. Wenn Leistungsversagen ein wiederkehrender Anlass für Familiendramen ist, sollte dies als Warnsignal verstanden werden. Es darf nicht dazu kommen, dass ein Kind oder Jugendlicher vor der Schule und dem Elternhaus zu flüchtet und «andere Wege» wie den Anschluss an problematische Gruppen einschlägt. Möglichkeiten der Prävention liegen hier in rechtzeitiger fachlicher Beratung, in einer Änderung der Lernsituation (z.B. Schulwechsel) oder gezielter Förderung.

Zweites Beispiel: *Grenzsetzungen* für das Verhalten von Kindern. Auch sie sind per se keine unnötige Frustration. Unvermeidlich sind sie ohnehin bei Gefahren und destruktivem Verhalten – und in gewissem Grade auch dann, wenn sich andere Personen gestört fühlen. In diesem Fall kommt es aber darauf an, die Bedürfnisse und Rechte der Betroffenen in eine Balance zu bringen. Der *Sinn* einer Grenzsetzung sollte immer erkennbar bleiben: dass nämlich auch andere Menschen ihr Recht auf Selbstentfaltung haben und ihre Bedürfnisse ebenso zu achten sind wie die eigenen. Diese Einsicht wird erzieherisch gut vermittelt, wenn man nicht so sehr das «Fehlverhalten» des Kindes betont («Du sollst mich nicht stören»), sondern die Selbstbehauptung («Ich möchte in Ruhe Zeitung lesen»). Insgesamt sollten allerdings Grenzsetzungen nie der Kern der Erziehung sein; der sollte vielmehr in der Förderung des erwünschten Verhaltens liegen (mehr hierzu in Kapitel 15 und 18).

Drittes Beispiel: «Ausbaden» der Folgen eines Fehlverhaltens. Kinder werden nicht unnötig frustriert, wenn sie im Rahmen ihrer Möglichkeiten unangenehme Folgen ihres Handelns *selbst zu tragen* haben, z.B. durch eine Wiedergutmachung oder Schadenersatz. Wichtig ist nur, dass solche Forderungen nicht zu einer Strafaktion mit herabsetzenden Bemerkungen ausarten.

Um jeden Preis zu *vermeiden* sind emotionale Entbehrungen und Bestrafungen durch Liebesentzug. Wenn Eltern wegen schlechter Leistungen oder eines Fehlverhaltens tagelang mit ihrem Kind nicht mehr reden, ist dies eine seelische Misshandlung, aus der das Kind nichts Sinnvolles lernen kann. Erneut sei darauf verwiesen, wie wichtig eine emotional warme, unterstützende Eltern-Kind-Beziehung ist, nicht nur zur Aggressionsprävention, sondern auch zur Prävention anderer Storungen (s. Kapitel 5, S. 80).

All diese Gesichtspunkte zum Thema «Frustrationsverminderung» wurden hier zwar am Beispiel der Erziehung dargestellt, doch gelten sie im Prinzip ebenso für den Umgang mit Erwachsenen, insbesondere in privaten Beziehungen.

12.2 Verminderung aggressiver Modelle und Signalreize

Wer sich aggressiv verhält, stimuliert damit häufig auch aggressives Verhalten bei anderen Menschen. So kann sich in einem Kollektiv eine aggressive Stimmung ausbreiten, oder zwischen Kontrahenten kann es zu einer Eskalation kommen. Daraus ergibt sich, dass man durch die Verminderung aggressiven Verhaltens weiteres aggressives Verhalten vermindern kann. Diese Feststellung ist nicht so trivial, wie sie klingt. Man ginge damit bei der «ansteckenden» Aggression ähnlich vor wie bei ansteckenden Krankheiten.

Wo aggressive Modelle nicht zu verhindern sind, kann deren Wirkung doch manchmal durch nichtaggressive *Gegenmodelle* neutralisiert werden (z. B. Baron 1971). Wenn es in einer kritischen Situation wie z. B. einer Protestdemonstration zu Gewalttätigkeiten kommen könnte, gelingt es den Organisatoren und «vernünftigen» Teilnehmern nicht selten, durch ihr Vorbild und ausdrückliche Aufrufe zur Gewaltlosigkeit frühzeitig die Stimmung zu prägen.

Ein oft diskutiertes Problem sind die Gewaltdarstellungen in Film und Fernsehen (s. Kap. 6, S. 89 ff.). Initiativen aus der Bevölkerung und der Politik, wenigstens die *Gewalt in Spielfilmen* zu reduzieren, sind sicher zu begrüßen. Doch da solche Versuche wegen des hohen Unterhaltungswertes von Gewalt allenfalls begrenzten Erfolg haben, ist es umso wichtiger, die Kinder und Jugendlichen zu einer kritischen Verarbeitung zu erziehen (s. Kapitel 13, S. 214 ff.).

Gewalt sieht man aber nicht nur in Spielfilmen, sondern auch in den *Nachrichtensendungen*. Und selbstverständlich können die dort gezeigten Handlungen ebenfalls einem bestimmten Personenkreis «falsche» Modelle liefern (z. B. zur Ausführung von Raubüberfällen oder Terrorakten). Die journalistische Abwägung zwischen Informationspflicht und der Vermeidung falscher Modelle ist sicherlich nicht leicht. Mir scheint allerdings, dass die Entscheidung zu oft zugunsten der Gewaltbilder ausfällt (vielleicht um die Nachrichten spektakulärer zu machen?). Müssen denn in einem 90-Sekunden-Bericht über eine nahezu friedliche Demonstration von hunderttausend Menschen die zerschlagenen Fensterscheiben untergebracht werden, die auf das Konto eines kleinen Grüppchens gehen? Muss denn jeder von Neonazis umgestoßene Grabstein auf einem jüdischen Friedhof sofort ins Bild kommen? Ist es wirklich vernünftig, den Tätern immer eine solch große Bühne zu bieten?

Neben aggressiven Modellen können manche *Signalreize* in kritischen Situationen aggressives Verhalten begünstigen (vgl. Kapitel 5, S. 75), so etwa Symbole (z. B. geballte Faust, Beine in schwarzen Stiefeln neben einem Schäferhund) oder Parolen («Zerschlagt die ...»). Besonders in Situationen wie etwa politischen Versammlungen oder Wettkämpfen tragen sie dazu bei, ein aggressives Klima zu erzeugen.

Aggressive Signalreize gehen natürlich auch von realen Instrumenten der Gewaltausübung aus, also insbesondere von *Waffen* usw. Dass viele Aggressionshandlungen überhaupt nur vorkommen können, wenn solche Mittel verfügbar sind, «das ist so trivial, dass es oft übersehen wird, aber dennoch praktisch überaus wichtig», meint Fürntratt (1974, S. 383) und nennt als Beispiel, «dass man einem Kind, das ein anderes mit einem Pusterohr belästigt, nur das Ding wegzunehmen braucht, um die Aggression zu beenden». Das Beispiel macht auch deutlich, dass keineswegs immer «zuerst» ein aggressives Bedürfnis da sein muss und dafür dann ein Mittel gesucht wird, sondern dass vielmehr manche Dinge zu aggressiven Handlungen geradezu «auffordern». In gewissem Grade bewegt der Abzug den Finger.

Die Verminderung symbolischer Signalreize liegt überwiegend in den Händen der Bürger/-innen. Denn gesetzliche Verbote kollidieren zuweilen mit dem Recht auf Meinungsfreiheit. Anders ist dies bei Waffen, Sprengstoff etc. Restriktive Gesetze und eine strenge Kontrolle sind hier fraglos von Nutzen. In den USA würden viele Menschen nicht getötet werden, wenn Schusswaffen nicht so leicht verfügbar wären. Das Beispiel der USA zeigt aber auch, wie schwer es ist, solche Gesetze zu verabschieden, wenn sie langen Traditionen und den wirtschaftlichen Interessen mancher Gruppen entgegenlaufen.

Nicht so dringlich ist eine «Abrüstung» bei Spielzeugwaffen, sofern ein Kind damit hin und wieder unernste Kämpfe ausficht. Ob ein Kind so ein Spielzeug hat oder nicht, ist für seine Entwicklung sicher weniger wichtig als die Kommentare, die es dazu hört («Dies ist ein Spiel, aber richtige Waffen sind gefährlich», «Man darf anderen nicht wehtun»). Wie bei den Filmen kommt es also auch hier auf das erzieherische Umfeld an. Eltern können Kindern aber nicht nur die Bedeutung realer Waffen erklären, sie können auch entscheiden, selbst kein Geld für solches Spielzeug auszugeben, ohne gleich ein Verbot auszusprechen.

Ein Anlass für eine psychologische Beratung besteht allerdings dann, wenn ein Kind sich in einer Welt aus Waffen und Kämpfen einrichtet, überwiegend Gewaltszenen spielt, kaum noch konstruktiv mit anderen Kindern spielt oder gar den Kontakt zu ihnen verliert.

12.3 Positive Gegenanreger

Man kann nicht nur versuchen, aggressive Anreger zu vermindern, sondern auch, das Verhalten in eine positive Richtung zu lenken.

Unmittelbare Anregung erwünschten Verhaltens

Diese Strategie ist aus vielen Kontexten gut bekannt. In schlechter Stimmung sucht man unterhaltsame Ablenkungen, Eltern machen Faxen gegen das Wehklagen ihrer Kleinen, oder in einer Gruppe versucht jemand, durch das eigene positive Vorbild das Verhalten der anderen zu beeinflussen.

Dieses Prinzip kann mehr oder minder systematisch zur Aggressionsverminderung angewandt werden kann. So konnten Murphy et al. (1983) durch Experimente in der Grundschule und Vorschule zeigen, dass organisierte Spiele während der Pausen (Seilspringen, Wettlauf) Verhaltensweisen wie Schlagen, Treten, Wegnehmen, Zerstören von Sachen sowie auch nichtaggressive Regelverstöße deutlich reduzierten. Dabei handelte es sich um einen situativen Effekt, der nur während des Experiments auftrat. Die Bedeutung positiver Anreger wird damit gut illustriert; für eine dauerhafte Aggressionsverminderung in der Schule wären aber weitere Maßnahmen erforderlich (hierzu ausführlich Kapitel 19). In eine ähnliche Richtung gehen Fan-Projekte gegen Hooliganismus in der Fußballszene. Die meisten Vereine und Kommunen sehen hierin eine sinnvolle Ergänzung zu «negativen» Mitteln wie polizeilicher Überwachung, Stadionverbot etc. Eine wissenschaftliche Wirkungskontrolle steht allerdings noch aus (Lösel et al. 2001).

Selbst in einer *akuten Frustrationssituation* kann Verhalten durch geeignete Stimuli positiv gelenkt werden. Ein lebensnahes Beispiel liefert ein in Frankreich durchgeführtes Telefonzellen-Experiment von Moser & Levy-Leboyer (1985): Wenn eine Telefonzelle nicht funktioniert und obendrein das eingesteckte Geld nicht wieder herausgibt, erleben die Benutzer gleich zwei Frustrationen, und so etwas löst nicht selten Attacken auf die Telefonzelle aus. Die Untersucher zeigten nun, dass sowohl «grobe» Handhabungen (Schläge auf den Apparat) als auch ausgesprochene Gewaltakte (Tritte und Schläge mit voller Kraft) wesentlich seltener auftraten, wenn in der Zelle gut sichtbar Hinweise zum Verhalten im Falle einer Störung ausgehängt waren, und zwar eine Straßenkarte mit weiteren Telefonzellen in der Nähe sowie Informationen zur Erstattung des Geldes. Da hier die eigentliche Frustration bei der Telefonbenutzung nicht gemildert werden konnte, ist der entscheidende Faktor zur Aggressionsreduktion offenkundig die konkrete Anregung vernünftiger Handlungen.

Anreize für nichtaggressives Verhalten

Wie früher erläutert (s. S. 135 f.), ist instrumentelle Aggression auf die Erreichung von Nutzeffekten gerichtet, z. B. auf die Erlangung von materiellen Gütern oder Anerkennung. Sie bilden die Anreize, ohne die das Verhalten nicht ausgeführt würde. Was bedeutet dies für das Ziel der Aggressionsverminderung?

Die Anreize selbst sind gewöhnlich nicht das Problem. Im Falle materieller Güter liegt es vielleicht in der *ungleichen Verteilung*, sodass sich ein Teil der Menschen benachteiligt fühlt (vgl. S. 64 zu relativer Deprivation). Oder aber Anreize wie Reichtum, Macht oder Geltung werden von manchen Menschen *überbewertet* und ohne Rücksicht auf die Rechte anderer angestrebt (s. hierzu Kapitel 13, S. 211 f.).

Ein drittes Problem ist häufig, dass die Anreize sich *auf das «falsche» Verhalten* beziehen, dass also die Umwelt aggressives statt sozial positives Verhalten belohnt. An einem weit verbreiteten Erziehungsfehler lässt sich gut zeigen, worum es hier geht. Viele Eltern und andere Erziehende provozieren zunächst aggressives Verhalten, indem sie das Kind z. B. durch unnötige Eingriffe verärgern oder eine freundlich geäußerte Bitte gar nicht beachten. Wenn das Kind nun aber schreit und tobt, um sich durchzusetzen, machen sie eine Kehrtwendung, um dies schnell zu beenden: Sie belohnen also das aggressive Verhalten durch Beachtung oder Nachgeben.

Eine andere Art der Kehrtwendung wäre zweifellos sinnvoller.

Entweder ist ein Eingriff oder eine Wunschablehnung gar nicht notwendig – dann sollte man sie von vornherein unterlassen. Oder man hält sie für erforderlich – dann ist auch Brüllen kein «Gegenargument», und man sollte es ignorieren. Noch wichtiger: Zu erwünschtem Verhalten des Kindes wie etwa «Ich möchte gerne»-Sätzen sollte man auffordern und sie mit positiver Resonanz belohnen, d.h. mit freundlichem Zuhören und eventuell gar mit der Erfüllung des Wunsches.

Auch in der Schule ist es eine sanfte Methode der Verhaltenslenkung, störungsfreie Mitarbeit der Klasse durch positive Anreize zu induzieren (z.B. Spielminuten am Ende der Stunde) oder einzelne Schüler für Fortschritte in friedlichem Verhalten zu belohnen (z.B. durch Sternchen, die gegen kleine Preise eintauschbar sind), sofern gleichzeitig andere Schüler auf andere Weise Gutpunkte erlangen können (vgl. Nolting 2002).

Dieses Prinzip gilt nicht nur für Erziehungskonflikte, sondern generell. Bedürfnisse sind zu akzeptieren, nicht aber jedes Verhalten zu ihrer Befriedigung. Es ist wichtig, die erwünschten Verhaltensweisen mit Beachtung, Zuwendung oder Entgegenkommen zu belohnen. Eine solche Verlagerung der Anreize von negativem auf positives Verhalten ist ein zentrales Prinzip lernpsychologischer Praxis und wird in Kapitel 15 (Förderung alternativen Verhaltens) ausführlicher behandelt.

13 Ansatzpunkt: Auffassen und Bewerten

Die Anreger, von denen zuvor die Rede war, können nur dann aggressives Verhalten anregen, wenn sie auf einen «anregbaren» Menschen treffen. Diese «Anregbarkeit» hat entscheidend mit dem Auffassen und Bewerten der Anreger zu tun, und eben hier bietet sich ein wichtiger Zugang zu ihrer Veränderung.

13.1 Ent-ärgernde Denkweisen

Aggressive Handlungen beruhen teilweise auf Ärger und ähnlichen Gefühlen, und die entstehen, wenn ein Ereignis als «ungerecht», «unverschämt», «böswillig», «lästig», «bedrohlich» usw. bewertet wird (s. Kapitel 5, S. 66 ff.). Wird es anders bewertet, entfällt auch die Motivation zu Vergeltungs- oder Abwehr-Aggression. Vielen entschärfenden Bewertungen gemeinsam ist die Tendenz: Nicht so wichtig, nicht so schlimm.

Um Missverständnisse zu vermeiden: Es geht im Folgenden nicht darum, dass Menschen sich nicht ärgern sollten! Ärger hat, ebenso wie Angst, sinnvolle Funktionen (Verres & Sobez 1980). Ärger kann ein Signal sein, das auf ein unbearbeitetes Problem aufmerksam macht, und Ärger kann Energie liefern für das Bemühen um Verbesserungen.

Eine bessere Ärgerbewältigung ist also nur dort ein Thema, wo der Ärger für die Person selbst und/oder für seine Umwelt ein *Problem* ist. Und ein Problem ist er vor allem dann, wenn er sich in erhöhter Aggressivität äußert oder wenn er der Gesundheit oder der Ausübung des Berufes schadet.

Selbstbeeinflussung

Der Versuch, die Bewertung von Ärgeranlässen zu verändern, ist aus Alltagserfahrungen durchaus geläufig. Wenn wir einem Mitmenschen z. B. erklären, dass sein Ärger auf einem Missverständnis beruhe, so wollen wir ihn damit zu einer Neubewertung des Ärgernisses veranlassen. Allerdings gelingt dies nur, wenn die verärgerte Person die Stellungnahme als glaubhaft empfindet und sich ernst genommen fühlt. Die warme Empfehlung «Du brauchst dich doch nicht zu ärgern» ist jedenfalls selbst oft ärgerlich! Der Verärgerte muss also *selbst* zu einer Neubewertung gelangen oder zumindest die Sichtweise anderer *mit Überzeugung* übernehmen können. Nicht oberflächliches Bagatellisieren und Verharmlosen kann also das Ziel sein, sondern ein «realistisches» Auffassen und Bewerten.

Ebendaran mangelt es manchen Menschen mit ausgeprägter Ärgerneigung. Die systematische Veränderung von Überzeugungen und Bewertungen, die buchstäblich «nichts als Ärger» machen, wurde vor allem durch die Rational-Emotive-Therapie von Albert Ellis (1976) inspiriert. Seine Grundidee lautet: Gefühle werden von Gedanken bestimmt, und eine emotionale Störung entsteht, wenn sich bei einem Menschen irrationale Denkweisen verfestigen. Die Denkweisen selbst versteht Ellis als «inneres Selbstgespräch», und dieses gilt es, offen zu legen und zu verändern.

Wenn ein Mensch das versucht, wird er sich unter anderem fragen: Was sage ich zu mir selbst, wenn ich mich ärgere? Von welchen Ansichten lasse ich mich dabei leiten? Und als Folgerung aus der Selbsterkenntnis würde er sich fragen: Was könnte ich stattdessen zu mir sagen? Dabei könnte beispielsweise herauskommen:

Irrationale Denkweisen	*Mögliche Alternativen*
▫ «Niemand darf etwas Falsches über mich sagen.»	▫ «Es ist nicht alles ernst zu nehmen, was die Leute so reden.»
▫ «Es ist eine Katastrophe, wenn etwas schief läuft.»	▫ «Pannen gehören zum Leben und bringen mich nicht um.»
▫ «Wenn mich jemand ärgert, darf ich das nicht auf mir sitzen lassen.»	▫ «Was kümmert es den Mond, wenn ihn der Hund anbellt!?»

Viele irrationale Annahmen enthalten ein absolutistisches Muss-Denken oder einen Hang zum Dramatisieren. Erst durch die thesenartige Formulierung der meist nur halb bewussten Einstellungen wird das Irrationale so plastisch. Kaum ein Mensch wird von sich aus sagen: So denke ich – obwohl alles Fühlen und Handeln darauf hinausläuft.

Eine ideale Form der entschärfenden Neubewertung ist übrigens der *Humor*. Er kann zweifellos über viele Ärgernisse des Alltags hinweghelfen. «Humor ist, wenn man trotzdem lacht», sagt der Volksmund – und «trotzdem» heißt: trotz der «Frustration». An ihr auch komische Seiten zu entdecken ist allerdings keine leichte Kunst; häufig gelingt es erst in der Rückschau, nachdem man etwas Abstand gewonnen hat.

Ob humorvoll oder anders, die Neubewertung von Ärgeranlässen ist ein zentrales Element von *Trainings* zum besseren Umgang mit Ärger (z.B. Novaco 1975, Siebert 1977, Schwenkmezger, Steffgen & Dusi 1999). Sie alle regen dazu an, eigene Denkweisen aufzuspüren und nach Alternativen zu suchen, beispielsweise durch die Frage: Was hätte sich in diesem Augenblick jemand gedacht, der sich darüber nicht ärgert? (Siebert 1977). In kritischen Situationen kann man dann versuchen, durch ein gezieltes inneres Selbstgespräch, durch sog. *Selbstinstruktionen* (z.B. «Da steh ich doch drüber!»), die eigenen Emotionen und Handlungsweisen zu beeinflussen.

Ergänzt werden solche Programme gewöhnlich durch weitere Komponenten wie die Selbstbeobachtung bezüglich typischer Ärgersituationen und -reaktionen (Ärgertagebuch) sowie durch Entspannungstraining. Bei Schwenkmezger et al. (1999) kommen noch verhaltensbezogene Komponenten hinzu: ein Training in schrittweisem Problemlösen, in der Regelung von Konflikten und im Mitteilen von Gefühlen (hierzu mehr in Kapitel 15). Dass solche Ärgerbewältigungstrainings effektiv sein können, ist durch Evaluationen gut belegt.

Hohe Ärgerneigung kann durchaus gravierende Folgen haben. Sie kann soziale Beziehungen belasten oder zerstören und zuweilen auch in juristische Verwicklungen münden (Körperverletzung, Sachbe-

Tafel 22: Typische Komponenten von Trainings zur Ärgerbewältigung

Auffassen und Bewerten: • Analyse eigener Denkweisen bzw. innerer Selbstgespräche • Formulierung von Neubewertungen • Selbstinstruktionen in akuten Situationen • Ärgertagebuch *Ergänzende Elemente:* • Entspannungstraining • Verhaltenstraining (zur Kommunikation etc.; s. Kapitel 15)

schädigung usw.). Weiterhin können Ärgerneigung und Feindseligkeit die Gesundheit schädigen – bis hin zum Risiko des Herzinfarktes (vgl. Schwenkmezger et al. 1999, Williams 1992). Bei manchen Menschen kann sogar eine ganz durchschnittliche Ärgerbarkeit die berufliche Tätigkeit erschweren. Erstaunlich groß ist daher der Personenkreis, der von einem Training zur Verminderung der «Ärgerbarkeit» profitieren könnte. Schwenkmezger et al. (1999) unterscheiden die Zielgruppen nach folgenden Indikationen:

– *Soziale Indikation:* Straftäter, gewalttätige Ehepartner oder Eltern, Paare mit aggressiver Interaktion, aggressive Kinder und Jugendliche, aggressive Verkehrsteilnehmer u. a.
– *Gesundheitsbezogene Indikation:* Patienten mit essenzieller Hypertonie (hohem Blutdruck), Patienten mit koronaren Herzerkrankungen, Personen mit ausgeprägtem Typ-A-Verhalten (s. S. 154 f.), manche Schmerzpatienten u. a.
– *Berufs- und tätigkeitsbezogene Indikation:* Polizeibeamte, Militärpersonal; Personen in helfenden Berufen (Sozialarbeiter usw.), Lehrkräfte, Berufskraftfahrer, Manager u. a.
– *Selbstindikation:* andere Personen mit eingeschränktem Wohlbefinden durch Ärgererlebnisse

Nur bei der sozialen Indikation geht es vorrangig um Aggressionsverminderung. Doch auch aus anderen Gründen, etwa wegen berufsbedingter Konfliktsituationen, kann man lernen wollen, sich weniger zu ärgern. Hieran wird zugleich deutlich: Nicht immer sind «irrationale» Denkweisen (s.o.) zu ändern. Für manche Anforderungen ist selbst «berechtigter» Ärger schon hinderlich, sodass hier besonders «gelassene» Bewertungen bzw. entsprechende Selbstinstruktionen hilfreich sein können.

Einflüsse durch die Umwelt

Bisher stand die Selbstbeeinflussung und Selbstveränderung im Vordergrund. Wie aber kann die Umwelt entschärfende und gelassene Bewertungsweisen fördern? Manchmal kann sie Informationen geben, die eine «Provokation» in einem anderen Licht erscheinen lassen, etwa als Missverständnis oder Resultat unglücklicher Umstände. In anderen Fällen können Mitmenschen dem Verärgerten durch einfühlsame Gespräche *Anstöße zur Selbstreflexion* geben (dazu mehr auf S. 232 f.) und zuweilen durch Rückfragen direkt darauf abzielen, dass der Gesprächspartner seine Denkweise selbst infrage stellt. Ein Beispiel (das ich Hartmut Knopf verdanke):

Kind: «Der Rudi hat mich schon wieder geärgert.»
Zuhörer: «Ja, will der denn, dass du dich ärgerst?»
Kind: «Ja, bestimmt will der das.»
Zuhörer: «Und warum tust du ihm dann den Gefallen?»

Diese Schlussfrage (die man sicher genauso an Erwachsene richten könnte) veranlasst nicht direkt eine Neubewertung der Provokation, sondern eine Umdeutung der eigenen «ärgerlichen» Bewertung. Diese wird jetzt nämlich nicht mehr als Reaktion auf ein Geschehnis betrachtet, sondern als gefällige Handlung gegenüber dem Provokateur.

Die wichtigste Aufgabe der Umwelt liegt sicher in der *Vorbeugung*. Bewertungsdispositionen werden in der Sozialisation erworben, und die Umwelt kann «Gelassenheit» fördern, indem sie z.B. «weise» Lebensregeln vermittelt und indem sie persönliche Abwertungen vermeidet, etwa das Unterstellen von bösen Absichten oder das Herabsetzen durch Tonfall und Mimik. Wenn z.B. ein Mensch «empfindlich» reagiert in dem Sinne, dass er sachliche Kritik leicht als persönlichen Angriff auffasst, so kann dies daran liegen, dass er in seiner Familie kritische Bemerkungen immer zusammen mit einem bösen Gesicht, einem anklagenden Tonfall und ähnlichen Auslösern negativer Gefühle erlebt hat (s. S. 105 zu Signallernen). Daraus ergibt sich, dass Eltern und andere Erzieher/-innen auch bei Kritik und Tadel in der Sache zugleich *Akzeptanz* gegenüber der Person ausdrücken sollten, um die Entwicklung einer ausgeprägten Ärgerneigung zu verhindern.

Viele Wertungen sind in politische, religiöse und ideologische Anschauungen eingebettet. Was z.B. als Ehrverletzung empfunden und ob diese mit einem Gewaltakt beantwortet wird, hängt stark von der jeweiligen Kultur oder Subkultur ab. Die Förderung von *Toleranz* ist jedenfalls auch ein Beitrag zur Verminderung von Ärgerbarkeit und Vergeltungstendenzen.

13.2 Weniger Schuldzuschreibungen

Subjektive Erklärungen (Attributionen) spielen eine wesentliche Rolle für das Entstehen einer Aggressionstendenz. Negative Ereignisse erregen vor allem dann Ärger, wenn man bestimmte Personen dafür verantwortlich macht. Sie gelten dann als «die Schuldigen» (eigentlich ein moralischer Begriff), und gegen sie richtet sich auch gewöhnlich das aggressive Verhalten. Für viele Situationen gilt sogar: Ohne «Schuldige» gibt es keine Aggression (instrumentelle Aggression allerdings braucht keinen Schuldigen).

Das heißt nun auch: «Ent-schuldigende» Erklärungen können aggressive Gefühle und Handlungstendenzen verhindern oder abschwächen. «Mildernde Umstände» können sowohl externe Bedingungen sein (z.B. Notlagen, Gruppendruck) als auch interne (z.B. Unvermögen, Übermüdung). Die Alltagserfahrung liefert viele Beispiele für die dämpfende Wirkung solcher Erklärungen. Der Effekt wird auch durch verschiedene Untersuchungen belegt, von denen einige bereits erwähnt wurden (z.B. Mallick & McCandless 1966, s. S. 188; Zumkley 1981, s. S. 67).

Da Schuldzuschreibungen oft Vereinfachungen, Irrtümer oder Sündenbock-Phänomene sind, können Vorsicht und Sorgfalt hier zur Aggressionsverminderung beitragen. Die Vorsicht könnte sich darin äußern, dass man folgende prüfende Fragen stellt:

Erstens: Ist das Problem wirklich allein durch das Verhalten bestimmter Personen verursacht? *Beruht es nicht vielmehr auf dem Zusammenspiel mehrerer Faktoren?* Wo mehrere Menschen ein Interaktionssystem bilden (z.B. Paar, Familie, Schulklasse, Arbeitskollegium), ist häufig das unglückliche Wechselspiel ihrer Verhaltensweisen «schuld» und nicht einzelne Personen. Leider ist eine solche komplexe Betrachtungsweise oft anstrengender als einfaches Schwarz-Weiß-Denken.

Zweitens: *Habe ich selbst einen Anteil an dem Problem?* Welchen Anteil habe ich als Mutter oder Vater an dem problematischen Verhalten des Kindes? Welchen Anteil habe ich an dem schlechten Familienklima, Betriebsklima usw.? Selbst an gesellschaftlichen Problemen hat der «Normalbürger» häufig einen Anteil, etwa durch die eigenen Lebensgewohnheiten oder politische Passivität.

Drittens: *Welchen Zwecken könnte der Verweis auf Schuldige dienen?* Neben der Selbstentlastung kommt infrage: Ein Schuldiger lenkt von anderen Problemen ab, als «gemeinsamer Feind» fördert er den Zusammenhalt untereinander, seine Existenz beendet eine lähmende Handlungsunfähigkeit (indem nun klar ist, gegen wen man vorzugehen hat), die eigene Gewissheit über die Herkunft des Bösen wird bewahrt.

Vereinfachungen, Selbsttäuschungen und Verlogenheiten zu *durchschauen* kann also ungerechten Schuldzuweisungen und Angriffen entgegenwirken. Zuweilen ist es sogar am hilfreichsten, auf die Klärung von Verantwortlichkeiten bzw. persönlicher Schuld ganz zu verzichten, um endlose Angriffe, Gegenangriffe und Rechtfertigungen zu vermeiden. Wo also die Frage *Wer ist schuld?* nur Unheil stiftet, sollte sie zumindest nicht ausgewalzt werden. Stattdessen kann die Frage *Wie lösen wir das Problem?* den Konflikt vielleicht viel schneller entschärfen und die Lage verbessern. Um Missverständnissen vorzubeugen: Dies ist kein Plädoyer dafür, Verantwortlichkeiten in Nebel aufzulösen, sondern dafür, diese Frage nicht wichtiger zu nehmen als die Lösung der Probleme.

Als besondere Form des Umgangs mit der Schuld anderer kann man das *Verzeihen* ansehen. In der Aggressionspsychologie ist es selten ein Thema gewesen, obwohl es doch so etwas wie die bewusste Aufhebung einer Aggressionsmotivation ist. Für manche Menschen, so Reinhard Tausch (1993), sind der Hass und die Vergeltungswünsche gegen andere Menschen, von denen sie sich tief verletzt fühlen (z. B. geschiedene Ehepartner), zuweilen eine jahrelange emotionale Last. Eine von Tausch angeregte Untersuchung belegt einerseits die Beeinträchtigungen, die daraus für den betroffenen Menschen selbst sowie für den Kontakt zur verhassten Person (falls dieser noch bestand) erwachsen können. Sie zeigt andererseits, dass Menschen, die vergeben, davon vielfach profitieren: Viele fühlen sich erleichtert, grübeln weniger über die Kränkungen, fühlen manchmal so etwas wie Stolz über die eigene Großzügigkeit, erleben «inneren Frieden». Darüber hinaus verbessert sich die Beziehung zu der Person, die sie verletzt hatte. Diese fühlt sich meist ihrerseits erleichtert, einige fassen gute Vorsätze für ihr künftiges Verhalten.

Für den Vorgang des Vergebens ist es nach dieser Studie wichtig, sich mit den eigenen Gefühlen und Bewertungen intensiv auseinander zu setzen. Dabei werden häufig eigene Empfindlichkeiten und der eigene Anteil an dem verletzenden Geschehen erkannt. Hilfreich ist überdies, die Gründe für das Verhalten des anderen zu verstehen. Offensichtlich ist das Vergeben also nicht ein isolierter Willensakt, sondern ein Ergebnis geistiger Arbeit, zu der das Relativieren von Schuldzuschreibungen und die Einfühlung in den «Widersacher» gehören. Ein wenig anders als Tausch würde ich das Vergeben allerdings nicht als ein «Ent-Schuldigen», als «Befreiung» eines anderen von Schuld, umschreiben. Es kann m. E. einfach bedeuten, dass das Geschehene das gegenwärtige Leben nicht mehr beherrschen soll. Auf diese Weise einen Schlussstrich zu ziehen, kann man nach Tausch ganz für sich alleine beschließen, falls eine Aussprache nicht möglich ist.

13.3 Mehr Einfühlung

Der Umgang mit Schuldzuweisungen hängt teilweise davon ab, ob man sich in die Lage eines anderen hineinversetzt. Tut man dies, erkennt man beispielsweise, dass er durch widrige Umstände in gereizter Stimmung ist, berechtigte Anliegen verfolgt, sich seinerseits provoziert fühlt, aus Unvermögen handelt – alles Erkenntnisse, die die eigenen aggressiven Gefühle mildern können. Auch kann die Einfühlung aggressionshemmende «Gegengefühle» wecken (z.B. Mitleid, Respekt). Und überdies sind leichter Konfliktlösungen zu finden, wenn man nicht nur aus der eigenen begrenzten Perspektive heraus denkt (zu Konfliktlösungen s. Kapitel 15, S. 238 ff.).

Dies alles bedeutet nicht, dass aggressives Handeln durch Einfühlung immer gebremst wird. Man kann ja z.B. auch die verletzlichen Stellen eines Menschen erspüren und dies dazu benutzen, ihn besonders wirksam zu treffen oder zu überlisten. Doch in der Gesamttendenz wird durch Einfühlung aggressives Verhalten eher gehemmt und prosoziales gefördert (vgl. Miller & Eisenberg 1988, Staub 2003). So verwundert es nicht, dass die Förderung von Einfühlung häufig als ein Weg zur Aggressionsverminderung vorgeschlagen wird. Wie kann dies aussehen?

Ein gutes Beispiel ist das Programm, das Norma und Seymour Feshbach (1982, N. Feshbach 1983) mit Kindern von 8 bis 11 Jahren, darunter auffällig aggressiven, erprobt haben. Es richtet sich im Wesentlichen auf zwei Aspekte von Einfühlung, nämlich (1) das *Erkennen von Gefühlen* und (2) das *Einnehmen der Perspektive einer anderen Person.* Das Training wurde in Gruppen von 4 bis 6 Kindern durchgeführt und umfasste 30 Sitzungen von 45 Minuten, verteilt über 10 Wochen. Selbstverständlich wurden die Lernvorgänge in einen interessanten und abwechslungsreichen Ablauf eingebettet. Das Erkennen von Gefühlen übten die Kindern unter anderem anhand von Fotos mit Gesichtern, Gesprächsszenen vom Tonband, pantomimischen Darbietungen im Videofilm sowie dem Darstellen und Erraten von Gefühlen im Rollenspiel. Das Betrachten von Dingen aus der Perspektive eines anderen sollte durch Aufgaben und Spiele wie die folgenden gefördert werden: sich vorstellen, wie die Welt aus einer anderen Wahrnehmungsperspektive aussehen würde (z.B. «wenn du eine kleine Katze wärst»), Nachdenken über die Vorlieben nahe stehender Personen («Welches Geschenk würde deinem Vater, deiner Schwester usw. eine Freude machen?»), Nacherzählen von Geschichten aus den Blickwinkeln der darin vorkommenden Personen, Rollenspiele in mehreren Durchgängen mit Tausch der jeweiligen Rollen, Betrachten der eigenen Person «von außen» anhand von Video-Aufnahmen.

Das Trainingsprogramm führte zu einer deutlichen Verminderung von aggressivem und einer Steigerung von kooperativem und helfendem Verhalten (unter anderem nach dem Urteil von Lehrern und Mitschülern). Allerdings zeigte sich bei einer Vergleichsgruppe, die sich mit interessanten Sachproblemen beschäftigte, ebenfalls eine Aggressionsverminderung, wenn auch keine Zunahme des prosozialen Verhaltens. Schon das positive Gruppenerlebnis, so die Autoren, hatte offenbar eine gewisse Wirkung.

Bemerkenswert ist sicherlich, dass die Verhaltensänderungen durch Aktivitäten erzielt wurden, die gar nicht direkt mit aggressivem Verhalten und Hilfeleistung zu tun hatten. Und wenngleich die Aggressionsverminderung in dieser Untersuchung nicht eindeutig der verbesserten Einfühlung zugeschrieben werden konnte, sind die Trainingsmethoden doch sicherlich von großem Interesse für viele pädagogische Praxisfelder.

Die Förderung von Einfühlung ist eine typische Komponente von präventiven Programmen zum sozialen Lernen in der Schule (z.B. Cierpka 2001, Petermann et al. 1999), aber auch von therapeutischen Konzepten. So wird in dem Training mit aggressiven Kindern (Petermann & Petermann 2001) das Erkennen von Gefühlen sowie von Gründen für Ärger und Wut unter anderem anhand von Filmszenen geübt.

Einfühlung braucht und übt man auch in der *partnerzentrierten Gesprächsführung*, die sich aus der klientenzentrierten Psychotherapie von Carl Rogers (1951/1972) herleitet und mit Thomas Gordon (1972/1996) auch als *aktives Zuhören* bezeichnet wird (vgl. auch

Schwäbisch & Siems 1974, Tausch & Tausch 1998). Man stellt die eigenen Gedanken zurück und konzentriert sich stattdessen ganz auf das Erleben des Gesprächspartners – auf seine Gefühle, Wünsche, Zweifel usw. Diese versucht man zu verstehen und in eigenen Worten wiederzugeben. Beispiele:

- «Du fühlst dich da also zurückgesetzt.»
- «Kam es dir so vor, als wollte ich dich an einer empfindlichen Stelle treffen?»
- «Es widerstrebt Ihnen, sich so unter Kontrolle zu halten.»

Wohlgemerkt, es geht nicht um ein bloßes Wiederholen des Gesagten, sondern um ein Aufgreifen der wichtigen Empfindungen, um das Bemühen, *mitzudenken* und *mitzuerleben.*

Eine Parallele zum aktiven Zuhören bzw. zur partnerzentrierten Gesprächsführung sind übrigens die sog. Ich-Botschaften, das Mitteilen der eigenen Empfindungen (vgl. S. 193). Vermutlich wirkt sich überhaupt das Sprechen über innere Vorgänge, ob eigene oder fremde, günstig auf die Entwicklung der Einfühlungsfähigkeit aus.

13.4 Relativierung eigener Ziele und Werte

Es gibt zahlreiche materielle und immaterielle Güter, für deren Erlangung aggressives Verhalten eingesetzt wird: Geld, Macht, Prestige usw. Als «Anreize» können sie somit indirekt auch Aggressionsanreger werden. Aber sie sind es nicht von sich aus, sondern nur, wenn Menschen eine entsprechende «Anregbarkeit» mitbringen, d.h., wenn sie diese Güter erstrebenswert finden. Es müsste also zu einer Verringerung des instrumentell-aggressiven Verhaltens eines Menschen führen, wenn er die entsprechenden Anreize nicht mehr so hoch bewerten würde. In diese Richtung deutet z.B. ein Vergleich von dreißig kleinen Kulturen, aus dem sich unter anderem ergibt, dass im Allgemeinen in den aggressiven Kulturen Eigentum eine größere Rolle spielt als in den wenig aggressiven (Fromm 1974; s. Kapitel 4).

Doch welche Schlüsse kann man aus solchen Überlegungen ziehen? Haben jene Menschen Recht, die dazu auffordern, nicht nach Besitz und Macht zu streben? Wäre in Industriegesellschaften die Geringschätzung von Eigentum überhaupt möglich (so wie in manchen abgeschiedenen Kulturen)? Und ist Besitz als solcher denn überhaupt das Problem oder nicht vielmehr seine ungleiche Verteilung?

Hierzu gibt es sicherlich viele kontroverse Antworten. Doch ist vermutlich kaum strittig, dass aggressives Handeln nicht schon entsteht, wenn Menschen nach Besitz, Macht oder Ruhm streben, sondern wenn sie dies *ohne Rücksicht auf andere Werte* tun! Es kommt also nicht darauf an, bestimmte Motive gar nicht zu haben, sondern sie nicht «übermächtig» werden zu lassen. Wem z. B. Macht «alles» bedeutet, der wird eher dazu neigen, Aggression als Machtmittel einzusetzen. Wem aber Macht nichts bedeutet, der wird anderen die Herrschaft überlassen und selbst ohne Einfluss bleiben. Eigene Interessen zu vertreten und andere Menschen beeinflussen zu wollen ist also sinnvoll, solange man gleichzeitig die Unversehrtheit und Freiheit anderer achtet. Gelernt werden muss daher, ein solches *Gleichgewicht* zu wahren.

All dies sind sicher schlichte und selbstverständliche Wahrheiten, aber ausklammern kann man sie beim Thema Aggressionsverminderung nicht. Dabei liegt es natürlich jenseits empirischer Wissenschaft, über «richtige» Lebensziele und Wertordnungen zu urteilen. Sie sind letztlich Ansichtssache. Erforschen lässt allerdings die Frage, wie Werthaltungen erworben und verändert werden. Speziell zu Werthaltungen gegen aggressives und für prosoziales Verhalten werden in Kapitel 14 (S. 224 f.) einige förderliche Erziehungsbedingungen erläutert.

Eine allgemeine Auseinandersetzung mit Werten wird häufig durch Gespräche angestoßen, und dabei können Fragen hilfreich sein, wie sie von Raths et al. (1976) für die «Wertklärung» im Unterricht entwickelt wurden:

- «Wie wirkt sich diese Idee auf dein tägliches Leben aus?»
- «Ist das, was du zum Ausdruck bringst, vereinbar mit …»
- «Ist diese Vorstellung so gut, dass jeder sie aufnehmen sollte?»
- «Woher weißt du, dass es richtig ist?»

Auch außerhalb des Unterrichts eignen sich solche Fragen natürlich genauso für die Selbstreflexion bzw. Selbsterziehung.

Freilich darf man nicht nur die *individuelle* Ebene ins Auge fassen. Denn viele Wertorientierungen ergeben sich aus *gesellschaftlichen* Bedingungen wie dem Wirtschaftssystem, der politischen Ordnung oder den religiösen Traditionen. Das soll nicht heißen, dass sich zuerst «die Gesellschaft» ändern muss, ehe man über sich selbst nachdenkt. Doch der Einzelne stößt natürlich an Grenzen. Wenn etwa die Wertschätzung der «freien Entfaltung des Tüchtigen» zu wirtschaftlichem Machtmissbrauch führt, so müssen gesellschaftliche Regelungen die Schwachen schützen; persönliche Überzeugungen dürften da kaum ausreichen. Manchmal gelingt es organisierten Bewegungen, herrschende Prinzipien infrage zu stellen und anderen Werten neues Gewicht zu geben. Beispielsweise finden Menschenrechte und Umweltschutz in vielen Ländern heute größere Beachtung als vor wenigen Jahrzehnten.

Vor einer Gefahr ist allerdings zu warnen: So manche Erneuerungsbewegung hat zwar die alten Fehler richtig gesehen, aber mit derselben Einseitigkeit die eigenen Prinzipien als endgültigen Weg zur Weltverbesserung verabsolutiert und für deren Durchsetzung «vorübergehende» Gewaltanwendung gerechtfertigt. Die Geschichte ist voll von Beispielen dafür, dass der unbegrenzte Wille zur Durchsetzung des «Guten» die Hölle auf Erden schaffen kann.

13.5 Skepsis gegenüber aggressiven Modellen

Auch aggressive Modelle und Signalreize zählen zu den Aggressionsanregern. Entgegenwirken könnte in diesem Fall eine Haltung, die man summarisch als «Skepsis» bezeichnen mag.

Im Prinzip sind die meisten Menschen ohnehin nicht nur skeptisch, sondern sogar ablehnend gegenüber aggressivem Verhalten anderer Menschen – jedenfalls, soweit Mitglieder einer gegnerischen Gruppe es tun oder überhaupt Menschen, die man nicht mag. Ganz anders ist dagegen meist die Haltung gegenüber Mitgliedern der eigenen Bezugsgruppe. Da kann man (z. B. auf politischen Kundgebungen) immer wieder beobachten, dass der Beifall umso lauter erschallt, je aggressiver die Sprüche des Redners sind. Überdies haben aggressive Vorbilder zuweilen auch ihre anziehenden Seiten und finden deshalb Nachahmer (das galt z. B. für einen Demagogen wie Hitler).

Die Skepsis, auf dic cs ankommt, hat sich also gerade unter zwei erschwerenden Bedingungen zu bewähren:

- gegenüber aggressiven Vorbildern aus der eigenen Gruppe,
- gegenüber aggressiven Modellen mit charmanten und bewundernswerten Seiten.

Dies gilt nicht nur in der Politik, sondern ebenso im sozialen Nahraum. Wie bewerten es z. B. Schulkinder, wenn ihr Lehrer oder der Klassenstar einen Außenseiter in der Schulklasse herabsetzt oder wenn Ähnliches im Betrieb oder Arbeitskollegium geschieht?

Eine Sorge vieler Erzieher sind die aggressiven Modelle in *Film und Fernsehen*. Wie früher betont (S. 91 f.), ist ihre Wirkung entscheidend von der Person des Empfängers abhängig, von seiner Reflexion und Bewertung (vgl. Kleiter 1997). Dies bedeutet unter anderem, dass jemand, der Gewalt im Film unrealistisch und/oder inakzeptabel findet, sie allenfalls als unterhaltsam, aber nicht als nachahmenswert ansehen wird. Wie kann man nun eine solche Einstellung gezielt fördern? Hierzu eine Untersuchung, die die Verarbeitung der Mediengewalt zu beeinflussen versuchte:

Bei Grundschulkindern mit großer Vorliebe für Gewalt im Fernsehen versuchten Huesmann et al. (1983) in wenigen Stunden eine kritischere Einstellung gegenüber Filmen zu wecken. In einem ersten Experiment (mit drei Sitzungen) sahen die Kinder einen Filmausschnitt und diskutierten anschließend. Dabei stellte der Versuchsleiter der Gewalt des Filmhelden eine andere Version der Geschichte gegenüber, wie nämlich «normale» Menschen solche Probleme lösen würden, und er regte die Kinder an, sich selbst realistischere Problemlösungen auszudenken. Diese Maßnahmen blieben jedoch ohne erkennbare Wirkung auf aggressives Verhalten sowie auf die Einschätzung des Realitätsgehaltes der Fernsehsendungen (der allerdings von den Kindern schon vorher recht gering eingeschätzt wurde).

In einem zweiten Experiment wurden die Kinder eingeladen, bei der Herstellung eines Filmes mitzuhelfen, der angeblich in einer anderen Stadt (Chicago) Kindern gezeigt werden sollte, die «durch Fernsehen irregeführt» wurden oder «wegen Nachahmung von Fernsehgewalt in Schwierigkeiten geraten» waren. Es folgte die Bemerkung, dass «ihr natürlich besser Bescheid wisst und nicht glaubt, was ihr im Fernsehen seht, und auch wisst, dass das Nachahmen was Schlechtes ist». Die Kinder trafen sich zweimal in einer Kleingruppe von 4 bis 10 Kindern und sollten (unter Anleitung) auf drei Fragen Antworten formulieren: «Warum Fernsehen nicht wie das wirkliche Leben ist», «Warum es schlecht ist, Gewalt im Fernsehen nachzuahmen» und «Warum es für Kinder schlecht ist, zu viel fernzusehen». Hierzu schrieben sie Aufsätze oder kommentierten eine bekannte Filmserie und trugen dies später vor der Kamera vor.

Wie die Erfolgskontrolle (auch nach 4 Monaten) zeigte, führte dieses «Training» dazu, dass die Kinder mehr Gefahren des Fernsehens sahen und viele sich auch weniger aggressiv *verhielten* (nach Urteil von Mitschüler). Der Fernsehkonsum blieb zwar erhalten, stand aber nicht mehr in einem Zusammenhang mit der Aggressivität.

Dieses gründliche Experiment zeigt, auf welche Wirkfaktoren es ankommt, wenn man in wenigen Stunden gegenüber Mediengewalt «immunisieren» will. Man muss, wie im zweiten Experiment, die Rezipienten zu aktivem Handeln veranlassen: und zwar zu einer freiwilligen, selbst formulierten Meinungsäußerung für eine verantwortungsvolle Aufgabe.

Maßnahmen nach Art des ersten Experiments, insbesondere Stellungnahmen und Diskussionen, haben wohl nur als langfristige Einflussnahme eine Chance. Die ist im Elternhaus und, in geringerem Maße, in der Schule durchaus möglich. Und hier ist nun ein mehrfach bestätigter Befund von Interesse: Es ist ein Unterschied, ob Kinder eine Fernsehsendung alleine anschauen oder mit Eltern, die sich dazu äußern. Die *Kommentare* der Eltern bestimmen wesentlich mit, wie die Kinder die Sendung verarbeiten (vgl. Greenfield 1987). Hier liegt eine Chance, Kinder frühzeitig zu einer skeptischen Einstellung zu erziehen. Auch Selg (1997) empfiehlt, sich für Kinder Zeit zu nehmen, als Ansprechpartner in der Nähe zu bleiben und im Übrigen ein positives Modell zu bieten: nämlich für kritisches Auswählen statt wahllosen Konsum.

14 Ansatzpunkt: Aggressionshemmungen

Wohl jeder möchte manchmal einen anderen Menschen «zur Schnecke machen» – und tut es dann doch nicht. Der Grund hierfür ist eine Aggressionshemmung, eine Gegentendenz zur Aggressionstendenz. Um der begrifflichen Klarheit willen sollte man nicht von «Hemmung» sprechen, wenn jemand gar keine Aggressionstendenz verspürt, sondern nur, wenn neben einer Motivation *für* auch eine *gegen* aggressives Verhalten vorliegt. Ging es im vorangehenden Kapitel um die Schwächung der Für-Motivation, so geht es jetzt um die Stärkung der Gegen-Motivation.

Von allen Ansätzen zur Aggressionsverminderung wird das Erzeugen von Hemmungen faktisch wohl am häufigsten praktiziert. Eltern bestrafen ihre Kinder, und Gerichte bestrafen Kriminelle, damit die Bestraften «es nicht wieder tun». Oder Menschen werden belehrt, dass man anderen nicht schaden oder wehtun soll – in der Hoffnung, dass sie diese Bewertung übernehmen. Man versucht also, den Menschen beizubringen, wie sie sich *nicht* verhalten sollen, und dies entspricht der menschlichen Neigung, eher bei «Störungen» als bei problemlosem Verhalten aufmerksam zu werden und dann *dagegen* zu handeln. Obwohl die Wirksamkeit dieses Ansatzes oft weit hinter den Erwartungen zurückbleibt, ist doch die Förderung von Hemmungen, insbesondere von hemmenden Werthaltungen, ein unverzichtbarer Beitrag zur Aggressionsverminderung.

14.1 Vom Strafen und Stoppen

In vielen Situationen unterlassen Menschen aggressives Verhalten, weil sie unangenehme Konsequenzen fürchten, z. B. Tadel, böse Blicke, Schläge, Geldstrafen oder Rausschmiss. Die Hemmungen sind meist besonders groß gegenüber Stärkeren, z. B. Vorgesetzten oder Autoritäten.

Wirkungen und Nebenwirkungen

Es kann kein Zweifel bestehen, dass Bestrafungen aggressives Verhalten hemmen *können*, aber wie wirksam und zu welchem Preis?

Zunächst zur *Wirksamkeit*. Häufig ist sie sowohl situativ wie zeitlich begrenzt. So vermeiden manche Kinder aggressives Verhalten im Elternhaus, wenn es dort bestraft wird, während sie außerhalb der Familie sehr aggressiv sein können (Bandura & Walters 1959; Eron et al. 1963). In interessanten Polizeiprojekten, über die Berkowitz (1993, S. 315 ff.) berichtet, zeigte sich: Wurden gewalttätige Ehemänner direkt nach der Tat für einige Stunden bis einige Tage inhaftiert, wurden sie in den folgenden sechs Monaten seltener rückfällig, als wenn die Polizei im Ehestreit lediglich zu vermitteln suchte; der Effekt verlor sich allerdings später wieder.

Das heißt: Oft wird aggressives Verhalten nur vorübergehend unterlassen und tritt wieder auf, wenn Strafen ausbleiben; oder es wird dort unterlassen, wo es bestraft wird, nicht aber in anderen Situationen. Die Strafen unterdrücken das aggressive Verhalten, sie «löschen» es aber nicht. Dies alles spricht nicht grundsätzlich gegen Bestrafungen, denn auch begrenzte Wirkungen können zuweilen wertvoll sein! Nur: Die Wirkung ist eben meist geringer, als die Strafenden erwarten – manchmal ohne dass sie das merken, sofern nämlich das Verhalten nun geschickter verborgen wird.

In manchen Fällen ist so gut wie gar keine Wirkung zu erwarten. Das gilt vor allem dann, wenn dem Strafrisiko ein *hoher Anreiz* gegenübersteht, z. B. hohe Gewinne oder die Bewunderung durch wichtige Mitmenschen usw. Baron & Richardson (1994, S. 326) erwähnen den Drogenhandel und fragen: Auf welchen anderen Wegen können arbeitslose junge Menschen jemals solche Summen verdienen? Hier werden selbst hohe Strafen (durch Gerichte oder konkurrierende Banden) gewöhnlich wenig ausrichten. Umgekehrt werden Strafandrohungen selbst bei geringen Anreizen ohne Wirkung bleiben, wenn die Strafe sehr milde ist oder man kaum befürchten muss, überhaupt erwischt zu werden (Beispiel: Temposünder). Im Übrigen ist daran zu erinnern, dass bei *Vergeltungs*aggression oft alle rationalen Erwägungen außer Acht bleiben und sie ohne Rücksicht auf die eigenen Risiken ausgeübt wird. All dies relativiert die Wirksamkeit von Bestrafungen.

Davon abgesehen kann die beabsichtigte Wirkung, manchen Medikamenten vergleichbar, oft nur zum Preis *unerwünschter Nebenwirkungen* erkauft werden. So ist es im Erziehungsbereich ein Problem, dass viele Arten der Bestrafung (z.B. Schlagen oder Beschimpfen) selbst ein aggressives Modell für den Umgang mit Konflikten bieten. Wird die Strafe als ungerecht empfunden, so weckt sie überdies heftigen Groll und Vergeltungswünsche und beeinträchtigt die Beziehung zu den Erziehungspersonen. All dies wirkt dem aggressiven Verhalten nicht entgegen, sondern fördert es eher. Manchmal führen sehr «massive» Bestrafungen aber auch zu einer gegenteiligen und ebenfalls problematischen Entwicklung, nämlich zu ausgeprägter Gehemmtheit.

Nun ist zu fragen: Gibt es nicht doch Bestrafungen, die wirksam und ohne Nebenwirkungen sind? Zunächst einmal gelten die engen Grenzen der Wirksamkeit für «Bestrafung und nichts weiter» (Fürntratt 1974, S. 388). Denn *zusammen* mit anderen Maßnahmen, vor allem mit dem «Belohnen» des erwünschten Verhaltens, können manche Bestrafungen durchaus ihre Funktion erfüllen. Des Weiteren können Bestrafungen viel erfolgreicher wirken, wenn sie nicht gegen bereits erworbene Verhaltensgewohnheiten eingesetzt werden, sondern diese *frühzeitig* verhindern, wenn sie also Bestandteil einer präventiven Erziehung sind.

Erzieherische Möglichkeiten

Will man in der Erziehung die vorgetragenen Gesichtspunkte berücksichtigen, so ergeben sich einige Konsequenzen für einen vernünftigen Umgang mit Strafen. Zunächst sollte die *Art* der Bestrafung wenig aggressiv sein und keine Angst erzeugen! Am besten sind daher «natürliche Konsequenzen» sowie der Entzug von Belohnungen und Vergünstigungen. Beispiele: Wiedergutmachung oder Schadenersatz – deutlicher Tadel – momentane Abwendung (z.B. bei Nörgeleien oder Wutausbrüchen) – kurzfristiger Ausschluss («Strafbank») – Abzug von Taschengeld, Fernsehzeit usw. Ein Tadel sollte sich überdies nicht gegen die Person richten (Herabsetzung als «böses Kind»), sondern gegen ein konkretes Verhalten («Du sollst deine Schwester nicht schlagen»).

Auch zeitliche Aspekte sind wichtig. Die Bestrafung sollte schnell folgen, nach Möglichkeit schon, bevor das Verhalten zum Erfolg führt, oder unmittelbar nach der «Tat» (nicht etwa, «wenn der Papa nach Hause kommt»). Sie sollte auch sofort wieder aufhören, sobald das Verhalten sich ändert (und nicht etwa durch stundenlange böse Blicke fortdauern). Überdies sollte sie möglichst immer erteilt werden, sodass sie fest zu erwarten ist und nicht willkürlich erscheint.

Die Bestrafung sollte *nie für sich allein* stehen. Sie sollte *begründet* werden, damit Regeln des Zusammenlebens verstanden und aus eigener Einsicht befolgt werden, wenn keine strafende Person in der Nähe ist. Und sie sollte mit der *Förderung* von erwünschtem Verhalten verbunden werden: mit positiven Modellen, mit Vorschlägen, mit Anreizen. Denn Strafen allein können lediglich mitteilen, welches Verhalten nicht gezeigt werden soll, aber sie lehren nicht, welches Verhalten stattdessen gezeigt werden soll.

In vielen Fällen reichen fördernde Maßnahmen völlig aus, sodass Bestrafungen nicht einmal als ergänzendes Element nötig sind. Ganz vermeiden lassen sie sich aber kaum bei Kindern, bei denen sich aufgrund eines lange bestehenden familiären Interaktionsstils aggressive Verhaltensmuster verfestigt haben (Patterson 1982; mehr dazu auf S. 280).

Tafel 23: Bestrafung in der Erziehung: einige Regeln

- Form: Entzug von etwas Positiven, «natürliche» Konsequenzen, Tadel
- Konkretes Verhalten tadeln, nicht die «Person»
- Sofort und regelmäßig bestrafen
- *Zugleich:* Begründungen; Anreize, Resonanz für erwünschtes Verhalten

  Statt Bestrafung eventuell
- Verhalten stoppen
- Verhalten ignorieren (nur in harmlosen Fällen)

In harmlosen Fällen kann anstelle einer Bestrafung auch das Ignorieren oder das Stoppen das unerwünschte Verhalten abbauen helfen (vgl. Nolting & Paulus 2004). *Ignorieren* heißt: das Verhalten übergehen und sich anderen Dingen zuwenden. Entscheidend ist dabei, dass das aggressive Verhalten keinen Erfolg einbringt, sondern einfach ins Leere läuft. Ausreichend ist dies besonders dann, wenn das Verhalten darauf abzielt, Beachtung zu erlangen oder einen Wunsch durchzusetzen. Ignorieren kann man z. B. Wutausbrüche, Jammern, Nörgeleien, Kraftausdrücke, harmlose Attacken gegen Erwachsene oder überlegene Kinder. *Nicht* ignorieren kann man Angriffe gegen schwächere Kinder, das Zerstören von Eigentum, Waffengebrauch usw.

Das *Stoppen* des Verhaltens ist «mehr» als ein Ignorieren, aber ebenfalls keine Bestrafung. Beispiele: Man sagt deutlich «Schluss jetzt» – man signalisiert «Stopp», indem man die Hand auf die Schulter legt – man hindert ein Kind am Schlagen, indem man den Arm festhält oder sich schützend vor das Opfer stellt – man nimmt einen gefährlichen Gegenstand weg – man beendet eine Keilerei, indem man die Streithähne trennt.

Die Beispiele zeigen den Unterschied zur Bestrafung: Es wird weder etwas Unangenehmes zugefügt noch etwas Vorteilhaftes entzogen. Dennoch kann das Stoppen mehrere hilfreiche Funktionen ausüben. Im *akuten* Moment macht es das aggressive Verhalten zu einem Fehlschlag, und es ermöglicht die Unterbrechung einer Interaktion, die sonst vielleicht wie ein Schwungrad weiterlaufen oder eskalieren würde. *Langfristig* kann wiederholtes Stoppen der Entwicklung aggressiver Gewohnheiten vorbeugen oder sie abbauen helfen. Denn es fördert die Erwartung von Widerstand, und es sendet eine Botschaft aus: Hier ist die Grenze des Erlaubten. Insofern vermittelt es auch soziales Wissen und soziale Wertungen und bildet somit einen Übergang zur Förderung von Werthaltungen.

14.2 Einstellungen und Selbstbewertungen

Auch ohne negative Reaktionen der Umwelt vermeiden Menschen aggressives Verhalten, wenn sie sich von Einstellungen leiten lassen, die es ihnen «verbieten». Wer nach den eigenen moralischen Normen eine aggressive Handlung als «falsch» bewertet und sie tatsächlich unterlässt, wird mit sich zufrieden sein. Wer sie trotzdem ausführt, weil andere Kräfte stärker sind, bekommt Schuldgefühle («schlechtes Gewissen»). Anders als bei der Strafe ist also die *Selbstbewertung*, nicht die Fremdbewertung der entscheidende Punkt. Und die hängt eben davon ab, welche Werte man hochhält.

Keine Aggression – eine Norm mit vielen Ausnahmen

Auch bei moralischen Hemmungen stellt sich die Frage nach der Wirksamkeit. In einem wichtigen Punkt sind sie wirksamer als Angst vor Strafe: Sie wirken auch dann, wenn man ohne Risiko aggressiv sein könnte. Aber: Andere Kräfte können die Hemmungen überwinden, z. B. akute Affekte oder Befehle von ranghöheren Personen, und die antiaggressiven Einstellungen lassen gewöhnlich viele Ausnahmen zu. Beispiele: Man greift nicht als Erster an, darf aber zurückschlagen; man schlägt Schwächere nicht, ausgenommen ungezogene Kinder; man darf Gewalt nicht für egoistische Ziele ausüben, wohl aber für eine «gute Sache».

Die Schwachstelle moralischer Hemmungen sind also die vielen Ausnahmen, in denen aggressives Handeln doch gerechtfertigt erscheint. Es sind vor allem folgende Denkweisen, mit denen man die Hemmungen *außer Kraft setzt* (zum Teil nach Bandura 1973): höhere Zwecke («Erziehung zu einem anständigen Menschen», «Heiliger Krieg»), Schuld des Opfers («Gegengewalt», «gerechte Strafe»), Minderwertigkeit des Opfers («Untermenschen», «Ungeziefer»), Bagatellisierung des Schadens («Eine Tracht Prügel hat noch niemandem geschadet») sowie Vergleiche, die die eigene Aggression verkleinern («Was XY gemacht hat, war viel schlimmer!»). In anderen Fällen wird nicht die Tat als solche gerechtfertigt, sondern die eigene Verantwortung bestritten; verantwortlich ist z.B. der Vorgesetzte, «die Gruppe», «die Gesellschaft» usw.

Auch ohne ein bewusstes Abstreiten von Verantwortung kann *sozialer Druck* die eigenen Werthaltungen auf eine harte Probe stellen. Die Rolle von Zuschauern sowie die Besonderheiten kollektiver Aggression kamen bereits zur Sprache (s. S. 113, S. 140f.). Wenn gar persönliche Vorbilder, offiziell Verantwortliche (die es ja «wissen» müssen) oder zahlreiche Gruppenmitglieder die Gewalthandlungen rechtfertigen, kann dies die Gewissheit über die Richtigkeit der eigenen Einstellung zumindest erschüttern. Und selbst wer an seiner Überzeugung festhält, macht vielleicht dennoch mit – aus Angst, alleine dazustehen, oder aus einem Gefühl der Verpflichtung gegenüber einer Autorität. Autonomie ist also zuweilen entscheidend für die Unterlassung einer aggressiven Handlung. So zeigte sich in Milgrams Gehorsams-Experimenten (vgl. S. 143), dass die Verweigerer sich selbst ein höheres Maß an Verantwortung für das Geschehen zuschrieben als die Gehorsamen (Milgram 1974, ähnlich Schurz 1985).

Aus alledem ergibt sich, dass für die Förderung aggressionshemmender Einstellungen zwei Ziele von großer Bedeutung sind: (1) Es ist wichtig, die gängigen Rechtfertigungen zu *durchschauen* und sie mit Skepsis zu betrachten. (2) Es ist wichtig zu lernen, sich mit seinen Einstellungen auch *gegen den Druck* anderer Personen zu behaupten.

Allerdings kann sicher kein vollkommener Konsens über die «richtigen» Normen erreicht werden. Hier geht es nicht um Wissenschaft, sondern um persönliche Wertungen. Meinen eigenen Standpunkt zur Frage, welches Verhalten vertretbar und welches unzulässig ist, möchte ich kurz erläutern. Ich denke, dass nicht jedes aggressives Verhalten zu verdammen ist, aber manche Varianten durchaus.

Nicht sehr streng sollte man m.E. mit Unmutsäußerungen sein, die keine gezielten Herabsetzungen enthalten (s. S. 127), wenngleich auch hier gegenüber Schwächeren, etwa Kindern, Selbstkontrolle durchaus angebracht ist. Vertretbar halte ich vor allem persönliche *Notwehr* (oder *Nothilfe* für andere), wobei ich darunter nur die Befreiung aus einer akuten Gefahr für Leib und Leben verstehe – *nicht* aber Racheakte, die leider sowohl im persönlichen wie politischen Bereich oft als «Sichwehren» gerechtfertigt werden. Überhaupt finde ich reine Vergeltungsakte schwer vertretbar. Emotional sind sie zwar oftmals durchaus verständlich; doch wie lassen sich Handlungen rechtfertigen, die kein anderes Ziel haben, als es einem anderen irgendwie heimzuzahlen? Nicht akzeptabel finde ich gewöhnlich auch Erlangungs-Aggression, außer vielleicht in Notsituationen, in denen es ums blanke Überleben geht (Grundnahrungsmittel u. dgl.) und andere Auswege verschlossen sind. Und völlig unzulässig finde ich natürlich das Schikanieren, sadistische Gewalt und andere Varianten von Lust-Aggression.

Es gibt aber immer wieder schwer entscheidbare Grenzfälle, die Zweifel und moralische Konflikte auslösen und von Neuem die «ewigen» Wertfragen aufwerfen: Wie hoch ist die Unversehrtheit von Menschen anzusetzen, oder welcher höhere Zweck «erlaubt» es, sie zu verletzen?

Moralische Erziehung

Menschen unterscheiden sich nicht nur in ihren Standpunkten zu solchen Grundsatzfragen. Sie unterscheiden sich vor allem in den Aggressionshemmungen, die ihr alltägliches Verhalten mitbestimmen (s. Kapitel 9), und es stellt sich die Frage, auf welche Weise Werthaltungen gegen aggressives Verhalten gefördert werden können.

Sehr wesentlich ist hier die *familiäre Sozialisation,* und die förderlichen Einflüsse dabei sind offenbar ganz ähnlich wie für die Entwicklung prosozialer, humaner Neigungen bzw. entsprechenden moralischen Orientierungen (vgl. Eisenberg & Fabes 1998, Montada 2002, Staub 2003). Zwar ist es möglich, dass jemand eine starke Tendenz hat, Angriffe gegen andere zu vermeiden, aber nur eine schwache Tendenz, anderen zu helfen – oder umgekehrt. Doch faktisch ist offenbar beides häufig miteinander verbunden, sozusagen als zwei Seiten der «Verantwortung für die Mitmenschen», und oft wird beides in der Erziehung gemeinsam gefördert. Dies zeigte sich unter anderem schon in einer Untersuchung an jungen Amerikanern, die sich der Einberufung zum Vietnamkrieg widersetzten (Mantell 1972). Sie lehnten nicht nur die Gewalt ab, sondern waren auch sozial engagiert.

Im Einzelnen werden in der Forschung die folgenden förderlichen Sozialisationseinflüsse besonders häufig erwähnt. Da ist vor allem das *Vorbild* der Eltern und anderer Personen für Rücksichtnahme und Fürsorge für andere Menschen sowie eine ausdrückliche Betonung humaner Werte. Typisch ist auch eine emotional warme Beziehung zu diesen Personen; sie stärkt ihren Einfluss als Modell. Günstig ist weiterhin die Teilnahme des Kindes an helfenden Aktivitäten.

In Erziehungskonflikten markieren die Eltern die Grenzen des Erlaubten, begründen dem Kind die Regeln des menschlichen Zu-

Tafel 24: Erzieherische Förderung humaner Werthaltungen

- Elterliches Vorbild; Betonung humaner Werte
- Positive emotionale Eltern-Kind-Beziehung
- Bei Fehlverhalten: Opferbezogene Reaktionen, Erklärungen
- Anregung zur Einfühlung in andere
- Ermunterung zu eigenständigem, selbstverantwortlichem Handeln

sammenlebens und lösen die Konflikte vornehmlich durch Argumentation. Von besonderem Interesse sind hier *opferbezogene Reaktionen*: Die Erzieher lenken die Aufmerksamkeit auf die Folgen, die das Fehlverhalten für andere Menschen hat, insbesondere für ihre Gefühle («Jetzt ist das Kind ganz traurig, weil du ...»), und regen eventuell eine Entschuldigung oder Wiedergutmachung an. Martin Hoffman (1975), der dieses Erziehungsprinzip erforscht hat, bezeichnet es auch als Induktion. Es fördert nach Hoffman eine Moral, die er als «humanistisch-flexibel» bezeichnet und die den Schutz von Menschen, nicht von abstrakten Werten in den Mittelpunkt stellt. Gerhard Steiner (2001) spricht auch von «affektivem Erklären», wenn Erzieher die Gefühle anderer Menschen zum Thema machen. Das Kind lernt, dass es getadelt wird, wenn es die Gefühle missachtet. Jenseits von Anlässen mit Fehlverhalten kann auch auf andere Weise die Einfühlung in andere Menschen gefördert werden (s. S. 209).

Von Bedeutung ist weiterhin die Ermunterung zu *selbstverantwortlichem*, eigenständigem Handeln. Hierzu gehören z. B. das Übertragen von Aufgaben mit Entscheidungsspielraum, die Respektierung von Meinungen und die elterliche Unterstützung der Kinder und Jugendlichen, wenn sie aus moralischer Überzeugung «gegen den Strom» schwimmen. Dies kann insbesondere für Widerstandsfähigkeit gegenüber Aufforderungen und Befehlen zur Gewaltausübung von Bedeutung sein.

Solche Umwelteinflüsse sind förderlich für ein verantwortungsvolles Verhalten, zu dem auch moralische Aggressionshemmungen gehören. Eine Festlegung auf ganz bestimmte inhaltliche Ausrichtungen ist mit ihnen aber nicht verbunden. Denn in konkreten Situationen lässt sich «Verantwortung» oder «Schutz von Mitmenschen» zuweilen auch unterschiedlich auslegen. So können zwei Menschen, die beide eine ausgeprägte Tendenz zu persönlicher Aggressionsvermeidung und zur Ablehnung von politischer Gewalt entwickelt haben, sich in gewissem Grade darin unterscheiden, *welche* «höheren Werte» für sie besondere Bedeutung haben und welche Ausnahmen vom Gewaltverbot sie akzeptieren.

Ein besonderes Problem sind Menschen, die in ihrer Sozialisation eine positive Einstellung zu Gewalt entwickelt haben. Sehr ausgeprägt ist dies häufig bei kriminellen Gewalttätern zu finden, und hier würde dann eine Art «moralischer Umerziehung» zur Resozialisierung gehören. In sehr drastischer Form versucht dies das sog. «Anti-Aggressivitäts-Training» im Jugendstrafvollzug (z. B. Weidner et al. 2000). Der Täter sitzt auf einem «heißen Stuhl» und wird in geradezu provozierender Form mit seiner Gewalttat konfrontiert und zur intensiven Beschäftigung mit sich selbst und mit dem Leiden des Opfers veranlasst. Es geht um das Selbstbild, um Schuld und Scham, um Einfühlung in das Opfer und um eine Umwertung: Gewalt ist nicht Stärke, sondern Schwäche – «Zurückhaltung ist Stärke», so das neue Motto. Das Verfahren, das auch in den Medien eine erstaunliche Aufmerksamkeit gefunden hat, ist spezifischer als sein unspezifisch klingender Name und nicht etwa «die» Methode zur Behandlung von Gewalttätern. Nimmt man die sog. Legalbewährung (= keine neuen Straftaten) als Erfolgskriterium, so ist das «Anti-Aggressivitäts-Training» anscheinend ähnlich effektiv wie andere Sozialtherapien mit jugendlichen Straftätern (Ohlemacher et al. 2001).

14.3 Affektkontrolle

Die *Tendenz* zur Vermeidung aggressiven Verhaltens, ob durch Strafrisiken oder Werthaltungen begründet, ist die Hemmung im engeren Sinne. Doch wie setzt sich diese Tendenz in Handeln um? Das hat zum Gutteil mit der Verfügung über *alternative*, also nichtaggressive Verhaltensweisen zu tun (hierzu ausführlich Kapitel 15). Wer z. B. weiß, wie man Ärger in direkter Form mitteilen kann, kann auf diese konstruktive Weise seiner Aggressionshemmung folgen, ohne auf Selbstbehauptung zu verzichten. In gewissem Maße beruht die Umsetzung aber auch auf der *Unterdrückung* aggressiven Verhaltens trotz aggressiver Emotionen. Und ebendies ist hier mit Affektkontrolle gemeint.

«Wenn du wütend bist, zähle bis zehn, bevor du sprichst» lautet eine uralte Empfehlung weiser Denker (vgl. Tavris 1994). Sofern man solche Aufforderungen an sich selbst richtet, werden sie als *Selbstinstruktionen* bezeichnet. Selbstinstruktionen können der Beeinflussung eigener Bewertungen oder der Handlungskontrolle oder auch der Unterdrückung impulsiver Reaktionen dienen («Ich motze nicht rum», «Erst denken, dann antworten»). Sie sind ein Bestandteil fast aller Trainings zur Ärgerbewältigung (Novaco 1975, Petermann & Petermann 2001, Schwenkmezger et al. 1999, s. auch Kapitel 13, S. 203). Diese Impulskontrolle ist zwar noch keine Bewältigung der Situation, aber das innere Stoppsignal kann erst mal eine Entgleisung verhindern, kann eine Pause für etwas Abstand und ruhiges Nachdenken schaffen und der Aktivierung nützlicher Handlungen eine Chance geben.

Teilweise dienen die Selbstinstruktionen dazu, nicht nur eine aggressive *Äußerung* des Affektes zu verhindern, sondern den *Affekt selbst* zu dämpfen. Dies gilt für Instruktionen wie «Tief durchatmen» oder «Ruhig bleiben». Solche Formeln werden, unabhängig vom Thema Ärger, für die Auslösung von Entspannungsreaktionen genutzt. Entsprechende Verfahren sind inzwischen weit verbreitet und können nicht nur von Erwachsenen gelernt werden. In dem Therapieprogramm von Petermann & Petermann (2001) üben Kinder die Herbeiführung von Entspannung und motorischer Ruhe durch bildhafte Vorstellungen wie ruhiges Gleiten unter Wasser («Kapitän-Nemo-Geschichten»). Hier dient die Selbstbeeinflussung dann allerdings nicht primär der Impulskontrolle in der akuten Situation, sondern, sozusagen vorbeugend, dem Abbau von Anspannung und körperlicher Unruhe überhaupt.

So wichtig die Affektkontrolle häufig auch sein mag, für sich allein ist sie kein ausreichender Ansatzpunkt zur Aggressionsverminderung, und in Ausnahmefällen kann sie indirekt sogar Gewalt begünstigen. Es gibt jedenfalls extreme Gewalttäter, die als «überkontrolliert» bezeichnet werden (Megargee 1972). Solche Menschen vermeiden auch leichte Formen aggressiven Verhaltens, die sie unter Umständen für ihre Selbstdurchsetzung oder Verteidigung benötigen würden. Schließlich können sie in so extrem demütigende Situationen geraten, dass sie plötzlich «explodieren» und, zum ersten Mal in ihrem Leben, gewalttätig werden – und zwar in einer geradezu maßlosen Weise.

Fazit zu Aggressionshemmungen: Im Prinzip haben sie eine sehr sinnvolle Funktion: Sie bremsen aggressive Handlungen, sie schützen somit andere Menschen und verhindern möglicherweise fatale Eskalationen zwischen den Beteiligten. Es ist nicht auszumalen, wie unser Zusammenleben ohne Aggressionshemmungen aussähe!

Aber: Hemmungen alleine lösen keine Probleme! Dafür braucht man aktive, konstruktive Verhaltensweisen, die die eigenen Bedürfnisse wie auch die der Mitmenschen befriedigen. Menschen, die so übermäßig «gehemmt» sind, dass sie nicht nur aggressives Verhalten, sondern auch unaggressive Formen der Selbstbehauptung vermeiden, schädigen sich selbst und haben oftmals unter anderen Menschen schwer zu leiden.

Für eine gesunde psychische Entwicklung ist es also unerlässlich, dass neben Normen gegen aggressives Verhalten zugleich alternative Verhaltensweisen für den Ausdruck von Gefühlen, für den Selbstschutz und das Verfolgen eigener Ziele erlernt werden.

15 Ansatzpunkt: Alternatives Verhalten

Ging es in den beiden vorangehenden Ansätzen sozusagen um die inneren Kräfte für oder gegen aggressives Verhalten, so richtet sich der Blick nunmehr sehr direkt auf das Verhalten selbst, genauer: auf das Lernen von alternativem Verhalten. Die Alternativen sollen befriedigend sein, sollen ebenso viel, ja sogar noch mehr Wunscherfüllung, Schutz oder Erleichterung verschaffen als aggressives Verhalten.

Die Verhaltensweisen, die im Folgenden zur Sprache kommen, betreffen sowohl den emotionalen Aspekt, d.h. den *Umgang mit Gefühlen*, als auch den instrumentellen Aspekt, d.h. die *Erreichung bestimmter Ziele*. Erlernt werden die Verhaltensweisen über Methoden, die sich auf die früher beschriebenen Lernformen stützen (s. Kapitel 6). Das vorliegende Kapitel stellt eine Palette von Möglichkeiten vor, die Anwendung in bestimmten Praxisfeldern wird vorrangig in späteren Kapiteln erörtert.

15.1 Ärgerbewältigung I: allein

Wenn das sog. Abreagieren keine Lösung ist (s. Kapitel 11), wie kann man stattdessen mit Ärger, Groll und ähnlichen Gefühlen umgehen? Gemeint ist zunächst die «reine» Ärgerbewältigung ohne das Reagieren auf eine akute Provokation und ohne das Lösen eines Konfliktes. *Ein* Zugang zu solcher Ärgerbewältigung ist die Neubewertung des Ärgeranlasses, die in Kapitel 13 behandelt wurde. Nunmehr geht es vornehmlich um Handlungsweisen. Selbstverständlich können und sollen sich beide Ansätze ergänzen.

Als generelle Regel für den Umgang mit den eigenen Emotionen kann gelten: Zunächst einmal sollte man sie wertfrei *akzeptieren,* statt sie zu verleugnen oder zu verzerren. Wer einer Moral anhängt, nach der z.B. schon der bloße Impuls oder Gedanke, es einem anderen heimzuzahlen, zu verdammen ist, begünstigt nur unsinnige Schuldgefühle. Das Akzeptieren von Gefühlen bedeutet also, sie unverfälscht als etwas Reales hinzunehmen – egal, ob man sie nun gut findet oder nicht.

Das *Erkennen* der Gefühle erleichtert es, nichtaggressiv mit ihnen *umzugehen.* Für einen solchen Zusammenhang von Selbstwahrnehmung und Selbstkontrolle spricht unter anderem ein Experiment von Berkowitz & Troccoli (zit. nach Berkowitz 1993): Versuchpersonen, die sich ihrer gereizten Stimmung bewusst waren (sie sollten sie auf einer Skala einschätzen), urteilten über eine andere Person weniger negativ als Versuchspersonen, die von der Wahrnehmung ihrer Befindlichkeit abgelenkt wurden. Für die Ärgerbewältigung im Alltag heißt das: Wer merkt, dass er verärgert ist, kann leichter gegensteuern.

Was kann man nun tun, nachdem man seinen emotionalen Zustand wahrgenommen und akzeptiert hat? Es ist sinnvoll, hier zwischen «kleinem» Ärger und «tiefem» Ärger (Groll, Hass) zu unterscheiden. Zwischen beiden gibt es allerdings keine scharfe Grenze.

«Kleiner» Ärger: Ablenkung, körperliche Beeinflussung

Mit «kleinem» Ärger ist gemeint: Die betroffene Person meint selbst, dass der Anlass relativ unwichtig und flüchtig ist und eine gründliche Reflexion darüber nicht «lohnt». Hier geht es vornehmlich darum, eine gereizte Stimmung zu vertreiben.

Eine einfache, aber meist recht wirksame Selbstbeeinflussung ist bekanntlich die *Ablenkung* durch Beschäftigung mit anderen Dingen. Auf diese Weise verhindert man, dass man den Ärger «pflegt» und fruchtlos grübelt. Anders als es die Idee vom «Ausleben der Aggressionen» besagt, sollte man also etwas tun, was gerade *nichts* mit Aggression oder negativen Gefühlen zu tun hat. Es sei daran erinnert, dass in den Untersuchungen zur Katharsis-Hypothese die Vergleichsaktivitäten meist günstiger waren als das (scheinbare) Abreagieren (vgl. Kapitel 11). Die Faustregel könnte lauten: Suche eine angenehme Beschäftigung (Hobby, Musik, Zeitung usw.), die deine Aufmerksamkeit beansprucht. – Um Missverständnissen vorzubeugen: Es handelt sich nicht um ein «Unterdrücken» von Gefühlen, sondern um Hilfen, den ohnehin zu erwartenden Rückgang der negativen Stimmung zu beschleunigen. Man nennt es auch «Abstand gewinnen», wenn man ohne gezielte Ablenkung einfach abwartet, dass die ärgerliche Stimmung verraucht.

Neben der Ablenkung als eher kognitiver Methode lässt sich die Stimmung auch von der *körperlichen* Seite aus verändern. Dafür gibt es viele Möglichkeiten. Sie reichen von angenehmer Bewegung über das Duschen, leckere Speisen etc. bis zu Entspannungsübungen. Entspannung kann nicht nur Affekte dämpfen, sondern auch einen wohligen Zustand erzeugen.

«Tiefer» Ärger: Selbstklärung, Gespräche mit Vertrauensperson

Eine gereizte Stimmung zu vertreiben reicht nicht aus, wenn es sich um ein wichtiges oder um ein wiederkehrendes Problem handelt. Zu denken ist an Vorfälle, die einen Menschen tief verletzen (z. B. eine demütigende Behandlung), oder an Dauerkonflikte in einer privaten Beziehung. Hier sollte es das Ziel sein, das Problem zu lösen oder die daraus entstehende emotionale Belastung zu vermindern. Beides geht in der Regel nur, wenn man das Geschehen und die eigenen Gefühle tiefer ergründet. Für eine solche *Selbstklärung* können Fragen wie diese hilfreich sein:

- Was habe ich eigentlich für ein Gefühl? Ist es Enttäuschung, ist es Kränkung, ist es Eifersucht oder was?
- Was genau ärgert mich? Warum macht der Vorfall mir so viel aus?
- Was ist mein Ziel? Was will ich erreichen?

Man kann hierüber Selbstgespräche führen, man kann seine Gedanken auch zu Papier bringen oder sich einem Dritten anvertrauen.

James Pennebaker beschäftigte sich mehrfach mit der Frage, wie sich das Äußern von belastenden und traumatischen Erfahrungen auf die Gesundheit auswirkt. In einer der Untersuchungen ging es um das *Schreiben* (Pennebaker & Beall 1986). Studierende schrieben an vier Abenden nacheinander jeweils etwa 15 Minuten lang über eigene Erlebnisse, die sie als sehr belastend empfanden. Gruppe A wurde angehalten, nur über die Fakten, also über die Umstände des Erlebnisses, zu berichten; Gruppe B sollte sich nur über die Gefühle äußern; Gruppe C sollte über Fakten und Gefühle schreiben. Ergebnis: Die deutlichste Wirkung hatte das Schreiben über Gefühle *und* Umstände; die Personen waren zunächst aufgewühlt und schlecht gestimmt, hatten aber langfristig (in den folgenden sechs Monaten) seltener gesundheitliche Probleme. In der Gruppe, die nur über Gefühle schrieb, gab es ähnliche, aber nicht so deutliche Effekte. Das Schreiben allein über die Fakten hatte keine Wirkung. – Obwohl sich die Untersuchung nicht speziell auf Gefühle wie Ärger und Groll bezieht, ist sie dafür sicherlich von Bedeutung, denn zu den traumatischen Erfahrungen, über die berichtet wurde, gehörte unter anderem auch das Erleiden von Erniedrigung, Missachtung, Missbrauch oder Gewalt.

In einer weiteren Studie zeigte sich, dass Menschen, die sehr plötzlich ihren Ehepartner verloren hatten, weniger unter gesundheitlichen Beeinträchtigungen litten, wenn sie sich *einer anderen Person anvertraut* hatten (zit. nach Pennebaker & Beall 1986). Dies kann man natürlich auch im Falle des Ärgers tun. Dieser Weg passt zwar nicht mehr ganz zu der Überschrift dieses Kapitelabschnitts («Ärgerbewältigung: allein»), doch dient das Gespräch mit der Vertrauensperson ausschließlich dem Umgang mit sich selbst; es handelt sich nicht um eine Aussprache mit der Person, über die man sich ärgert.

Dass es hilfreich sein kann, mit anderen Menschen zu sprechen, wird niemanden überraschen. Aber: Es kommt sehr darauf an, *wie* man über die Belastungen spricht. So wie es keine Selbstklärung ist, die eigenen Ärgergedanken im Kreise herumzutreiben, so bringt es auch keine Entlastung (eher im Gegenteil), immer wieder dieselbe Geschichte zu erzählen, zu jammern und über die Schuldigen zu schimpfen. Es geht also nicht um ein aggressives «Rauslassen», sondern um

Tafel 25: Verhaltensweisen zur Ärgerbewältigung

- Angenehme ablenkende Aktivitäten
- Entspannungsübungen
- Selbstgespräche, Schreiben über Ärger
- Gespräche mit Vertrauensperson
- Mitteilen von Empfindungen (Ich-Botschaften)
- Ergänzend: Änderung von Bewertungen (s. Kapitel 13)

die Klärung der eigenen Gedanken und Gefühle durch das eigene Sprechen und das Mitdenken der Vertrauensperson. Wichtig scheint zu sein, dass man verschiedene Aspekte der belastenden Erfahrung besser verstehen, also in einen Zusammenhang bringen kann. Möglicherweise leistete in dem geschilderten Schreibexperiment jene Gruppe, die über die Gefühle plus Fakten schrieb, am besten eine Integration von Ereignis + Fühlen + Denken. Pennebaker vermutet überdies, dass die Gefühle und Gedanken konkreter werden und das Wissen über sich selbst anwächst. Hinzukommen mag weiterhin, dass man durch den Klärungsprozess handlungsfähiger wird und sich möglicherweise zu einem Gespräch mit dem Kontrahenten entschließt.

15.2 Ärgerbewältigung II: Aussprache

Wenn es in einer Partnerschaft, Freundschaft oder Eltern-Kind-Beziehung zu einer Verstimmung kommt, die mehr ist als ein flüchtiger Unmut, bietet sich folgender kommunikativer Weg des Umgangs mit aggressiven Gefühlen an: die Gefühle akzeptieren und in *nicht-aggressiver* Form mitteilen. Man muss also wiederum klar zwischen aggressiven Gefühlen und aggressivem Verhalten unterscheiden und sich von der Vorstellung lösen, das Ausdrücken von «Aggressionen» sei notwendigerweise aggressiv. Es kommt vielmehr darauf an, den Ärger so auszudrücken, dass man sich selbst erleichtert fühlt und zugleich den anderen nicht verletzt. Wie kann dies aussehen?

Ich-Botschaften und aktives Zuhören

Übereinstimmend wird von zahlreichen Konfliktexperten vorgeschlagen, in Ich-Form zu beschreiben, was man fühlt, statt die andere Person anzugreifen (z.B. Mandel et al. 1971, Schwäbisch & Siems 1974, Schindler et al. 1998). Besonders deutlich wird diese «Ich-Botschaft», wenn man sie der «Du-Botschaft» gegenüberstellt (diese einprägsamen Bezeichnungen stammen von Thomas Gordon 1972/1996). Beispiele:

(Negative) Du-Botschaft	*Ich-Botschaft*
◻ «Hör bloß auf mit deinen Unterstellungen!»	◻ «Es wurmt mich, dass du mir Gleichgültigkeit unterstellt hast.»
◻ «Sei doch nicht so egoistisch.»	◻ «Ich finde, ich komme mit meinen Wünschen zu kurz.»
◻ «Du bist mal wieder total unzuverlässig.»	◻ «Ich bin sauer, weil du nicht gekommen bist.»

Du-Botschaften kommen vielen Menschen sehr leicht über die Lippen, doch den Ärger äußern sie nur indirekt: Sie sagen nämlich nichts über das eigene Gefühl, sondern urteilen über andere Menschen. Ich-Botschaften beschreiben hingegen direkt, was zunächst einmal unbestreitbar ist, eben die eigenen Empfindungen, und münzen diese nicht sogleich in Schuldzuweisungen um, die Stoff für einen endlosen Streit bieten.

Neben den Ich-Botschaften ist die Beschreibung *konkreter* Verhaltensweisen des anderen eine weitere Alternative zu pauschalen und abwertenden Du-Botschaften (s. Kapitel 12, S. 193). Beispiel: «Du hast mich unterbrochen» statt «Nie hörst du mir zu». Zwar sind auch konkrete Verhaltensbeschreibungen nicht immer vorwurfsfrei – das müssen sie auch nicht –, aber sie treffen das Selbstwertgefühl nicht so stark.

Um Missverständnissen vorzubeugen: Es geht hier nicht um bloße Sprachkosmetik oder nette Umgangsformen. Es geht vielmehr um eine Kommunikation, die eine Konfliktlösung erleichtert statt erschwert, und dazu gehört auch, jene Empfindungen, die das Verhalten und die Beziehung so entscheidend bestimmen, offenzulegen statt zu vertuschen. Überdies sollen die Ohren des anderen für das eigene Anliegen geöffnet werden. Zwar können weder Ich-Botschaften noch konkrete Verhaltensbeschreibungen dies garantieren, doch prinzipiell machen sie das Zuhören und Entgegenkommen leichter.

Gegen Ich-Botschaften wenden viele Menschen ein, sie seien zu «künstlich». Das stimmt, solange man nicht gelernt hat, so zu sprechen. «Unkünstlich», ganz «spontan» sind immer die eingeschliffenen Gewohnheiten – auch die schlechten. Neue Gewohnheiten einzuüben braucht dagegen seine Zeit. Doch an sich ist das Sprechen über eigene Empfindungen nichts Ungewöhnliches; das können schon kleine Kinder («Ich bin müde», «Ich bin traurig»). Ungewohnt ist den meisten Menschen, sich in *Konflikt*situationen auf diese Weise mitzuteilen – so sehr ist der Blick auf den Widersacher statt auf das eigene Erleben gerichtet.

Vor allem im akuten Zusammenprall ist es schwierig, in sich hineinzuschauen und daraus eine Ich-Botschaft zu machen. Schulz von Thun (1989, S. 135) unterscheidet deshalb den *akuten Moment* von der *Nachbearbeitung* und meint, nur diese sei der geeignete Platz für Ich-Botschaften. Allerdings, darauf weist er auch hin, bleibt diese zweite Phase faktisch häufig aus («Wir haben hinterher nicht wieder darüber geredet»). Realistisch scheint mir daher folgende Einschätzung: Das Ziel kann nicht sein, nur noch in Ich-Botschaften zu reden. Aber *ohne* direkte Selbstmitteilungen, und sei es in der Nachbearbeitung, ist es wohl kaum möglich, Klarheit zu schaffen. Allerdings handelt es sich nicht einfach um eine Formulierungskunst. Manchmal liegt das Problem nämlich nicht darin, Gefühle zu benennen, sondern sie zu erkennen! Doch durch das Sprechen werden sie gewöhnlich klarer.

Es ist für den Gesprächsverlauf hilfreich, wenn man nicht nur mit Ich-Botschaften über die eigenen Gefühle spricht, sondern mit *aktivem Zuhören* zeigt, dass man auch die Gefühle des Kontrahenten ernst nimmt («Du bist sauer auf mich, weil ...»; s. Kapitel 13, S. 210). Leider ist es nicht leicht, selbst gut zuzuhören, wenn man, mit dem Bauch voller Ärger, vornehmlich selbst gehört werden möchte. Aber: Die Chance auf ein gutes Ergebnis steigt gewöhnlich.

Umgang mit akuten Angriffen

Ein Gespräch in unaggressiver Weise fortzuführen fällt wohl fast allen Menschen besonders schwer, wenn sie selbst akut angegriffen werden. Aber möglich ist es durchaus. Zunächst einmal können innere Selbstinstruktionen («Durchatmen und ruhig nachdenken») impulsive Gegenreaktionen bremsen. Sodann sind unter anderem folgende Antworten auf den Angriff denkbar:

- Man *ignoriert* die Provokation und lenkt das Gespräch eisern auf die Problemklärung oder auf *Lösungen* hin («Damit wir weiterkommen: Ich denke, wir könnten ...» oder «Was schlägst du vor?»).
  Wenn man eine Anschuldigung als sehr ungerecht empfindet, mutet das Ignorieren der Selbstachtung allerdings einiges zu. Da kann es helfen, es als Zeichen eigener Stärke zu sehen («Da steh ich doch drüber», «So was kann ich aushalten») oder den Angriff durch Umbewertung zu entschärfen («Eigentlich zum Lachen, dieser Wutausbruch von X»). (S. hierzu Kapitel 13, S. 201 ff.)

Will man den Angriff nicht ignorieren, kann man ihn in unterschiedlicher Weise aufnehmen:

- durch eine *Ich-Botschaft* («Ich fühle mich da wirklich ungerecht angegriffen»),
- durch *aktives Zuhören* («Ich merke aus deinem Vorwurf, du hast es mir übel genommen, dass ich ...»),
- durch *Rückfragen* zu Inhalten des Angriffs («An welche Beispiele denkst du konkret, wenn du mich als kleinlich bezeichnest?»),
- durch eine direkte *Aufforderung* zur Mäßigung («Sag, was dich ärgert, aber setz mich nicht so herab»).

Alle diese Reaktionen können möglicherweise verhindern, dass eine Aussprache, die der Ärgerbewältigung dienen soll, völlig entgleist und somit nur neuen Ärger schafft. (Für weitere Beispiele zur Gesprächsführung s. Kapitel 17.)

Es hängt vom Einzelfall ab, welche Reaktion gleichzeitig den Angriff bremst, die Selbstachtung schützt und einen konstruktiven Lösungsprozess erleichtert. Insofern sind die zuvor genannten Möglichkeiten eben nur Möglichkeiten und keine Rezepte. Für die eine wie die andere Alternative gilt aber vermutlich, dass viele Menschen sie in ihrer familiären Sozialisation nicht gelernt haben. Dann reicht es nicht aus, solche Verhaltensweisen zu kennen, sie müssen auch geübt werden, damit sie in kritischen Situationen verfügbar sind.

15.3 Konfliktregelung

Bislang stand der Umgang mit Emotionen im Vordergrund. Nunmehr liegt der Schwerpunkt auf instrumentellen Aspekten, also auf solchen Verhaltensweisen, die der Erreichung eines Zieles dienen – und zwar entgegen den Wünschen eines anderen.

Wenn *unvereinbare* Wünsche oder Absichten verschiedener Personen aufeinander stoßen, spricht man von einem interpersonalen Konflikt. Eine ganz andere Sache ist das Konflikt*verhalten*, also der Umgang mit dem Konflikt. Hier kann man drei Grundtypen unterscheiden: konstruktives, meidendes und aggressives Verhalten (s. Tafel 26). Während Konflikte unvermeidlich sind, weil man nicht erwarten kann, dass auch nur zwei Menschen immer dasselbe wollen, ist aggressives Konfliktverhalten durchaus vermeidbar. *Konflikte dürfen also nicht mit Aggression gleichgesetzt werden!* Geht man mit Konflikten konstruktiv um, können sie durchaus positive Seiten haben: Sie bieten die Gelegenheit, etwas Neues zu lernen und Änderungen in Gang zu setzen.

Konstruktives Konfliktverhalten ist weder aggressiv noch meidend. Es verfolgt durchaus die Erfüllung eigener Wünsche und Rechte, hat aber gleichzeitig eine gute Beziehung zum Kontrahenten im Auge. Eine faire Lösung hat somit Vorrang vor einem Sieg auf Kosten des anderen. Man könnte auch von «verantwortungsvoller Selbstbehauptung» sprechen. (Selbstbehauptung sollte man nicht als eine Form von Aggression ansehen, wie es zuweilen geschieht, sondern eher als Alternative zur Aggression.)

Es gibt viele Versuche, die wesentlichen Bausteine konstruktiver Konfliktregelungen zusammenzufassen, etwa in wenigen Leitsätzen mit universellem Anspruch (Fisher, Ury & Patton 2000) oder in Phasen-Modellen (z. B. Gordon 1996, Schwäbisch & Siems 1974, Schindler et al. 1998). Dabei sind große Übereinstimmungen zu erkennen. In allen Modellen lassen sich zwei Hauptaspekte unterscheiden, nämlich (1) Klärungen und (2) Lösungssuche. Für die Lösungssuche wird immer empfohlen, das Sammeln und das Bewerten von Lösungsideen voneinander zu trennen.

Klärungen: Wünsche und ihre Hintergründe

Fachleute vieler Sachgebiete nehmen sich für Diagnosen meist mehr Zeit, als Laien dies tun, die häufig über Lösungen sprechen, bevor sie das Problem richtig verstanden haben. Auch für interpersonale Konflikte sind oftmals gründliche Klärungen nötig. Zwar lässt sich oft

Tafel 26: Verhaltensweisen bei interpersonalen Konflikten

Meidungsverhalten
Kontakt meiden – Konfliktthema meiden – Rückzug aus Konfliktsituation – Unterwerfung
Aggressives Verhalten
Vorwürfe – Herabsetzungen – Drohungen – Gewalt

Konstruktives Verhalten I: Klärungen
- In Ich-Form mitteilen: Gefühl der Störung, die eigenen Wünsche
- Partnerzentrierung: Aktives Zuhören, Rückfragen
- Hintergründe mitteilen: Bedürfnisse, Wertungen etc.
- Zusammenfassung, Gegenüberstellung der Wünsche und Standpunkte

Konstruktives Verhalten II: Lösungssuche
- Sich unkritisch Lösungsideen einfallen lassen
- Alle Vorschläge der Beteiligten sammeln
- Lösungsvorschläge bewerten
- Genaue Vereinbarungen treffen

schon nach kurzem Austausch eine Verständigung erreichen. Doch gerade wenn tiefer Ärger und aggressives Verhalten im Spiel sind, ist volle Klarheit über die divergierenden Wünsche sowie die dahinter liegenden Bedürfnisse und Ansichten eine entscheidende Grundlage für realistische Lösungen.

Am Anfang steht meist ein Gefühl der Unzufriedenheit bei mindestens einem der Beteiligten. Den ersten Schritt kann man daher als *Anmeldung der Störung* bezeichnen (Schwäbisch & Siems 1974; das ganze Modell in Kapitel 17, S. 270). Der Ton und die einleitenden Worte dieser «Anmeldung» können das Klima des weiteren Gespräches wesentlich mitbestimmen.

Die Klärung der divergierenden *Wünsche* ist ein Kernpunkt jedes konstruktiven Konfliktgespräches – und nicht immer ein leichter. Das *Äußern* von Wünschen kann nämlich, zumal in engen privaten Beziehungen, erstaunliche Schwierigkeiten bereiten, etwa diese:

- Jemand kennt seine Wünsche gar nicht so genau; sie sind zu unbestimmt oder widersprüchlich. Hier wäre zunächst eine Selbstklärung erforderlich.
- Jemand kennt seine Wünsche zwar, drückt sie aufgrund von Hemmungen aber nur so zaghaft aus («durch die Blume»), dass der Empfänger sie gar nicht als Wünsche wahrnimmt. Hier käme es auf eine deutlichere Mitteilung an.
- Wünsche werden nicht als Wünsche vorgebracht, sondern als Jammern, Vorwürfe, Befehle usw., und kommen daher beim Adressaten in erster Linie als negative Behandlung an. Also: Wünsche müssen auch wie Wünsche klingen.

Solche Probleme können aus früheren Erfahrungen im Elternhaus herrühren oder mit der gegenwärtigen Beziehung zu tun haben. Wer etwa erlebt oder erlebt hat, dass deutliche Wunschäußerungen getadelt werden («Was stellt du dir eigentlich vor!») oder eine widerwillige Wunscherfüllung hervorrufen, wird vorsichtig werden und Wünsche nur so undeutlich äußern, dass sie leicht zurückzuziehen sind («So meinte ich das nicht»).

Wichtig daher: Das Mitteilen soll die Wünsche zunächst nur offen legen, den anderen aber nicht unter Druck setzen. Zum Reglement sollte es deshalb gehören, dass die *Erfüllung* eines Wunsches *abgelehnt* werden kann, ohne dass dies als Kränkung aufgenommen wird! Wenn nämlich Wünsche nicht abgeschlagen werden können, wird jede Wunschäußerung wie ein Befehl erscheinen. Die Folge wäre ein Gefühl des Zwanges auf der anderen Seite und eine Scheu, erneut Wünsche zu äußern, auf der eigenen Seite.

Förderlich für die Klärung der Wünsche sind Ich-Botschaften («Ich möchte gerne ...»), aktives Zuhören («Dir liegt vor allem daran, dass ...») und das Zusammenfassen von Übereinstimmungen und Differenzen. Manchmal wird es lange hin und her gehen, bis sich die entscheidenden Punkte herauskristallisieren.

Deutliche, aber nicht bedrängende Wunschäußerungen («Mama, darf ich ...») können schon durch die Erziehung gefördert werden, indem Eltern sie mit Beachtung belohnen, Jammern und Wutausbrüche hingegen nicht. Leider ist es oft umgekehrt. Ob der Wunsch des Kindes auch erfüllt werden kann, steht auf einem anderen Blatt.

Zu bedenken ist, dass die empfundenen Störungen und Wünsche manchmal erst richtig verständlich werden, wenn man ihren *Hintergrund* kennt. Um einschätzen zu können, was die Erfüllung oder Nichterfüllung eines Wunsches für den Betroffenen bedeuten würde, muss man also die tieferen Bedürfnisse hinter diesem Wunsch und vielleicht auch zurückliegende Enttäuschungen erfahren.

Eine Seite guter Konfliktgespräche lässt sich in einem Buch leider nicht darstellen: die nonverbale. Der *Ton*, die *Mimik*, die *Körperhaltung* usw. bestimmen entscheidend die Beziehungsbotschaften, die beim Empfänger ankommen (s. Kapitel 7, S. 118). Für die vorgetragenen Beispiele in wörtlicher Rede kann ich daher nur hoffen, dass die Leser/-innen sich die passende Intonation gut vorstellen können!

Lösungssuche: Ideen, Bewertungen, Einigungen

Wer seine Wünsche äußert, schafft Klarheit, erwirbt damit aber noch keinen Anspruch auf ihre Erfüllung, denn es stehen sich ja gegenläufige Wünsche gegenüber (sonst wäre es kein Konflikt). Die Lösungsversuche sehen im Alltag häufig so aus, dass einer der Kontrahenten einen Vorschlag macht, der dem anderen nicht gefällt, und umgekehrt, und sie sich gegenseitig von ihren Vorschlägen zu überzeugen versuchen. Wer zuerst eine Lösung vorschlägt und wie die Diskussion abläuft, das spiegelt dabei nicht selten das Dominanzverhältnis dieser Beziehung wider.

Die Leitidee einer Konfliktregelung, die nicht durch Aggression und Macht bestimmt wird, kann man mit Gordon (1996) als «niederlage-los» bezeichnen: Es soll keinen Sieger und keinen Verlierer geben, sondern eine Lösung gefunden werden, mit der alle Beteiligten leben können. Für diesen Findungsprozess ist es förderlich, wenn die Beteiligten zunächst nicht um Lösungen streiten, sondern sich auf ihre *Bedürfnisse* konzentrieren (Fisher, Ury & Patton 2000). Es kann nämlich durchaus Lösungen geben, an die man vorher gar nicht dachte, die aber durchaus den eigenen Bedürfnissen gerecht werden! Wenn jeder Beteiligte denkt, es gebe nur zwei Möglichkeiten – entweder ich setze mich durch und der andere gibt nach oder umgekehrt –, dann mündet dies leicht in aggressive Durchsetzungsversuche. «Wir können doch nicht immer nachgeben!», sagen manche Eltern, wenn man den Wert von Befehlen und Strafandrohungen in Zweifel zieht. Als ob es dazwischen nichts gäbe! Übereinstimmend wird daher empfohlen, Lösungsideen zunächst nur zu *sammeln* und sie erst später zu *bewerten.* Damit kann erreicht werden, (1) dass sich die Diskussion nicht an einem Vorschlag festbeißt, ehe man andere gehört hat, (2) dass alle Beteiligten ihre Ideen vortragen können, nicht nur die Dominanten, (3) dass Ideen nicht durch vorschnelle Kritik unterdrückt werden und (4) dass möglichst viele Vorschläge zusammenkommen und somit eher eine allseits akzeptable Lösung dabei sein wird.

Für das *Sammeln* ist es hilfreich, alle Ideen auf einem Blatt oder einer Tafel zu notieren. Danach folgt das Kommentieren und *Bewerten* der Vorschläge. Jeder wird einige bevorzugen, einige unannehmbar finden und andere auf die Reserveliste setzen. Dies kann man durch Plus-, Minus- und Nullzeichen angeben. Vorschläge, die ein Beteiligter ganz ablehnt, werden ausgeschlossen. Aus den verbleibenden Ideen lässt sich dann meist eine Lösung oder ein Lösungspaket aushandeln.

Über die grundsätzliche Einigung hinaus sollten auch die Details der Ausführung vereinbart werden, damit bei der praktischen Umsetzung nicht neuer Streit entsteht (Gordon 1996, Fisher et al. 2000). Und für den Fall, dass die vereinbarte Lösung doch nicht so gut funktioniert, sollte man von vornherein verabreden, die praktizierte Lösung nach einiger Zeit unter die Lupe zu nehmen und gegebenenfalls zu revidieren.

Konflikte müssen nicht in einem Zuge gelöst werden. Es kann sinnvoll sein, sich an kritischen Stellen Bedenkzeit zu nehmen und unabgeschlossene Gedanken «reifen» zu lassen. Auch ist es wichtig, einen *guten Zeitpunkt* für die Gespräche zu wählen. Zwischen Tür und Angel oder gar im Zustand akuten Ärgers scheitern sie allzu leicht. Da ist es dann besser, «lieber heute Abend in Ruhe darüber zu reden». Falls die Kontrahenten immer wieder in destruktive Gewohnheiten zurückfallen und kein gutes Gesprächsklima herstellen können, ist auch an die Einschaltung von neutralen Kommunikationshelfern (Mediatoren) zu denken (s. S. 256).

15.4 Lernwege I: Sozialisation

In den vorangehenden Abschnitten ging es vorrangig um die Beschreibung von Verhaltensalternativen zur Aggression, nicht so sehr um die Wege zu ihrer Aneignung. Um ebendiese soll es jetzt gehen, also um die Frage, wie das (Um-)Lernen in Gang gesetzt und gesteuert werden kann.

Grundsätzlich stützt sich die Aneignung konstruktiver Verhaltensweisen auf dieselben Lernprozesse wie aggressives Verhalten: auf das Lernen am Modell, das Lernen am Effekt und das breite Spektrum kognitiver Lernprozesse. Dabei spielt das Lernen am Modell eine überragende Rolle für den *Erwerb* neuer Verhaltensmuster und das Lernen am Effekt für ihre *Ausführung* in bestimmten Kontexten. Für beide Aspekte ist zugleich Wissenserwerb von Bedeutung. Die Auslösung der Lernprozesse liegt teilweise in den Händen anderer, insbesondere erziehender Personen und teilweise in der Eigenaktivität des Lernenden (s. Tafel 10, S. 110).

Die positive Funktion von Vorbildern ist vor allem am Beispiel des Helfens untersucht worden. Menschen, die sich besonders engagiert für die Rechte, den Schutz und das Wohlergehen anderer einsetzen, haben meistens die Mutter oder den Vater oder beide Eltern als entsprechende Vorbilder erlebt (vgl. Mussen & Eisenberg-Berg 1979, Eisenberg & Fabes 1998). Weiterhin können die Eltern durch ihr Verhalten gegenüber dem Partner, auch und gerade in Konfliktsituationen, ein Modell für sozial kompetentes Verhalten bieten. Sie können zeigen, dass man Differenzen haben und dennoch fair und unaggressiv miteinander umgehen kann. Neben den Eltern kommen Geschwister, Freunde etc. als Vorbilder für kooperatives oder hilfreiches Verhalten infrage, und auch die Medien können hier förderlich wirken, etwa über die «Helden» beliebter Kindersendungen. Der prosoziale Einfluss des Fernsehens ist möglicherweise sogar bedeutsamer als der antisoziale durch Gewaltdarstellungen (vgl. Weidenmann 2003).

Wenn Eltern und andere Erziehende Konflikte mit dem Kind nicht durch Macht, sondern durch Dialoge und Argumentation lösen und auch darüber hinaus Kommentare über angemessenes Verhalten äußern, vermitteln sie soziales Wissen und Verständnis. Dies ist wichtig, damit das erwünschte Verhalten intern reguliert und somit auch dann gezeigt wird, wenn man gefahrlos dagegen verstoßen könnte. Darüber hinaus fördert es die Kompetenz zur Konfliktregulierung,

Tafel 27: Umwelteinflüsse, die positives Sozialverhalten fördern

- Positive Vorbilder in der Umwelt (Eltern, Freunde usw.)
- Deutliche Erwartung von verantwortungsvollem, kooperativem Verhalten
- Positive Resonanz für solches Verhalten
- Gelegenheiten zu verantwortungsvollen Aktivitäten
- Lösung von Erziehungskonflikten durch Dialog
- Anstöße zum Ausdenken alternativer Konfliktlösungen

wenn Kinder durch Fragen veranlasst werden, sich selbständig Konfliktlösungen auszudenken und sie zu bewerten (Shure & Spivack 1981; mehr hierzu s. S. 247 f.). Und die Neigung zu hilfreichem Verhalten wird gestärkt, wenn Kindern – in angemessenem Umfang – verantwortungsvolle Aufgaben übertragen werden und sie häufiger Gelegenheit haben, sich an Aktivitäten für das Wohlergehen anderer zu beteiligen (z.B. Betreuung von Geschwistern, von Kranken, von Tieren) (Staub 2003).

Positives Verhalten wird auf die Dauer nur ausgeführt, wenn es auf gute Resonanz stößt. Bringt z.B. ein Kind einen Wunsch durch eine Bitte zum Ausdruck, so wirkt freundliches Zuhören als positive Bekräftigung, die die Wiederholung fördert, jedenfalls wenn das Kind zugleich mit Wutausbrüchen keinen Erfolg hat. Sehr aggressive Kinder haben häufig das Umgekehrte erlebt.

In der *Schule* sind neben den Schulkameraden die Lehrer/-innen eine weitere Einflussquelle. Einzelne Lehrkräfte, zu denen eine vertrauensvolle Beziehung besteht, können manchmal sogar ein gewisses Gegengewicht zu Risikofaktoren in der Familie bilden. Besucht das Kind eine Schule, in der ein verantwortungsvoller und kooperativer Umgangsstil durchgängig von den Lehrkräften gepflegt und ebenso von den Schülern erwartet wird («Schulethos»), so kann dies, verglichen mit anderen Schulen, sogar der Delinquenz außerhalb der Schule entgegenwirken (Rutter et al. 1980).

Schließlich darf nicht vergessen werden, dass die Sozialisation teilweise auch *Selbstsozialisation* ist, indem nämlich die heranwachsenden Menschen bestimmte Umwelten aufsuchen, über richtiges Verhalten reflektieren, eigenes Handeln kontrollieren oder gewünschte Verhaltensweisen bewusst erlernen. Die Gestaltung der eigenen sozialen Kompetenz wird erleichtert durch Personmerkmale wie unproblematisches Temperament, hohe Intelligenz, gutes Planungsverhalten, ein realistisch-positives Selbstbild, Erfolge in der Schule, mit Hobbys usw. (Lösel & Bliesener 2003). Für die tatsächliche soziale Entwicklung wirkt keiner der Faktoren allein, entscheidend ist letztlich das Zusammenspiel der personalen Faktoren, der Eigenaktivität und der Umwelteinflüsse.

15.5 Lernwege II: Verhaltenstraining

Was man in der normalen Sozialisation nicht lernt, kann in begrenztem Maße durch gezielte Lernprogramme erworben werden. Selbst Menschen, die nicht durch problematisches Sozialverhalten auffallen, möchten zuweilen ihr Verhalten «optimieren». Vor allem aber dienen Lernprogramme der Prävention und der Therapie. Hierzu gibt es heute zahlreiche Konzepte.

In den 1960er und 1970er Jahren dominierten zunächst Methoden der klassischen Verhaltensmodifikation. Sie steuert das Umlernen durch systematische positive Bekräftigung des erwünschten sowie Nichtbekräftigung oder Bestrafung des unerwünschten Verhaltens. Inzwischen sind die Konzepte «kognitiver» geworden: Die lernende Person ist aktiv, macht sich Gedanken, gewinnt Einsichten und übt mehr oder minder absichtsvoll und zielgerichtet. In Tafel 28 sind häufig vorkommende Bestandteile von Verhaltenstrainings zusammengestellt. Vielfach werden diese verhaltensbezogenen Maßnahmen mit Methoden zu anderen Ansatzpunkten, insbesondere zum Auffassen und Bewerten (s. Kapitel 13), kombiniert.

Eine Vorbemerkung zum *Trainings*charakter der präventiven und therapeutischen Programme: Laien nehmen häufig an, dass gutes Verhalten sich von selbst ergibt, wenn man nur die richtige Einstel-

Tafel 28: Typische Komponenten von präventiven und therapeutischen Verhaltenstrainings

- Lernen am Modell (reale Modelle, Videoszenen, Puppen)
- Anleitung zu Selbstinstruktionen
- Aufgaben zum Ausdenken von Lösungsideen für Konflikte
- Dialoge zur Bewertung fremder oder eigener Handlungsweisen
- Rollenspiele
- Positive Bekräftigung konstruktiven und kooperativen Verhaltens

lung bzw. den guten Willen dazu hat. Jedoch muss man geeignete Verhaltensweisen auch «können». Beim besten Willen finden die meisten Menschen keine humorvolle Antwort auf eine Provokation; und manche Menschen sagen bei Verärgerung entweder gar nichts oder platzen plötzlich aggressiv los, eben weil sie Verhaltensweisen «dazwischen» nicht beherrschen. Das heißt, man muss über die gewünschten Verhaltensweisen auch verfügen, und zwar in dreierlei Bedeutung: Man muss sie «kennen», man muss sie «können» und man muss sie durch Übung «automatisieren».

Präventive Programme

Präventive Lernprogramme können sich an natürliche Kollektive richten (z.B. an alle Kinder eines Kindergartens oder einer Schule) oder an bestimmte Risikogruppen (z.B. Kinder mit verzögerter Entwicklung, Kinder aus problematischem Milieu).

Als Standardkonzepte zur frühen Förderung sozialer Kompetenz gelten heute Trainings in *sozialem Problemlösen*. Ursprünglich von Shure & Spivack (deutsch 1981) entworfen, wurden sie mittlerweile in verschiedenen Varianten und mit verschiedenen Zielgruppen erprobt und evaluiert. Sie wollen der Entwicklung von auffälligem Sozialverhalten, sowohl aggressivem wie gehemmtem, entgegenwirken und leiten dafür die Kinder zu einem konstruktiven Umgang mit Konflikten an. Vor allem lernen die Kinder, sich in Konfliktsituationen alternative Lösungen auszudenken und die Folgen der jeweiligen Handlung zu beurteilen.

So werden in einem Programm für den Kindergarten (Beelmann 2003, 2004) verschiedene Konfliktsituationen (z.B. Streit um ein Spielzeug) nach einen festgelegten Dialog mit Klärungs- und Lösungsanteilen durchgespielt:

Was ist passiert? Was ist das Problem? – Wie fühlen sich die Beteiligten? Oder (bei älteren Kindern): Welche Gründe gibt es für das Verhalten? – Was kannst du tun? (Alternativen nennen) – Was passiert dann? (Folgen einer Handlung abschätzen) – Ist das eine gute Idee? (Bewertung).

In 15 Sitzungen von täglich 45–60 Minuten kommen dabei unter anderem Bildvorlagen, Singspiele, Modellspiele mit Handpuppen (z.B. Ernie und Bert aus der «Sesamstraße») und Rollenspiele mit Fingerpuppen zum Einsatz.

Der Erfolg solcher Trainings zeigt sich in den nachfolgenden Jahren im Vergleich zu nichttrainierten Kindern. Er ist mal größer, mal kleiner und hängt z.B. von Umfang und Dauer, von der Sorgfalt bei der Durchführung und von Besonderheiten der Kinder ab. Insgesamt aber ist das soziale Problemlösetraining ein gutes Beispiel für eine gezielte Förderung von sozialer Kompetenz bzw. für die Verminderung von dissozialem Verhalten. Jenseits eines festen Lernprogramms können auch Eltern oder Kindergärtnerinnen lernen, mit Kindern Gespräche nach dem beschriebenen Muster zu führen, um sie zu selbständigem, konstruktivem Problemlösen anzuleiten (zu Beispielen s. Shure & Spivack 1981).

Ein weiteres Beispiel ist das amerikanische Lernprogramm «Second Step», dessen deutsche Fassung unter dem Titel «Faustlos» erschienen und für Grundschule und Kindergarten gedacht ist (Cierpka 2001, Schick & Cierpka 2003). Das Training umfasst drei Zielbereiche: Der als *Impulskontrolle* überschriebene Teil entspricht im Wesentlichen dem zuvor beschriebenen Problemlösetraining. Zum Zielbereich *Umgang mit Ärger* gehören Elemente wie körperliche Entspannung, beruhigende Selbstinstruktionen und das Nachdenken über Ärgeranlässe (vgl. die früheren Ausführungen auf S. 203 ff. sowie 231 ff.). Bei der Förderung von *Einfühlung* geht es unter anderem um das Erkennen von Gefühlen, um individuelle Unterschiede im Fühlen, um aktives Zuhören und Ich-Botschaften (zu Einfühlung s. auch Kapitel 13, S. 209 f.). In den Übungen kommen Fotos mit sozialen Szenen sowie Rollenspiele zum Einsatz. Des Weiteren werden die Kinder angeregt, das Gelernte auf den Alltag zu übertragen, indem sie auf den kommenden Tag schauen und auf vergangene Erfahrungen zurückblicken.

An die Schulklassen 3 bis 6 richtet sich das «Sozialtraining» von Petermann et al. (1999). Es enthält teilweise ähnliche Elemente wie die zuvor geschilderten Programme und das weiter unten beschriebene therapeutische «Training mit aggressiven Kindern». Eine wichtige Rolle spielen unter anderem Übungen zum Wahrnehmen und Verstehen von Körpersprache, zum Erkennen eigener Gefühle und Einschätzen der Gefühle anderer.

Jedes Programm kann nur so gut sein wie die konkrete Durchführung, und manchmal wird es von den Lehrkräften oder Erzieherinnen nicht ganz konzeptgerecht umgesetzt. Daher ist anzunehmen, dass die Lernchancen nicht immer voll ausgeschöpft werden. Im Übrigen sei daran erinnert, dass jeder Unterricht zum sozialen Lernen durch gleichgerichtete Einflüsse im realen Alltag des Kindergartens, der Schule oder der eigenen Familie gestützt werden muss. Viele Kinder haben ein solches «gutes Milieu». Falls es aber fehlt, ist es unwahrscheinlich, dass allein eine «pädagogische Impfung» durch ein Trainingsprogramm eine nachhaltige Wirkung ausübt. Eine Alternative oder eine Ergänzung ist die Prävention durch ein frühzeitiges *Eltern*training (s. Kapitel 16 und 18).

Wie bereits betont, ist es wichtig, der Entwicklung hoher Aggressivität schon frühzeitig, möglichst im Vorschulalter, entgegenzuwirken. Denn die Vorbeugung ist wesentlich leichter als das Korrigieren aufgetretener Probleme zu einem späteren Zeitpunkt. Eine neuere Auswertung von Programmen zur Kriminalprävention in Risikofamilien (vgl. Tremblay & Japel 2003) legt nahe, dass eine soziale und kognitive Förderung von Kindern im Vorschulalter in Kombination mit der Betreuung und Anleitung der Eltern die langfristige Entwicklung günstig beeinflussen kann.

Therapie aggressiver Kinder und Jugendlicher

Was kann man tun, wenn sich bereits hohe Aggressivität entwickelt hat? Auch hier kann man auf die zuvor erörterten Trainingsbausteine zurückgreifen, allerdings unter teilweise anderen Rahmenbedingungen. Gewöhnlich sind die Trainings «multimodal», das heißt, sie umfassen vielfältige Maßnahmen gleichzeitig. Es werden häufig sowohl die Kinder selbst als auch die Eltern einbezogen, und die Behandlung ist zeitlich aufwendiger als bei präventiven Trainings mit Schulklassen.

Ein sehr differenziertes und in fast drei Jahrzehnten mehrfach fortentwickeltes therapeutisches Konzept ist das «Training mit aggressiven Kindern» von Petermann & Petermann (2001). Es wird bei Kindern von 7 bis 13 Jahren angewandt und verbindet *Einzeltraining*, *Gruppentraining* und *Elternberatung*. In dem Programm werden angemessene Selbstbehauptung, kooperatives und helfendes Verhalten unter anderem durch folgende Methoden gefördert:

- Verhalten wahrnehmen und beurteilen: Die Kinder schauen sich Video- oder Bildergeschichten mit Kindern in Konfliktsituationen an, beschreiben sie, bewerten deren Verhalten und äußern sich zu den Konsequenzen der jeweiligen Handlungsweisen.
- Ausdenken von Konfliktlösungen: Zu einem vorgegebenen oder selbst erlebten Konflikt sollen mehrere Lösungsideen genannt werden.
- Rollenspiele im Gruppentraining: Die Kinder spielen mehrere Varianten einer Konfliktbewältigung durch, diskutieren sie unter verschiedenen Fragen durch (Wie hat es geklappt? Wie habt ihr euch gefühlt? Wie könntet ihre euch besser verhalten?) und übertragen das Spiel auf eine selbst erlebte Situationen.
- Selbstbeobachtung und Selbstkontrolle im Alltag: Das Kind bekommt den Auftrag, in den Tagen zwischen den Trainingssitzungen auf bestimmte Verhaltensregeln zu achten und die Selbstbeobachtungen täglich auf einem besonderen Blatt zu notieren.
- Bekräftigung: Für positive Ideen und Verhaltensweisen erfahren die Kinder Lob und sammeln Pluspunkte, die sich am Ende der Sitzung in Spielminuten für Lieblingsspiele eintauschen lassen.
- Unterstützung durch die Eltern: Diese werden angeleitet, das Verhalten genau zu beobachten, positiv zu bekräftigen und Probleme in einem Familienrat zu besprechen.

Es sei daran erinnert, dass dieses Therapieprogramm zusätzlich Übungen auf der Ebene des Auffassens von Geschehnissen enthält (s. Kapitel 13, S. 210) sowie auch zur hemmenden Selbstkontrolle (s. Kapitel 14, S. 228).

Für Jugendliche von 13 bis 20 Jahren haben Petermann & Petermann (2003) ein weiteres Training entwickelt, das sich nicht nur, aber auch auf Aggressivität richtet. Es umfasst ebenfalls Einzel- und Gruppensitzungen, bezieht aber die Eltern nicht mit ein. In den Einzelsitzungen kommen Themen wie die folgenden zur Sprache: Beruf und Zukunft, Anstrengungsbereitschaft, Widerstehen bei Verführung zu dissozialem Verhalten. Geübt werden unter anderem der Umgang mit Kritik und mit Misserfolgen oder das Ausdrücken von Gefühlen. In den Gruppensitzungen mit meistens 5 Jugendlichen ist das Rollenspiel die zentrale Übungsmethode.

Die Therapie aggressiver Kinder kann auch weitgehend in die Hände der Eltern gelegt werden. Aus Pattersons Forschungen zur Eltern-Kind-Interaktion (1982; s. Kapitel 7, S. 115) wurde deutlich, dass Eltern aggressiver Kinder gewöhnlich das aggressive Verhalten des Kindes einerseits provozieren und andererseits durch Nachgeben belohnen. In dem Training lernen sie, erwünschtes Verhalten zu beachten und zu belohnen und aggressives in milder Form zu bestrafen. Hinzu kommen noch «kognitive» Methoden wie die Vermittlung von Regeln. Der Akzent liegt also deutlich auf der Förderung von alternativem Verhalten (Einzelheiten hierzu in Kapitel 18).

Für die Behandlung von jugendlichen und erwachsenen *Straftätern* haben sich ebenfalls strukturierte kognitiv-verhaltensbezogene Trainingsprogramme als relativ erfolgreich erwiesen, wie eine zusammenfassende Auswertung besonders sorgfältiger Evaluationsstudien zeigt (Lipsey et al. 2001), während dies von vermeintlich abschreckenden Behandlungen durch harten Drill («Bootcamps») oder reinen Abenteuerprogrammen nicht gesagt werden kann (vgl. Lösel & Bliesener 2003).

Wie für Präventionsprogramme gilt auch für Therapien, das jedes Konzept nur so gut sein wie die Umsetzung durch die jeweiligen Therapeuten sowie einige Rahmenbedingungen. Für eine langfristige Stabilisierung neuer Handlungsmuster sind vor allem unterstützende Einflüsse aus Familie und Partnerschaft, aus Freundeskreis, Ausbildung und Beruf sehr bedeutsam. Überdies ist das Lernen auf der Verhaltensebene zu ergänzen durch Lernprozesse im Bereich des Auffassens und Bewertens (Kapitel 13) sowie der Selbsthemmung und Selbstkontrolle (Kapitel 14).

16 Ansatzpunkt: Interaktionssystem

Dieser Lösungsansatz nimmt Beiträge aus den vorangehenden Ansätzen auf und setzt doch einen wichtigen Akzent hinzu: den interpersonalen Bezug zwischen der aggressiven Person und ihrem Umfeld (s. Kapitel 7).

16.1 Jenseits des Einzelnen

Es ist unmittelbar einleuchtend, dass man durch Erziehung oder Therapie direkt den «auffälligen» Menschen zu beeinflussen versucht, und die zuvor beschriebenen Ansätze (außer: Anreger verändern) haben hier ihren Schwerpunkt: Menschen lernen, Ereignisse anders zu bewerten, sie lernen aggressives Verhalten zu hemmen, sie lernen alternative Verhaltensweisen. Man kann den Schwerpunkt der Einflussnahme aber auch auf *wichtige Personen der unmittelbaren Umwelt* setzen, genauer: auf deren *Inter*aktion mit der aggressiven Person. In gewisser Weise war davon auch zuvor schon die Rede: Die Mitmenschen sollen nicht provozieren, sollen positive Modelle bieten, erwünschtes Verhalten bekräftigen usw. Doch die Betonung des «Inter» kann noch weiter gehen, und zwar vornehmlich in folgenden Varianten:

- Eine Intervention konzentriert sich zunächst *vorrangig* auf das Verhalten wichtiger Mitmenschen und nur indirekt auf die aggressive Person. Das beste Beispiel hierfür ist ein Elterntraining.
- Man arbeitet *gleichermaßen* mit allen Mitgliedern des Gesamtsystems (z.B. Familie, Schule, Arbeitskollegium) und veranlasst sie alle, ihren Teil zu einer Problemlösung beizutragen.

Beide Möglichkeiten werden weiter unten näher erläutert. Daneben gibt es auch die Möglichkeit, die aggressive Person aus einem problematischen Umfeld herauszulösen und in eine *neue* Umgebung mit anderen Mitmenschen zu bringen (z. B. in eine andere Schule, in eine sozialtherapeutische Wohngemeinschaft), mit dem Ziel, die externen Einflüsse zu verbessern und positive Sozialkontakte anzubahnen. So ist es bekanntlich wichtig, dass Straffällige nach der Entlassung nicht wieder in ihr kriminelles Milieu zurückkehren.

Diese Handlungsperspektive betont das «Inter» also weit stärker als die individuell ausgerichteten Ansätze, doch zugleich greift sie auf deren Grundlagen zurück. Insbesondere geht es auch hier um *Lernen* in verschiedenen Formen, aber vornehmlich um *gemeinsames* Lernen (z. B. neue Erkenntnisse aufgrund klärender Dialoge, Stabilisierung konstruktiven Verhaltens durch wechselseitige positive Resonanz).

Welche *Vorteile* hat diese Zugangsweise gegenüber der individuellen Ausrichtung?

Erstens kann man mit jenen Personen beginnen, die tatsächlich an einer Änderung besonders *interessiert* sind. Eltern und andere Erziehende finden eine Änderung kindlicher Aggressivität gewöhnlich dringlicher als das Kind selbst. Ähnliches gilt für die Opfer von Angriffen (z. B. in der Schule oder der Ehe). Da sie unter der Aggressivität leiden, sind sie meist auch stärker motiviert, durch eigene Verhaltensänderungen zur Problemlösung beizutragen.

Zweitens: Wenn mehrere Personen in die Intervention einbezogen sind, können sie *gleichzeitig* und mit direktem Bezug *zueinander* umlernen, wie etwa im Kommunikationstraining für Paare. Oder die Maßnahmen für verschiedene Beteiligte können zumindest besser *koordiniert* werden, z. B. bei einer Kombination von Elterntraining und Kindertherapie oder bei einem Paket verschiedener Maßnahmen zur Gewaltverminderung in der Schule.

Drittens finden solche Interventionen meist direkt *am Ort des Geschehens* statt, also in der Familie, in der Schule, im Betrieb usw. Mit dem «System» zu arbeiten ist zwar zuweilen auch in einer Beratungsstelle möglich (z. B. bei einer Familientherapie), aber häufig tut man es in der natürlichen Umgebung. Grundsätzlich gilt: Soweit das Lernen im realen Praxisfeld stattfindet, entfällt das Problem des Transfers von der Lern- in die reale Anwendungssituation.

Aus all diesen Gründen ist das Interaktionssystem heute viel häufiger die Ansatzstelle für Präventions- und Interventionsmaßnahmen als vor Jahrzehnten. Allerdings ist die Realisierung solcher Konzepte naturgemäß von vielen Beteiligten abhängig, und nicht alle machen so mit, wie es für einen vollen Erfolg wünschenswert wäre.

Jenseits der Einflussnahme auf Systeme unmittelbarer Interaktion sind auch Maßnahmen auf *Makroebenen* möglich. Ein Beispiel hierfür ist die *kommunale* Kriminalprävention. Auch hier kann man versuchen, unterschiedliche Maßnahmen miteinander zu vernetzen. So bemühen sich heute viele Städte um eine Prävention von Kriminalität und Kriminalitätsfurcht durch eine Zusammenarbeit von Vertretern unterschiedlicher Einrichtungen wie etwa Jugendamt, Polizei, Schulen, Sozialarbeit, Kirchen, Vereine oder Bürgerinitiativen. Der Kreis der Mitwirkenden kann von Gemeinde zu Gemeinde unterschiedlich sein und ebenso die Probleme, mit denen man sich vorrangig befasst (z.B. Jugendgewalt, Gewalt gegen Frauen, äußere Verwahrlosung von Wohngebieten). Sinnvoll erscheint daher zunächst eine gründliche Befragung der Bevölkerung (Hermann & Laue 2003).

Auch psychologisch ausgerichtete Programme aus einander ergänzenden Bausteinen werden vereinzelt auf kommunaler Ebene realisiert (vgl. Farrington 2003). Hierzu können unter anderem gehören: die frühzeitige Betreuung von Risikofamilien vor und nach der Geburt von Kindern, Elterntraining, vorschulische Förderung, Anti-Gewalt-Programme in der Schule, Mitwirkung der lokalen Medien.

16.2 Die Mitwirkung von Angehörigen und Helfern

Auf welche Weise können Personen im Umfeld aggressiver Menschen zu Akteuren einer professionell geleiteten Intervention werden? Am häufigsten werden Familienangehörige beraten oder sogar in ihrem

Verhalten trainiert. Doch auch Kindergärtnerinnen oder Lehrkräfte an Schulen können in ihrem Praxisfeld das therapeutische oder pädagogische Programm unterstützen. In der Schule können sogar Mitschüler eine wichtige Rolle spielen, indem sie z. B. Schwächere schützen oder Hilfe herbeiholen (s. Kapitel 19).

In vielen Fällen ist die Mitwirkung dieser Menschen eine *Ergänzung* zur individuellen Behandlung, etwa dann, wenn neben der Therapie von aggressiven Kindern die Eltern beraten und angeleitet werden (so bei Petermann & Petermann 2001; s. Kapitel 15, S. 250). Kann man die Eltern nicht dafür gewinnen, auf der Linie des therapeutischen Konzeptes mitzuarbeiten (z. B. vorrangig mit positiven Anreizen statt Bestrafungen zu erziehen), wäre die Intervention wenig aussichtsreich.

In anderen Fällen ist es die *Haupt*strategie, zunächst das Verhalten der «Umweltpersonen» zu verändern. Statt ein aggressives Kind selbst zu behandeln, leiten professionelle Berater die Eltern, Kindergärtnerinnen, Lehrer/-innen etc. an, und diese versuchen dann ihrerseits in der natürlichen Umgebung, entsprechend dem therapeutischen Konzept, das Verhalten der Kinder zu beeinflussen.

In dem folgenden Beispiel wird eine Verhaltensänderung durch eine angeleitete Kooperation der Eltern und der Lehrerin erreicht. Das Vorgehen konzentriert sich in diesem Fall auf den richtigen Einsatz von positiven Bekräftigungen (was natürlich nicht immer ausreicht): «Rena, eine Schülerin der Grundschule, war in der ganzen Schule für ihre Aggressivität gegenüber Kameraden, ihr störendes Verhalten in der Klasse und ihren allgemeinen Trotz bekannt. Nach dem Interview mit ihren Eltern entdeckten wir, dass Rena in geringerer Intensität dasselbe Verhalten auch zu Hause zeigte. Die hauptsächlichste Sorge ihrer Eltern war jedoch ihr Verhalten in der Schule (…). Ein Therapieplan wurde aufgestellt, bei dem Renas Lehrerin die Eltern jeden Tag darüber informieren konnte, ob ihr Verhalten befriedigend gewesen war. Da Verstärker (Bekräftiger) zu Hause begrenzt waren, mussten wir uns auf die positive Aufmerksamkeit beschränken, die ihr Vater ihr geben konnte, wenn sie nach Hause kam. Sie spielten einfache Kartenspiele, draußen Seilspringen usw.

Renas Vater hatte das gelegentlich früher mit ihr getan, doch nun, da es kontingent geschah (= abhängig von ihrem Verhalten; H.-P. N.), wurde diese Interaktion für sie sehr bedeutsam. War Renas Verhalten in der Schule nicht befriedigend, blieb diese Bekräftigung aus. Der Plan wirkte sehr schnell, und innerhalb kurzer Zeit war Rena in der Schule kein Problem mehr. Wie erhofft, verbesserte sich auch ihr Verhalten zu Hause.» (Das Beispiel wurde entnommen aus Tharp & Wetzel 1975, S. 99.)

Ein Erziehungs*training* für Eltern geht über eine Beratung und Anleitung hinaus. Elterntraining gilt seit langem als besonders aussichtsreicher Weg zur individuellen Aggressionsverminderung, präventiv wie auch therapeutisch (vgl. Kazdin 1987, Utting 2003). Allerdings ist für den Erfolg eine ergänzende soziale und ökonomische Unterstützung der Familie wichtig, so Utting, falls die äußeren Lebensbedingungen unzureichend sind.

Eine Kombination aus Elterntraining und individueller Behandlung des Kindes kann ebenfalls besonders wirksam sein. Webster-Stratton & Hammond (1997) versuchten zu ermitteln, welche Beiträge der eine und der andere Weg leisten. Ihre vergleichende Untersuchung legt nahe, dass die Kombination aus der Behandlung des Kindes und einem Elterntraining insgesamt wirksamer ist nur eine der Komponenten. So kann das *Kind* in seinem Training unter anderem soziales Problemlösen bei Konflikten im Umgang mit Freunden verbessern (s. hierzu S. 247), während das *Eltern*training für die positive Eltern-Kind-Interaktion zu Hause wichtig ist. Beides überträgt sich aber noch nicht automatisch auf das Verhalten in der Schule. Bei unterschiedlichem Verhalten je nach Kontext kann es daher sinnvoll sein, mehrere Personen als Helfer einzubeziehen, in diesem Falle also auch die Lehrer/-innen.

Wenn interpersonale Konflikte zwischen den direkt Betroffenen nicht aus eigener Kraft gelöst werden können, kann es zweckmäßig sein, Personen, die nicht zum Interaktionssystem gehören, als neutrale Helfer einzubeziehen. Das können Vertrauenspersonen aus dem Bekanntenkreis sein oder auch Fachleute. Unter der Bezeichnung *Mediation* haben professionelle Vermittlungen in verschiedenen Lebensbereichen großes Interesse gefunden (vgl. Altmann & Müller 2003, Montada & Kals 2001). Seit langem werden bei schwierigen politischen Verhandlungen (z. B. zwischen verfeindeten Staaten) Vermittler herangezogen, und in jüngerer Zeit ist die außergerichtliche Mediation besonders bei Scheidungsverfahren bekannt geworden.

16.3 Ganze Systeme: Familien, Schulen usw.

Im umfassendsten Sinne wird ein Interaktionssystem als Ansatzpunkt für Veränderungen genutzt, wenn alle Beteiligten von Anbeginn gemeinsam die Veränderung betreiben. Das System kann z. B. die Familie sein, ein Arbeitskollegium, eine Schulklasse oder eine ganze Schule.

So werden in den zahlreichen Varianten der *Familientherapie* statt einzelner Personen mehrere Familienmitglieder gemeinsam «behandelt». Die Therapie bezieht Eltern und Kinder ein und manchmal auch die Großeltern. Die therapeutischen Konzepte orientieren sich an «klassischen» Schulen, die sonst auch individuell arbeiten (z. B. Psychoanalyse oder Verhaltenstherapie), oder gehören zu jenen Varianten, die prinzipiell «systemisch» und nicht personbezogen arbeiten (im Überblick Schneewind 1999).

Als Beispiel für eine familienbezogene Intervention sei das Therapieprogramm für *Eltern-Adoleszenten-Konflikte* erwähnt (Döpfner & Kühn, zit. nach Petermann, Döpfner & Schmidt 2001). Es werden verschiedene Vorgehensweisen kombiniert, und anders als bei einem reinen Elterntraining oder einem Elterntraining mit paralleler Kindertherapie beschäftigen sich hier die Jugendlichen und die Eltern gemeinsam mit ihrem Verhalten zueinander. Bestandteile des Programms sind unter anderem:

- die Veränderung kognitiver Bewertungen, und zwar sowohl bei den Eltern (verkürztes Beispiel: statt der Denkweise «Mein Kind will mich ärgern» ein Versuch der Einfühlung: «Welche anderen Gründe könnte ein Jugendlicher haben, sich so zu verhalten?») als

auch bei den Jugendlichen (statt: «Meine Eltern sollen sich nicht einmischen», eher: «Wir haben das Recht, uns gegenseitig zu sagen, was wir denken»);
- die Einübung offener, nichtaggressiver Kommunikationsmuster: Gefühle durch Ich-Botschaften statt Anklagen äußern, zuhören statt unterbrechen, konkretisieren statt verallgemeinern, beim Thema bleiben, den Gesprächspartner anschauen usw;
- die Einübung mehrphasiger Problemlösegespräche aus Klärungs- und Lösungsprozessen (hierzu ausführlich Kapitel 15, S. 238 ff.).

Wie leicht zu erkennen ist, sollen also gleichermaßen die Eltern und ihre jugendlichen Kinder in ihrem Denken und Verhalten umlernen.

Handelt es sich um Paare ohne Kinder oder liegen die Probleme vorrangig in der Paarbeziehung der Eltern, bildet das *Paar* das System bzw. Subsystem, auf das sich die Intervention richtet; häufig ist dies ein Kommunikationstraining (s. Kapitel 17). Ein solches Training der Eltern als Ehepartner kann auch die Ergänzung zu einem Erziehungstraining sein.

Für Einrichtungen der *öffentlichen Erziehung* (Kindergarten, Schule u. a.), die es meistens mit größeren Gruppen zu tun haben, kommt eine Therapie im üblichen Sinne nicht in Betracht, sondern nur eine Intervention am Ort des Geschehens. Ähnliches gilt für Betriebe und Organisationen. Sofern man hier auf die Zusammenarbeit der Angehörigen der Institution setzt, kann man von kooperativem Vorgehen sprechen.

Ein Beispiel hierfür ist die «kooperative Verhaltensmodifikation» bzw. die «kooperative Methode» für die Bewältigung von Konflikten und Störungen in einer *Schulklasse* (Redlich & Schley 1981, Achtzehn Autoren 2000). Ein anderes Beispiel sind die Konzepte zur Gewaltverminderung in der *Schule*, die in Anlehnung an Dan Olweus (1995) gleichzeitig auf drei Ebenen arbeiten: Schule, Klasse und Individuum. Die Leitung solcher Projekte liegt in den Händen der Lehrkräfte. Sie werden zwar fachlich beraten, führen die Intervention aber eigenständig durch. Anders als bei einem reinen Erziehertraining werden alle Beteiligten, in diesem Fall also auch die gesamte Schülerschaft, direkt in die Intervention einbezogen (Näheres in Kapitel 18). Selbstverständlich sind nicht alle Mitglieder des Systems gleichermaßen interessiert, aber alle werden informiert und nehmen an gemeinsamen Gesprächen teil. Für die Schule haben sich diese kooperativen Strategien insgesamt als besonders erfolgreich erwiesen (im Überblick Nolting & Knopf 1998, ausführlich Smith, Pepler & Rigby 2004).

Wie die erwähnten Anwendungsfelder deutlich machen, geht es bei der Veränderung eines Interaktionssystem nicht immer um eine Therapie aggressiver Störungen (im klinisch-psychologischen Sinne), sondern häufig lediglich um die Veränderung eines aggressiven *Klimas*. Bei einer solchen Zielsetzung liegt es besonders nahe, systembezogen zu arbeiten. Denn ein schlechtes Klima muss ja nicht auf einzelnen aggressiven Personen beruhen, sondern kann z.B. aus Belastungs- oder Konkurrenzsituationen entstehen, aus denen heraus sich ein schlechter Interaktionsstil entwickelt. Das kann für Paare ebenso zutreffen wie für eine Schulklasse oder einen Betrieb. Manchmal gelingt es den Beteiligten, in Eigenregie eine Veränderung einzuleiten, manchmal ist eine externe Supervision oder ein Training unter professioneller Leitung nötig.

Aggressionsverminderung II: Zusammenschau nach Praxisfeldern

Die folgenden Kapitel stellen Möglichkeiten der Aggressionsverminderung in Hinblick auf einige Felder des alltäglichen Lebens dar (Partnerschaft, familiäre Erziehung, Schule). Die Besonderheiten dieser Bereiche stehen im Vordergrund, zugleich wird auf vorangehende Kapitel zurückgegriffen. Das letzte Kapitel verlässt den sozialen Nahraum und behandelt psychologische Aspekte von Frieden im gesellschaftlich-politischen Sinne.

- **Partnerschaft**
- **Erziehung in der Familie**
- **Schule**
- **Frieden – psychologisch betrachtet**

17 Partnerschaft

Es gibt viele Gründe, aus denen Paarbeziehungen scheitern können. Einer davon ist ein aggressiver Umgangsstil, entweder wechselseitig zwischen beiden Partnern oder einseitig von einem gegen den anderen (Täter-Opfer-Beziehung). Wiederkehrende Anschuldigungen, böse Blicke, patzige Antworten, Herabsetzungen oder gar physische Gewalt beeinträchtigen gewöhnlich alle Bereiche der Partnerschaft oder zerstören die Beziehung vollkommen.

Allerdings: Aggressives Verhalten ist nicht nur ein möglicher *Grund* für Partnerschaftsprobleme, sondern seinerseits die *Folge* anderer Gründe, die sowohl mit Eigenheiten der Personen als auch mit *inter*personalen Problemen (z. B. differierenden Interessen oder schlechter Kommunikation) zu tun haben können. Die Hintergründe aggressiven Verhaltens zu erkennen, eventuell mit Hilfe einer dritten Person, ist oft eine wichtige Voraussetzung für eine Änderung. Die verbreitete Neigung von Betroffenen, ein Partnerschaftsproblem dadurch lösen zu wollen, dass man die andere Person zu «erziehen» versucht, wirkt sich hingegen meist schädlich aus.

Weil aggressives Verhalten nicht isoliert zu betrachten ist, sind auch verschiedene Zugänge der Therapie oder Prävention möglich. Dieses Kapitel beschränkt sich, nach einer Vorbemerkung über realistische Einstellungen, auf die direkte Förderung positiver Alternativen zu aggressivem Verhalten, insbesondere auf gute Gesprächsführung.

17.1 Förderliche Einstellungen

Manche Partner lassen sich von Ansichten und Erwartungen leiten, mit denen sie sich zwangsläufig überfordern und enttäuschen müssen und die dann nicht selten zu endlosen Vorwürfen und Erziehungsversuchen führen. In Kapitel 13 war von irrationalen Bewertungen die Rede, die «nichts als Ärger» bringen; die gibt es in großer Zahl auch in Bezug auf eine Partnerschaft. Beispiele für *irrationale* Einstellungen sind unter anderem (teilweise nach Schindler, Hahlweg & Revenstorf 1998, S. 51):

- Ich muss total geliebt werden.
- Es ist unerträglich, dass der andere sich nicht immer so verhält, wie ich es erwarte.
- Wer mich liebt, kann mir die Wünsche von den Augen ablesen.
- Uneinigkeit ist etwas Schlimmes.

Hinzu kommen gedankliche «Fehler» beim Umgang mit dem Partner. Destruktiv wirken unter anderem *verallgemeinernde Urteile* in Form einer Zuschreibung fester «Eigenschaften» («X ist egoistisch, rücksichtslos, gleichgültig ...») oder in Form von Aussagen mit Wörtern wie «immer», «nie», «ständig» usw. («Nie macht er ...», «Immer sagt sie ...»). Aus solchen Urteilen ergeben sich auch leicht stille *Vorhersagen*, die eigene Bemühungen hemmen («Das macht er sowieso nicht, auch wenn ich darum bitte»), sowie die Unterstellung *negativer Absichten* selbst bei positivem Verhalten («Das tut sie doch nur, um ...»). All diese Denkweisen haben eines gemeinsam: Sie schreiben negative Seiten des Partners fest und geben ihm keine Chance, positiv wahrgenommen zu werden.

Förderlich für die Paarbeziehung sind *realistische Einstellungen* wie die folgenden:

- Es kommen immer zwei unterschiedliche Menschen zusammen (selbst bei vielen Übereinstimmungen). Und: Anders sein ist nicht verwerflich.
- Jeder braucht seine Eigenständigkeit.
- Nicht alle Wünsche können erfüllt werden, auch von einem Traumpartner nicht.

- Gelegentliche Uneinigkeit ist etwas Normales. Man kann nicht erwarten, dass zwei Menschen immer dasselbe wollen, und das auch noch im selben Augenblick.
- Auch Liebe befähigt nicht zu Hellseherei und Gedankenlesen und ist daher auch kein Ersatz für klare Kommunikation.
- Viele Probleme (nicht alle) lassen sich durch gute Kommunikation lösen.
- An einem Problem ist häufig nicht einer der Partner «schuld», sondern die Interaktion zwischen ihnen. Also: «Wir haben da ein Problem» und nicht sinngemäß: «Du bist das Problem.»

Solche Einstellungen können einem aggressiven Beziehungsklima vorbeugen. Letztlich entscheidend ist aber, dass die Einstellungen in positivem Verhalten gegenüber dem Partner zum Ausdruck kommen. Nach den Forschungen von Gottman (1995) sind Beziehungen stabil, wenn das Verhältnis von positiven zu negativen Verhaltensweisen mindestens 5:1 beträgt. Verhaltensweisen wie anlächeln, berühren, loben, miteinander lachen usw. müssen also mindestens fünfmal häufiger vorkommen als Vorwürfe, Tadel, Spott, Anschreien, Missachtung usw. Andernfalls wird die Beziehung wahrscheinlich irgendwann zerbrechen.

Um in einer Krise die erwähnten Pauschalurteile und Teufelskreise aufzubrechen und stattdessen positive Bemühungen zu erleichtern, empfehlen Schindler et al. (1998, S. 221) eine *Experimentierhaltung*. Beispiele dafür sind Denkweisen und Selbstinstruktionen wie die folgenden: «Ich will jetzt mal auf positive Reaktionen achten», oder: «Ich probier es mal. Ich mache einen Anfang und sehe, was passiert.»

17.2 Hilfreiche Kommunikationsformen

Akzeptiert man als Kernziel eine positive Gegenseitigkeit und ein ausgeglichenes Geben und Nehmen, wie Schindler et al. (1998) es nennen, so gehört dazu, den Partner bei gutem Verhalten zu «erwischen», ihn durch positive Resonanz zu belohnen und möglichst auch Wünsche zu erfüllen.

Überaus bedeutsam ist die alltägliche sprachliche Kommunikation (vgl. Kapitel 15, S. 234–243), insbesondere gutes Zuhören, direkte Ich-Botschaften (anstelle des indirekten Ausagierens von Gefühlen) sowie Wunschäußerungen, die auch wie Wünsche klingen (und nicht wie Vorwürfe und Klagen). In kritischen, mit Ärger belasteten Situationen sind solche Kommunikationsformen besonders wichtig. Die Alternative lautet nicht: «Runterschlucken» des Ärgers oder aggressives Verhalten. Der dritte Weg ist das Mitteilen des Ärgers und anderer Empfindungen.

Tafel 29 fasst die wichtigsten Fertigkeiten guter Gesprächsführung zusammen, und zwar geordnet nach den beiden Funktionen, die man abwechselnd im Gespräch ausübt, nämlich «Zuhören» und «Sprechen» (Engl & Thurmaier 1995). Sehr wichtig sind dabei auch die nonverbale Kommunikation (Blickkontakt, Körperhaltung etc.) und natürlich der Tonfall, denn solche Signale übermitteln besonders eindrücklich Beziehungsbotschaften (Akzeptanz oder Zurückweisung, Überlegenheit oder Unterlegenheit, Vertrauen oder Misstrauen usw.) und prägen somit entscheidend das Gesprächsklima. Wie bedeutsam gute Kommunikation für den Bestand und die Qualität einer Paarbeziehung ist, belegen unter anderem Erfolgskontrollen zur Wirkung entsprechender Trainings, sei es als Paartherapie oder als gemeinsame Ehevorbereitung (vgl. Schindler et al. 1998).

Die aufgeführten Regeln können weitgehend das Abgleiten in heftige Vorwürfe und andere Aggressionsformen verhindern. Falls dies jedoch nicht gelingt, gibt es für die Person, die sich angegriffen fühlt, einige Alternativen zum Gegenangriff, also einige kommunikative Möglichkeiten, die zumindest eine Eskalation vermeiden und vielleicht auch das Gespräch wieder «aufs Gleis» bringen (s. auch Kapitel 15, S. 237):

– *Ich-Botschaften und aktives Zuhören:* «Es fällt mir schwer, über Lösungen nachzudenken, solange ich mich gegen deine Vorwürfe wehren muss», «Es regt dich anscheinend auf, dass ...»

Tafel 29: Zehn Regeln für Gespräche in Paarbeziehungen (gekürzt nach Engl & Thurmaier)

FERTIGKEITEN IN DER SPRECHERROLLE	FERTIGKEITEN IN DER ZUHÖRERROLLE
1. *Sich öffnen:* Beschreiben, was in einem vorgeht. Gefühle und Bedürfnisse direkt mitteilen, statt Anklagen und Vorwürfe zu erheben. 2. *Ich-Gebrauch:* Von den eigenen Gedanken und Gefühlen in Ich-Form sprechen statt (meist vorwurfsvoll) in Du-Sätzen über den anderen. 3. *Konkrete Situationen ansprechen:* Über konkrete Situationen und Anlässe sprechen und somit Verallgemeinerungen («immer», «nie») vermeiden. 4. *Konkretes Verhalten ansprechen:* Über konkretes Verhalten in bestimmten Situationen sprechen, statt negative Eigenschaften («typisch», «unfähig» ...) zu unterstellen 5. *Beim Thema bleiben:* Vom Hier und Jetzt sprechen und nicht in die Vergangenheit abgleiten.	1. *Aufnehmendes Zuhören:* Deutlich zeigen, dass man zuhört (z. B. Nicken, «hm», Blickkontakt, zugewandte Körperhaltung), zum Weitersprechen ermutigen. 2. *Zusammenfassen:* Wesentliche Aussagen des Sprechers in eigenen Worten wiedergeben und somit zeigen, dass man bzw. was man verstanden hat. 3. *Offene Fragen:* Ist man unsicher, was der Sprecher empfindet, gezielt danach fragen (z. B. «Hast du dich unsicher gefühlt?» statt «Das liegt an deiner Unsicherheit»). 4. *Positive Rückmeldung:* Offene und verständliche Äußerungen loben und somit ermutigen (z. B. «Es freut mich, dass du mir das so klar gesagt hast»). 5. *Rückmeldung des eigenen Gefühls:* Auch negative Empfindungen über Äußerungen des Sprechers rückmelden (z. B. «Ich bin verblüfft, dass du das so siehst» statt «Aber das stimmt doch gar nicht»).

- *Anstöße zum Lösungsprozess:* Ignorieren der Provokation und eisernes Festhalten an einem lösungsorientierten Kurs: «Was schlägst du vor?», «Lass uns ein paar Ideen sammeln».
- *Aufforderungen zu konstruktiverer Gesprächsführung:* «In der Sache hast du vielleicht nicht Unrecht, aber sag es bitte nicht in so einem vorwurfsvollen Ton».

Wenn es nicht gelingt, das Gespräch in konstruktiven Bahnen zu halten, kann vernünftig sein, es abzubrechen, um die Angriffe zu beenden und eine günstigere Gelegenheit zu suchen.

Das kommunikative Verhalten der Partner hat eine *Vorgeschichte*, die häufig bis in die eigene Herkunftsfamilie zurückreicht. Welche Verhaltensweisen die Eltern vorgemacht haben, ob es üblich war, über Gefühle zu sprechen, ob sich die Eltern durch aggressive Äußerungen der Kinder erpressen ließen, ob eine Wunschäußerung der Mutter oder des Vaters einem Befehl gleichkam oder diskutiert werden konnte usw. usw. – all dies kann eine Teilerklärung für die Kommunikationsgewohnheiten der Partner in der gegenwärtigen Beziehung liefern. Wenn sie dies erkennen, wird es für sie leichter, kommunikative Defizite nicht einfach als Mangel an gutem Willen und als persönliche Schuld anzusehen. Und dies kann zur emotionalen Entlastung der Beziehung beitragen und zugleich sichtbar machen, dass es sich zum Gutteil um ein (Um-)Lernproblem handelt.

17.3 Konfliktgespräche = Problemlösungsgespräche

Wichtige Prinzipien einer konstruktiven Konfliktregelung wurden früher bereits vorgestellt (s. Kapitel 15, S. 238 ff.). Mit Konflikten sind dabei unvereinbare Wünsche und Verhaltenstendenzen gemeint und nicht schon die Art des Konflikt*verhaltens*.

Konstruktives Konfliktverhalten zielt auf eine Lösung in der Sache *und* eine Schonung der Beziehung. Bereits die einleitende Bemerkung ist wichtig für das Gesprächsklima, z. B. eine Ich-Botschaft («Mir ist aufgefallen, dass wir kaum noch Zeit haben für ...») oder das Mitteilen einer Wahrnehmung («Ich habe den Eindruck, du bist verärgert, und wüsste gerne, warum»). Darüber hinaus ist zu beachten, dass vor den Lösungsversuchen meist eine Klärungsphase erforderlich ist und dass man in der Lösungsphase zunächst Ideen sammeln sollte, statt sofort über jeden Vorschlag zu diskutieren bzw. zu streiten.

Für ein vollständiges Konfliktgespräch schlagen Schwäbisch & Siems (1974) fünf Phasen vor (s. Tafel 30). Viel Raum erhält die ausgiebige Klärung, die zu gegenseitigem Verstehen führen soll. Die Umformulierung von Störungen in Wünsche bildet den Übergang von der Klärungs- zur Lösungsphase. Zu einem späteren Zeitpunkt sollte man die ausprobierten Lösungen in der Rückschau bewerten und gegebenenfalls neue Lösungen suchen.

Häufig können sich die Kontrahenten gar nicht vorstellen, dass es für den Konflikt eine andere Lösung geben konnte als die, die sie schon im Kopf haben, und versuchen dann, den anderen von dieser Lösung zu überzeugen.

Der folgende Auszug aus einem Konfliktgespräch soll daher den Nutzen einer breiten Ideensammlung illustrieren. Der Auszug überspringt die Klärungsphase und beginnt mit der *Formulierung der Wünsche* (entnommen aus Schwäbisch & Siems 1974, S. 220 ff.).

A: «Ich wünsche mir, dass ich in vermehrtem Maße mit meinen Bekannten zusammensein kann, ohne dass ich befürchten muss, dass du dich allein langweilst oder glaubst, dass ich dich weniger liebe.»

B: «Ich wünsche mir von dir, dass du bei diesem Weg langsam vorgehst, sodass ich auch umlernen kann. Besonders wichtig wäre es mir, dass wir in solchen Situationen auch noch etwas Zeit für uns beide haben. Deswegen wünsche ich mir, dass du die Zeiten einhältst, wenn du dich mit mir verabredest und vorher andere Verabredungen hast.»

In der Phase des *Brainstorming für Lösungsmöglichkeiten* fallen den Kontrahenten folgende Ideen ein:

«(1) Besuche einschränken – (2) A's Freunde nach Hause einladen – (3) A's Freunde gemeinsam besuchen – (4) B sucht sich einen eigenen Bekanntenkreis – (5) A überlegt vorher genau, ob er Verabredungen mit B einhalten kann; nur wenn er sich sicher ist, verabredet er sich – (6) Umfassenderes Konfliktgespräch über Bedürfnisse und Unabhängigkeit bei beiden – (7) B akzeptiert A's Unabhängigkeit, A akzeptiert B's wöchentliche Kartenabende – (8) A muss für jedes Zuspätkommen B zum Essen einladen – usw.»

Dass Ideensammlungen auch unbrauchbare Vorschläge enthalten, liegt in der Natur der Sache; manchmal fördern sie sogar ein heiteres Klima.

Für ihre *Bewertungen* können die Partner jeweils einzelne Lösungen ausschließen (Minuszeichen), andere für akzeptabel erklären (Pluszeichen) und einige noch offen halten. Welche Lösung oder welches Lösungspaket schließlich als Schnittmenge übrig bleibt, wird von Paar zu Paar unterschiedlich sein. Es geht um einen guten Problemlösungs*prozess* und nicht um bestimmte Lösungen.

Sollten Konfliktgespräche immer wieder misslingen, so kann es sinnvoll sein, eine neutrale Person einzubeziehen, die Kommunikationshilfe leistet (s. S. 256).

Tafel 30: Phasen eines Konfliktgespräches
(leicht gekürzt nach Schwäbisch & Siems)

1. Anmeldung der Störung
Ein Partner oder beide äußern ihre Störung, und zwar indem sie ihre Gefühle direkt und ohne Vorwurf ausdrücken. Es soll dabei aufgefordert werden, gemeinsam über das Problem zu sprechen, und es soll deutlich gemacht werden, dass man für neue Lösungsmöglichkeiten offen ist.
2. Herausarbeiten der Hintergrundbedürfnisse
Beide Partner versuchen, ihre Bedürfnisse zu erforschen und zu klären. Beide Partner sollen dabei akzeptieren, dass sie verschiedene Interessen haben, und versuchen, die Meinung des Konfliktpartners zu verstehen und nachzuvollziehen. Dabei ist es eine Hilfe, partnerzentriert zu reagieren. (...)
3. Umformulierung der Störungen in Wünsche
Beide Konfliktpartner formulieren ihre Störungen oder ihren Ärger in konkrete Wünsche an den anderen um.
4. Brainstorming für mögliche Lösungen
Beide Partner sammeln Vorschläge für mögliche Lösungen. Diese Vorschläge sollen nicht diskutiert, sondern nur gesammelt werden. Dabei können auch unsinnige und sehr phantasievolle Vorschläge gemacht werden. Beide Partner vermitteln (...) dem andern, dass sie sich um eine Lösung bemühen. Außerdem wird die Atmosphäre durch Heiterkeit und Spaß entkrampft.
5. Einigung auf die beste Lösung
Beide Partner einigen sich auf eine Lösung, die sie beide akzeptieren können und die den Interessen beider Seiten optimal entspricht. Beide prüfen mögliche Einwände gegen die Lösung und suchen so lange, bis sie die Lösung gefunden haben, zu der beide uneingeschränkt ja sagen können.

18 Erziehung in der Familie

Die Bedeutung der familiären Einflüsse für die Entwicklung individueller Aggressivität wurde in den vorgehenden Kapiteln an vielen Stellen erläutert (im Überblick Kapitel 9.4, S. 162). Dieses Kapitel fasst wichtige praktische Konsequenzen zusammen.

18.1 Realistische Ziele und Einschätzungen

Welche Ziele sollte die familiäre Erziehung hinsichtlich aggressiven Verhaltens anstreben? Es kann sicher nicht nur um bloße Aggressionsvermeidung gehen (die wäre auch mit Gehemmtheit und Unterwürfigkeit erreicht), sondern um ein Verhalten, das man als *verantwortungsbewusste Selbstbehauptung* oder als soziale Kompetenz umschreiben könnte. Darin stecken zwei Zielrichtungen, die einander teilweise entgegenlaufen. Einerseits soll Erziehung Kinder dahin führen, soziale Normen und die Bedürfnisse *anderer* Menschen zu beachten. Andererseits soll sie das erzogene *Kind selbst* fördern: seine Autonomie, seine Entfaltung, seine persönliche Zufriedenheit.

Bei aggressivem Verhalten fehlt die erste Komponente, die Rücksichtnahme auf andere. Es ist aber kein realistisches Ziel, Kinder zu völlig aggressionslosem Verhalten zu erziehen. «Unmutsäußerungen» (s. S. 127) sind nicht zu vermeiden und meist auch kein Problem. Weiterhin ist gelegentliche Abwehr-Aggression gegen bedrohliche Angriffe (z.B. von Mitschülern) oder gegen Einengungen oder Überforderungen (z.B. von Eltern) meines Erachtens als Notlösung zu akzeptieren. Anders ist es bei wiederkehrender aggressiver Durchsetzung, bei Racheakten und Schikanierungen. Und auch aggressive Abwehr ist nicht mehr akzeptabel, wenn sich das Kind damit Pflichten und andere Lästigkeiten vom Halse halten will.

Bevor der nächste Kapitelabschnitt wichtige Erziehungspraktiken zur Erreichung dieser Ziele zusammenfasst, sei daran erinnert, dass die elterliche Erziehung zwar bedeutsam, aber nicht allmächtig ist. Man kann sagen, dass Eltern an der Entwicklung ihrer Kinder *mitwirken*, aber nicht, dass sie sie bestimmen können. Andere Einflüsse sind die genetische Ausstattung, die Geschwister und andere Familienmitglieder, die Altersgenossen, die Schule, die Medien und nicht zuletzt die Eigenaktivität des Kindes. Die ist zwar auch ein Resultat der genannten Einflüsse, zugleich aber eine treibende Kraft, die sich in aktiver Selbstgestaltung, im Auswählen von Umwelten und in deren Beeinflussung niederschlägt (s. Kapitel 6, S. 109).

Die elterliche Erziehung bleibt dennoch wichtig, und ihre Chancen sollten so weit wie möglich ausgeschöpft werden. Das gilt vor allem für die frühen Phasen, denn: Vorbeugen ist leichter als Korrigieren!

Noch einmal sei daran erinnert, dass aggressives Verhalten und ein gewisses Interesse an Gewalt in Spielen und Medien kein Anlass zur Sorge sind, sofern sie situativ und zeitlich begrenzt auftreten und gleichzeitig positives Verhalten und konstruktive Interessen überwiegen. Als *Warnzeichen* sollte man hingegen betrachten,

- wenn die frühkindlichen Trotzausbrüche im Laufe der Vorschulzeit nicht wieder zurückgehen,
- wenn Kinder Waffennarren werden oder sich immer wieder in eine Phantasiewelt aus Gewalt zurückziehen (auch Filme, Videospiele) und zugleich kaum Kontakte mit anderen Kindern haben,
- wenn Kontakte mit anderen Kindern häufig aggressiv sind und selten in friedlichem, kooperativem Spiel bestehen,
- wenn es sich um Kontakte zu Altersgenossen mit antisozialen Tendenzen handelt.

Es wäre leichtfertig, solche Anzeichen mit der Bemerkung abzutun: «Das wächst sich aus.» In der Regel vergehen die Probleme nicht von selbst, und mit zunehmendem Alter werden Korrekturen meist nur schwieriger. Das heißt auch, dass Eltern psychologische Beratung suchen sollten, wenn sie problematische Anzeichen erkennen (s. auch Kapitel 9.4 zur Entwicklung von Aggressivität).

18.2 Günstiges Erziehungsverhalten

Aggressionsprävention in der Familie besteht nicht in einer speziellen Erziehung, sondern in einer «vernünftigen» Erziehung von Anfang an. Unterscheidet man relativ global nach Erziehungsstilen, so ist die volkstümliche Unterscheidung in «streng» und «nicht streng» insofern nichtssagend, als weder das eine noch das andere die wirklich *bedeutsamen* Aspekte anspricht. In der erziehungspsychologischen Forschung hat sich jener Stil als der günstigste erwiesen, der (ein wenig missverständlich) als *autoritativ* bezeichnet wird. Anders als der autoritäre Stil ist die Erziehung liebevoll und unterstützend, zugleich werden aber die Verhaltenserwartungen an das Kind deutlich gemacht, und die Regeleinhaltung wird kontrolliert. Bei der Umsetzung dieser beiden Aspekte spielt das Gespräch mit dem Kind eine wichtige Rolle. Forschungen haben wiederholt belegt: Autoritative Erziehung bringt – verglichen mit autoritärer, mit nachgiebiger oder gar vernachlässigender Erziehung – die besten Effekte: gutes Selbstvertrauen und gute Sozialkompetenz, angemessene Leistungshaltung in der Schule, geringe Belastungssymptome (psychosomatische Beschwerden u.a.) sowie geringes soziales Problemverhalten (antisoziales Verhalten, Drogenkonsum u.a.) (vgl. Lamborn et al. 1991).

Als *konkrete* erzieherische Verhaltensweisen kann man die in Tafel 31 zusammengestellten zwölf Praktiken empfehlen (Nolting & Paulus 2004), die alle bereits an anderen Stellen dieses Buches vorgestellt wurden. Sie passen zu dem Konzept der autoritativen Erziehung, und zusammengenommen fördern sie gleichzeitig soziale *und* individuelle Ziele, also das, was oben mit verantwortungsbewusster Selbstbehauptung oder sozialer Kompetenz bezeichnet wurde.

Noch einmal sei daran erinnert, dass das *Fördern* des erwünschten Verhaltens stets wichtiger ist als das Eindämmen des unerwünschten.

Tafel 31: Nützliche Erziehungspraktiken

SCHWERPUNKT:
FÖRDERN VON ERWÜNSCHTEM VERHALTEN

1. Verhalten vormachen
Selbst Vorbild sein für das Verhalten, das man sich wünscht. Nach der Umkehrbarkeit fragen: Würde ich es akzeptieren, wenn das Kind sich so verhielte wie ich?

2. Regeln erläutern; argumentieren
Dem Kind Regeln des menschlichen Zusammenlebens erklären und begründen; mit dem Kind «diskutieren»; ggf. Vorschläge machen. (Gilt auch für eindämmende Regeln bzw. Verbote.)

3. Positiv bekräftigen
Erwünschtes Verhalten durch Zuwendung, Lob, Vergünstigungen usw. «belohnen». Ist es kaum vorhanden, auch kleine Ansätze bekräftigen. Anfangs regelmäßig, dann immer seltener bekräftigen.

4. Nach Lösungsideen fragen
Problemlösendes Denken des Kindes anregen; fragen: Was könntest du tun? Hast du noch eine Idee?

5. Verantwortung übertragen
Das Kind mit Aufgaben betrauen, die es bei gewissem Bemühen gut bewältigen kann. Möglichst Aufgaben wählen, die das Selbstwertgefühl stärken.

SCHWERPUNKT:
EINDÄMMEN VON UNERWÜNSCHTEM VERHALTEN

6. Verhalten ignorieren
Bestimmte Verhaltensweisen (z.B. Jammern, Nörgeln, Wutanfälle) konsequent in Leere laufen lassen. Die Nichtbeachtung ist zu verbinden mit Beachtung des erwünschten Verhaltens (z.B. um etwas bitten).

7. Verhalten stoppen
Unerwünschtes Verhalten in nichtaggressiver Form (ohne Strafen und Schimpfen) beenden, z.B. durch verbale oder nonverbale Stopp-Signale, durch Trennen von Streithähnen usw.
8. Negative Konsequenzen tragen lassen
Leichte, nichtaggressive Variante der Bestrafung durch begründete Folgen des Fehlverhaltens (z.B. Dinge ersetzen müssen, Vergünstigungen verlieren usw.).
9. «Opferbezogene» Reaktion
Die Aufmerksamkeit des Kindes auf die geschädigte Person lenken: auf Schmerz oder Enttäuschung der betroffenen Person hinweisen; Entschuldigung oder Wiedergutmachung anregen u. dgl.

SCHWERPUNKT:
SPRACHLICHE KOMMUNIKATION

10. Aktives Zuhören
Sich in die Empfindungen des Kindes einfühlen und sie mit eigenen Worten umschreiben (mit einer Haltung des Ernstnehmens und des Bemühens um Verstehen).
11. Ich-Botschaften
Die eigenen Gefühle, Wünsche, Gedanken deutlich vortragen, statt über das Kind Urteile abzugeben (Gegenstück zum aktiven Zuhören).
12. Gemeinsame Konfliktregelung
Umfasst aktives Zuhören und Ich-Botschaften, Vortragen von Lösungsideen durch alle Betroffenen und nachfolgende Bewertung aller gesammelten Ideen, bis eine für alle akzeptable Lösung übrig bleibt.

So klar dieses Prinzip auch ist, in der Praxis fällt es Eltern oft schwer, es zu beherzigen. Gerade Eltern von hoch aggressiven Kindern tun gewöhnlich das Gegenteil: Sie achten auf negatives Verhalten des Kindes und reagieren darauf selbst negativ, während positives Verhalten ohne Resonanz bleibt. Nach Patterson (1982) machen die Eltern solcher Kinder meist keinen Unterschied zwischen positivem und negativem Verhalten; sie reagieren vielmehr schon gereizt, wenn sich das Kind überhaupt irgendwie «rührt», da sie das Kind nur negativ wahrnehmen und nichts Gutes mehr erwarten. Doch sowohl vorbeugend wie auch korrigierend ist es wichtig, die Kinder bei gutem Verhalten zu «erwischen» und dieses dann mit positiven Reaktionen zu belohnen. Um darauf nicht einfach nur zu warten, kann man das positive Verhalten durch andere Erziehungspraktiken stimulieren: durch Vormachen, durch Erklärungen, durch verantwortungsvolle Aufgaben, durch die Frage nach Lösungsideen.

Der zweite Block der Tafel enthält eindämmende Erziehungspraktiken, die im Ganzen eine Alternative zu regelrechten Bestrafungen sind. Allerdings: Negative Konsequenzen tragen zu lassen, kann man auch als «natürliche», folgerichtige Bestrafung ansehen, und manchmal werden dabei Maßnahmen wie die Reduzierung von Taschengeld, von Fernsehzeit usw. (= Bestrafung durch Verlust) nicht zu vermeiden sein. Wichtig ist in jedem Fall, dass die Maßnahmen nicht willkürlich und ungerecht erscheinen. Im Übrigen ist im akuten Fall zuweilen das bloße Stoppen wirksam genug (s. Kapitel 14, S. 221), und falls sich das aggressive Verhalten eines Kindes gegen Erwachsene richtet, kann man es meist auch ignorieren, also ins Leere laufen lassen. Zu den opferbezogenen Reaktionen sei daran erinnert, dass sie für die Entwicklung moralischer Werthaltungen (des «Gewissens») förderlich sind.

Der dritte Block betrifft sprachliche Kommunikationsformen, die mehrfach erwähnt wurden. Sie sind nicht ganz unabhängig von den ersten beiden Blöcken, denn die dabei vermittelten Botschaften können «fördernde» oder «eindämmende» Bedeutung haben. Das Sprechen mit dem Kind hat aber zusätzlich seinen eigenen pädagogischen Wert. Zu konkreten Beispielen für Ich-Botschaften, aktives Zuhören und gemeinsame Konfliktlösung sei auf frühere Kapitel verwiesen (besonders S. 234–243).

Jenseits dieser generell sinnvollen Erziehungspraktiken könnte man noch zwei Verhaltensweisen erwähnen, die unbedingt *vermieden* werden sollten. Vermeiden sollte man (1) Herabsetzungen und andere Verhaltensweisen, die das Selbstwert- und Gerechtigkeitsgefühl des Kindes treffen, und (2) die ungewollte Bekräftigung von aggressivem Verhalten durch Nachgeben.

18.3 Elterntraining

Wie bereits erwähnt, sind Elterntrainings ein aussichtsreicher Weg zur Aggressionsverminderung bei Kindern. Gewöhnlich lernen Eltern in solchen Trainings Verhaltensmuster wie die zuvor genannten, doch es geht nicht nur um Verhalten. «Ein typisches Elterntrainingsprogramm (...) klärt mit den Teilnehmern die Ziele hinsichtlich des eigenen Erziehungsverhaltens und des Verhaltens der Kinder, lässt die Teilnehmer über Erziehungseinstellungen sprechen, vermittelt Wissen über Zusammenhänge erzieherischer Maßnahmen mit kindlichen Verhaltensweisen, lässt bestimmte Erziehungsmaßnahmen üben, z. B. wie man mit einem Kind in einer Konfliktsituation spricht, auf welche Weise man belohnen oder bestrafen soll oder wie man sich mit Kindern unterschiedlicher Altersgruppen beschäftigt. Häufig wird auch die selbst erfahrene Erziehung in der Herkunftsfamilie thematisiert (...), oder es wird darüber gesprochen, was es für die Einzelnen bedeutet, Vater bzw. Mutter zu sein» (Minsel 1994, S. 551).

Diese Beschreibung macht deutlich, dass in den Trainings meist unterschiedliche Lernebenen angesprochen werden, von der Wissensvermittlung über emotionale Selbstklärungen bis zur Einübung bestimmter Verhaltensweisen. Um die Übertragung in die Praxis zu fördern, können die Eltern auch «Hausaufgaben» bekommen, über die sie dann im Kurs berichten. *Was* die Eltern lernen, richtet sich nicht nur nach dem Trainingskonzept, sondern zum Teil auch nach dem individuellen Lernbedarf.

Ein bekanntes Beispiel eines Elterntrainings ist das australische

Programm Triple-P, das inzwischen auch in Deutschland eingeführt wurde (Kuschel et al. 2000). Es umfasst fünf Interventionsstufen:

(1) allgemeine Information zu Erziehung,
(2) Kurzberatung für Eltern mit spezifischen Erziehungsproblemen,
(3) Kurzberatung plus aktives Verhaltenstraining im Rollenspiel,
(4) intensives Training,
(5) erweiterte Intervention auf Familienebene, auch mit Kommunikationstraining für die Ehepartner, Anleitung zum Stressmanagement usw.

Die eingesetzten Stufen werden jeweils dem individuellen Bedarf angepasst. Manche Eltern kommen bereits mit Stufe 1 aus. Zu den konkreten Erziehungspraktiken, die zur Sprache kommen und eventuell auch geübt werden, gehören unter anderem: Regeln aufstellen, ruhige Anweisungen geben, erwünschtes Verhalten des Kindes belohnen, bestimmte Verhaltensweisen ignorieren u. a.

Speziell zur Therapie von aggressivem und anderem antisozialen Verhalten wurde von der Gruppe um Gerald Patterson ein sehr erfolgreiches Elterntraining entwickelt. Wie berichtet, hatten ihre Forschungen gezeigt, dass aggressive Kinder mit ihrem Verhalten negatives Verhalten von Eltern und Geschwistern abwenden oder eigene Wünsche durchsetzen können, während ihr positives Sozialverhalten kaum beachtet und belohnt wird. Die Aggressivität des Kindes wird daher von der Patterson-Gruppe nicht nur als individuelle Störung, sondern als ein Problem der familiären Interaktion gesehen, und diese zu ändern ist das Ziel der Intervention. Die Eltern werden darin trainiert, deutlich zwischen negativem und positivem Verhalten zu unterscheiden und positives durch Zuwendung oder durch Gutpunkte (für Leckereien, Fernsehzeit, Ausflüge usw.) zu belohnen. Aggressives und anderes negatives Verhalten wird milde bestraft, etwa durch den direkten Entzug von Vergünstigungen, durch Abzug von Gutpunkten oder durch eine kurze «Auszeit» («time-out», Kind wird für wenige Minuten in einen langweiligen Raum gebracht). Die guten Erfolge des Trainings wurden mehrfach nachgewiesen, auch im Vergleich zu anderen Therapieformen (Patterson et al. 1982, Kazdin

1987). Interessant ist dabei, dass über das «Zielkind» hinaus häufig auch «unbehandelte» Geschwister, der psychische Zustand der Mutter (weniger Depressionen) sowie die Paarbeziehung von der Intervention profitieren.

Damit von Pattersons Programm kein falsches Bild entsteht, sei ausdrücklich hinzugefügt, dass es nicht nur mit dem Einsatz von positiven und negativen Konsequenzen arbeitet. Ein anderer wichtiger Punkt ist die Einführung von klaren Regeln in das bislang meist «chaotische» Familienleben (Essenszeiten, Schlafenszeiten, Übernahme von Haushaltspflichten usw.). Und auch ein Kommunikationstraining für die Eltern zum Umgang mit Ehekonflikten kann hinzukommen.

Gute Kommunikation in der Erziehung ist der Kern des Trainings nach Thomas Gordon, das sich sowohl an Eltern als auch an Lehrer/-innen richtet (Gordon 1996, 1995). Die zu erlernenden Kommunikationsmuster (in Tafel 31 die Praktiken 10 bis 12) wurden bereits an anderer Stelle beschrieben. Evaluationen belegen, dass das Training nachhaltige positive Auswirkungen auf das Verhalten und die Einstellungen von Eltern und Kindern sowie auf das Beziehungsklima mit sich bringen kann; dies gilt ebenso für das entsprechende Lehrertraining (Müller 2002, Müller, Hager & Heise 2001). Anders als Pattersons Elterntraining ist das Gordon'sche Kommunikationstraining nicht speziell für die Anwendung bei Aggressionsproblemen gedacht und dafür evaluiert. Es ist auch unwahrscheinlich, dass es als Aggressions*therapie* ausreichen könnte. Die verständigungsorientierte Kommunikation ist aber zweifellos ein wichtiger Bestandteil guter Erziehung und damit auch für die Aggressionsprävention von Bedeutung. Weitere Elterntrainings wurden in Kapitel 16 vorgestellt (s. S. 256 f.).

Allerdings: Keine Maßnahme funktioniert ohne aktive Mitarbeit der Betroffenen. Aggressive Kinder und Jugendliche sehen sich gewöhnlich nicht als behandlungsdürftig an (Petermann et al. 2001, S. 41). Dies kann zumindest bei jüngeren Kindern oft ausgeglichen werden durch hohe Motivation der Eltern und ihre Bereitschaft zu einem Erziehungstraining. Schwieriger ist es bei Jugendlichen, die sich dem elterlichen Einfluss bereits entzogen haben. Darüber hinaus gibt es noch Problemfälle wie die, dass überhaupt kein Familienmitglied an einer Therapie bzw. einem Training interessiert ist, dass auch Eltern aus verschiedenen Gründen (akute Belastungen, sprachliche Barrieren, Angst vor Stigmatisierung etc.) keine professionelle Hilfe in Anspruch nehmen. Wie so oft: Es ist schwer, gerade die zu erreichen, bei denen eine Veränderung besonders dringend wäre. Ein Ausweg ist hier manchmal ein finanzieller Anreiz für die Teilnahme am Elternkurs sowie eine umfassende und individuell zugeschnittene Familienhilfe, die sich nicht auf die Erziehungsprobleme beschränkt.

19 Schule

Von Gewalt in der Schule ist in den Medien häufig die Rede, jedenfalls wenn es um spektakuläre Einzelfälle geht. Selten hört man von friedlichen Schulen und von erfolgreicher Gewaltverminderung – doch beides gibt es.

19.1 Hauptziel: die Schwachen schützen

Gewöhnlich wird nicht von «Aggression», sondern von «Gewalt» in der Schule gesprochen, vermutlich weil man in erster Linie gravierende Handlungen im Auge hat. Doch sollte man auch nichtgewalttätige Aggressionsformen verbaler, nonverbaler oder relationaler Art (vgl. S. 20) ernst nehmen; denn Worte, Gesten oder Ausgrenzungen können ebenfalls schmerzen und das soziale Klima in der Schule beeinträchtigen.

Aggression in der Schule ist kein Kampf «jeder gegen jeden». Zwar verhalten sich viele Schüler/-innen zumindest gelegentlich verbal aggressiv. Die große Mehrheit zeigt jedoch keine ausgeprägte Aggressivität, sondern ist weitgehend friedfertig. Das Hauptproblem ist eine Minderheit von Tätern und eine Minderheit von Opfern.

Typische Täter: Einige Schüler/-innen – gewöhnlich 5 bis 10 Prozent, vorwiegend Jungen – greifen andere wiederkehrend an. Auf das Konto dieser sog. «Bullys» (etwa: Schikanierer) entfällt der Löwenanteil der Aggressionsakte (vgl. Olweus 1995, Scheithauer, Hayer & Petermann 2003). Sie sind meistens körperlich kräftig, haben ein ausgeprägtes Machtbedürfnis und ein überhöhtes Selbstbild, erblicken häufig (nicht vorhandene) böse Absichten, sind selbstgerecht, wenig einfühlsam etc. (s. S. 153 ff. zu Merkmalen hoher Aggressivität). Überdies haben sie oft Freundschaften zu Mitschülern, die bei den Angriffen als «Assistenten» oder ermutigende Zuschauer mitwirken; zum Gutteil ist Aggression in der Schule also Gruppenaggression (Schäfer & Korn 2004). Die Personmerkmale der Täter sind dennoch überaus bedeutsam.

Typische Opfer: Einige Schüler/-innen haben mehrmals in der Woche negative Behandlungen zu ertragen. Es sind vornehmlich körperlich schwache, ängstliche und schüchterne Kinder. Häufig sind sie schlecht in die Klasse integriert; zuweilen haben sie dort gar keine Freunde. Das alles macht sie leicht angreifbar. Die meisten dieser Daueropfer verhalten sich *passiv* und geben keinen Anlass für die Angriffe (Olweus 1995).

Es gibt aber auch *provozierende* Opfer («Bully-victims»), die reizbar und feindselig sind und anderen durch impulsives und hyperaktives Verhalten «auf den Nerv gehen». Sie sind in der Klasse sehr unbeliebt und psychisch besonders stark belastet (Scheithauer et al. 2003).

All dies bedeutet: Nicht Kämpfe unter Gleichstarken sind das Kernproblem, sondern die asymmetrische Gewaltausübung von Starken gegen Schwache, und zwar über längere Zeit und wiederholt gegen dieselben Opfer. Ebendies ist das Phänomen des Bullying oder Mobbing. Solche Handlungen haben nur wenig mit einem Konflikt zwischen Täter und Opfer zu tun, sondern geschehen auch ohne vorangehende Provokation (die meisten Opfer sind ja passiv) oder aus nichtigem Anlass. Offensichtlich spielt die Lust am Schikanieren eine wichtige Rolle. Hinzu kommen Handlungen zur Erlangung von Geld und Kleidung oder von Macht und «Respekt».

Es gibt nicht nur typische Merkmale der beteiligten Personen (Täter und Opfer), es gibt auch *typische Situationen.* Aggression in der Schule ist nicht Aggression im Unterricht. Zumindest für schärfere Formen, für Gewalt, ist der Unterricht nicht der vorrangige Ort (Ausnahme zuweilen: Sportunterricht). Kritisch sind besonders die Pausen auf dem Schulhof und andere Situationen mit eingeschränkter Beaufsichtigung (Olweus 1995, Smith & Sharp 1994). Dazu gehören auch die Wege vom und zum Klassenraum, unstrukturierte Wartesituationen (Warten vor der Klasse, Warten in der Klasse, Warten auf den Bus usw.), eventuell auch Toiletten, Umkleideräume und nicht selten der Heimweg. Da sich das Bullying vorrangig in Pausenzeiten abspielt, in denen alle Jahrgänge zusammenkommen, handelt es sich nicht um ein Klassenproblem, sondern um ein Problem der ganzen Schule.

Das Hauptziel sollte sein, Angriffe zu verhindern und somit die Opfer zu schützen, die zum Teil schwer unter den Schikanen zu leiden haben. Die Schulen haben meines Erachtens die Pflicht, sich um den Schutz der Kinder zu kümmern, die ihnen anvertraut sind. Lange Zeit wurden die Probleme mit der Bemerkung abgetan, Kinder sollten ihre «Streitereien» unter sich ausmachen. Dies bedeutet aber, die Opfer im Stich zu lassen. Denn sie haben meist eine so schwache Stellung in der Klasse, dass sie kaum Hilfe von Mitschülern erhalten. Wenn auch die Lehrer/-innen sich heraushalten, bleiben die Opfer völlig schutzlos. Über deren Schutz hinaus sollte es ein Ziel sein, generell ein freundliches Schulklima zu schaffen.

Eine ganz andere Frage ist, ob man hoch aggressive Täter in der Schule «umerziehen» und ihre Aggressivität nachhaltig vermindern kann. Hier sollte man die Erwartungen niedrig halten. In der Schule sind sicherlich präventive Einflüsse möglich, besonders bei jüngeren Kindern; aber die Schule ist keine therapeutische Anstalt. Bei jenen Schülern und Schülerinnen, die wiederkehrend als Opfer oder Täter auffallen, ist daher auch professionelle psychologische Hilfe zu erwägen.

19.2 Vielfalt der Vorschläge

Zur Aggressionsverminderung in der Schule gibt es in der pädagogischen und psychologischen Literatur zahlreiche Vorschläge, die man im Wesentlichen fünf Maßnahmen-Typen zuordnen kann (im Überblick Nolting & Knopf 1998).

Den ersten Typ bilden Maßnahmen zur Veränderung *schulischer* Bedingungen, insbesondere des sozial-emotionalen Schulklimas. Hierzu gehört unter anderem ein fairer und kooperativer Umgangsstil als allgemeine Verhaltensnorm für Lehrer und Schüler. Als wirksame Einzelmaßnahmen sind eine verstärkte Pausenaufsicht (Olweus 1995) und organisierte Pausenspiele zu nennen (Murphy et al. 1983).

Ein zweiter Typ von Vorschlägen richtet sich nicht auf Veränderungen der Schule, sondern der *Schüler*, und zwar durch *Curricula zum sozialen Lernen* bzw. zur Förderung der sozialen Kompetenz (im Überblick Scheithauer et al. 2003). Texte, Bilder, Filme, Rollenspiele und Kommunikationsübungen werden hier häufig als Methoden eingesetzt. Einzelne Teilziele können sein: das Erkennen von Gefühlen und verbesserte Einfühlung, Umgang mit eigenem Ärger und die konstruktive Lösung von Konflikten (Cierpka 2001, Petermann et al. 1999; s. Kapitel 15, S. 248). Wieweit solche sozialen Curricula das Bullying-Niveau in einer Schule senken können, ist noch unklar. Vermutlich tragen sie aber zur langfristigen Prävention bei, sofern sie nicht eine kurze «pädagogische Impfung» bleiben, sondern sich in der einen oder anderen Form durch das schulische Leben hindurchziehen.

Eine dritte Gruppe von Vorschlägen ist spezifisch *täterbezogen* und erscheint besonders nahe liegend: Einzelne Lehrkräfte reagieren auf aggressive Vorfälle und versuchen einzelne Schüler/-innen zu erziehen. Ermahnungen und Bestrafungen dürften dabei häufig vorkommen, seltener hingegen positive Anreize bzw. Bekräftigungen für positives Verhalten. Wenngleich die Wirksamkeit dieser individuellen Erziehungsmaßnahmen im Schulalltag selbst kaum untersucht ist, ist doch anzunehmen, dass Einflussnahmen wie z. B. akutes Stoppen aggressiver Interaktionen, gut geführte Einzelgespräche sowie Anreize für gutes Verhalten durchaus sinnvoll sind. Eine bedeutsame Schwierigkeit ist allerdings, dass Lehrkräfte bei vielen Angriffen nicht anwesend sind und daher auch nicht unmittelbar eingreifen können, sondern erst nachträglich aufgrund von (möglicherweise widersprüchlichen) Berichten.

Analog zu den täterbezogenen Maßnahmen ist der Schutz und die Stärkung typischer *Opfer* als vierter Zugang anzusehen. Sich um die (meist unauffälligen) Opfer zu kümmern widerspricht der verbreiteten Neigung, sich vorwiegend mit den Tätern zu beschäftigen. Doch «stärkere» Opfer würden den Bullys den Erfolg nicht so leicht machen und sie eventuell von weiteren Angriffen abhalten. Für Lehrkräfte scheint es allerdings sehr ungewohnt zu sein, den Opfern so viel Aufmerksamkeit zu schenken wie den Aggressiven und Störern. Auch in pädagogischen Programmen sind opferbezogene Maßnahmen bislang nicht als Hauptstrategie, sondern immer als Teil von umfassenden Mehr-Ebenen-Konzepten vorgeschlagen worden.

Für den fünften Maßnahmen-Typ, nämlich ebendiese *Mehr-Ebenen-Konzepte*, liegen zurzeit die eindeutigsten Wirksamkeitsnachweise vor. Sie nehmen zwar Maßnahmen aus den Typen eins bis vier auf, sind aber doch ein Gesamtkonzept mit eigenen Grundideen: dass nämlich alle Angehörigen einer Schule ein großes Interaktionssystem mit Untersystem bilden, dass deshalb Maßnahmen auf verschiedenen Ebenen nötig sind und unterschiedlich betroffene Personen auch etwas Unterschiedliches lernen müssen. Die typischen Täter müssten lernen, sich zu kontrollieren und alternative Umgangsformen zu entwickeln, die typischen Opfer müssten lernen, sich besser zu behaupten und positive Kontakte herzustellen, und die Zuschauer (das sind fast alle einmal) müssten lernen, in angemessener Form einzugreifen oder Hilfe zu organisieren (zu den drei Zielgruppen Täter, Opfer, Zeuge ausführlich Knopf 1996). Auf eine kurze Formel gebracht, lautet die Aufgabe: *die Täter bremsen, die Opfer stärken, die Zuschauer aktivieren.*

Wie Projekte dieses Typs methodisch ausgestaltet sein können, wird im Folgenden genauer beschrieben.

19.3 Aussichtsreiche Schulprojekte

Nach dem Vorbild des norwegischen Psychologen Dan Olweus arbeitet man bei diesen Konzepten gleichzeitig auf den drei Ebenen Schule, Schulklasse und einzelne Schüler/-innen. Innerhalb dieses Rahmens sind unterschiedliche Akzente möglich, doch in jedem Fall werden alle Mitglieder des Systems Schule einbezogen: das gesamte Kollegium, alle Schüler/-innen und eventuell auch Eltern sowie kommunale Institutionen außerhalb der Schule. Das Ziel ist eine Veränderung der sozialen Interaktion und nicht nur individuelle Erziehung!

Tafel 32 gibt einen Überblick über mögliche Maßnahmen auf den drei Ebenen. Dabei handelt es sich um eine Zusammenstellung aus Projekten in verschiedenen europäischen Ländern. Es ist offenbar nicht notwendig, alles auf einmal zu realisieren. Denn obwohl die Projekte teilweise unterschiedliche Akzente setzten, wurden in den begleitenden Untersuchungen stets Anzeichen für eine Aggressionsverminderung gefunden (Olweus 1995, Smith & Sharp 1994, Hanewinkel & Knaack 1997, Nolting & Knopf 1997), wobei das Programm von Olweus am Ort seiner Universität (in Bergen) mit einer Bullying-Reduktion von ca. 50 Prozent besonders erfolgreich war, vermutlich weil es besonders intensiv betreut wurde.

Wichtiger scheint zu sein, dass *gemeinsam* gehandelt und ein zusammenhängendes «systemisches» Projekt realisiert wird (Pepler, Smith & Rigby 2004). Das ist etwas ganz anderes, als wenn einzelne Lehrkräfte einzelne schwierige Schüler/-innen zu erziehen versuchen. Und es ist nötig, über einzelne Schulklassen hinauszugehen, so nützlich sie als Ansatzpunkt auch sind. Denn die meisten Angriffe geschehen, wie erwähnt, in den Pausen auf dem Schulhof, wo die Trennung in einzelne Klassen aufgehoben ist und es für ältere Schüler leicht ist, jüngere als Opfer zu finden.– Im Folgenden werden einzelne Komponenten von Tafel 32 näher erläutert.

Es ist klar, dass ohne hinreichendes *Problembewusstsein* keine Schule ein Projekt zur Aggressionsverminderung durchführen wird. Dieses Bewusstsein ist in den letzten Jahren offenbar gewachsen;

«Gewalt in der Schule» ist ein Thema geworden. Aber nicht jedes Kollegium macht es zu seiner Sache. Zwar kennen alle Lehrkräfte aggressive Schüler/-innen. Aber das (meist stille) Leiden der Opfer wird häufig nicht erkannt, zumal diese selbst stumm bleiben. Wichtig ist daher, dass über das Problem nicht länger geschwiegen wird und jede einzelne Schule den fairen Umgang miteinander zu ihrem Schulethos erklärt.

Bedeutsam ist sicher die Einführung von *klaren und einheitlichen Regeln*. Olweus schlägt drei Grundregeln vor, und zwar sinngemäß: (1) Wir greifen andere nicht an. (2) Wir helfen denen, die angegriffen werden. (3) Wir beziehen alle mit ein. Der Wortlaut der Regeln ist je nach Klassenstufe zu modifizieren. Während die erste Regel selbstverständlich erscheint, gilt das nicht für die beiden anderen. Die zweite ist wichtig, um die erste durchzusetzen, und die dritte ist zu ergänzen, weil es häufig randständige und isolierte Kinder sind, die immer wieder angegriffen werden. Regeln reichen zur Gewaltprävention nicht aus, aber sie sind wichtig, um klare Orientierungen zu geben. Auch ist es für die Lehrkräfte leichter, einzugreifen, wenn sich alle auf dieselben Regeln berufen können, als wenn Lehrer A auf denselben Vorfall ganz anders reagiert als Kollegin B.

Für die *Schulhofgestaltung* empfiehlt sich die Strukturierung in verschiedene Zonen (z. B. Basketball-Zone, Ruhezone, Gartenzone usw.), sodass unterschiedliche Aktivitäten, die kollidieren und Anlässe für Attacken liefern könnten, «entzerrt» werden. Nützlich sind auch, wie erwähnt, Spielangebote oder organisierte Pausenspiele. Sie können spontane Angriffe aus purer Langeweile vermindern helfen.

Kaum verwunderlich ist, dass verbesserte *Aufsicht* während der Pausen aggressives Verhalten bremst. Verbesserte Aufsicht bedeutet zum einem: mehr Lehrkräfte im Einsatz. Es kann aber auch bedeuten, besonderes Augenmerk auf typische Täter und typische Opfer zu richten sowie auf kritische Situationen (kritische Orte, Anlässe etc.).

Auf der Ebene der *Schulklasse* sollten regelmäßig *Gespräche* über aktuelle Vorfälle und die Auslegung der Verhaltensregeln stattfinden. Hier können auch Handlungen zur Sprache kommen, die für Lehrkräfte nur schwer zu beobachten sind (Hänseleien, Verleumdungen usw.). Bei den Vorfällen ist nicht nur das Verhalten der Täter, sondern auch das der Opfer und der Zuschauer von Interesse. Ein typisches Problem ist die Rechtfertigung (oder besser: die Ausrede) vieler Angreifer, sie hätten sich nur «gewehrt». Deshalb sollte der Unterschied zwischen einer echten Abwehr und Vergeltung klargemacht werden: Abwehr dient dem eigenen Schutz (Beendigung des Angriffs, Selbstbefreiung), Vergeltung bzw. Rache ist eine nachträgliche Bestrafung (s. Kapitel 8, S. 133f.). Weiterhin können die Klassengespräche zur Präzisierung und Konkretisierung der Grundregeln genutzt werden.

Tafel 32: Aggressionsverminderung auf drei Ebenen: einige Maßnahmen

Schulebene
- Problembewusstsein schaffen (bei Lehrkräften, Eltern, Schülern)
- Verbindliche Regeln (Angreifen verboten, Angegriffenen helfen, niemanden ausgrenzen)
- Schulhofgestaltung (Strukturierung, Zonen, Angebote)
- Bessere Aufsicht (hinsichtlich kritischer Orte, einzelner Täter oder Opfer)
- Regelungen für kritische Situationen (z.B. Wartesituationen)

Klassenebene
- Klassengespräche über Vorfälle und Verhaltensregeln
- Anleitung der Zuschauer zur Hilfeleistung
- Soziale Curricula, Trainingsprogramme
- Aggression und Bullying als Unterrichtsthema

Individuelle Ebene
- Akutes Stoppen aggressiver Handlungen
- Gespräche mit Tätern, Opfern, Eltern
- Rückendeckung und Schutz für Opfer, Anleitung zu selbstsicherem Verhalten
- Anreize für positives Verhalten, negative Konsequenzen tragen lassen

Die Regel «Wir greifen andere nicht an» kann z.B. auch bedeuten: über falsche Antworten keine hämischen Bemerkungen machen, andere nicht wegen ihrer Herkunft beleidigen («Russensau»), anderen nichts wegnehmen, anderen nichts kaputt machen, u.a.m.

Weil Lehrkräfte häufig nicht am Ort des Geschehens sind, ist es wichtig, die Mitwirkung der friedlichen und «vernünftigen» Mitschüler/-innen zu suchen. Die Art der *Hilfeleistung* wird am besten in der Klasse besprochen und im Rollenspiel geübt, damit die Schüler nicht wie Sheriffs auftreten, sondern in möglichst unaggressiver Weise die Angreifer stoppen und behindern oder sich schützend vor Opfer stellen (auch mit Worten). Dabei sollten sich nach Möglichkeit mehrere Helfer zusammentun oder Lehrkräfte herbeiholen, wenn sie sich selbst einer Hilfeleistung nicht gewachsen fühlen. Dies widerspricht der informellen Schülerregel, dass man nicht «petzen» darf. Im Falle von Aggression und Gewalt läuft diese Norm aber praktisch auf das Recht des Stärkeren hinaus, und es macht die Schwachen vollends wehrlos, wenn weder sie noch die Zuschauer sich an die Erwachsenen wenden dürfen.

Es ist sinnvoll, einzelnen Schülern eine besondere Verantwortung als *Helfer* zu übertragen. Sie können Pate oder «Schutzengel» für schwache Opfer sein (Korte 1994), oder sie können zu Streitschlichtern (Konfliktlotsen, Mediatoren) ausgebildet werden (Jefferys-Duden 1999, 2000). Eine Streitschlichtung allein im Sinne einer Mediation (s. S. 256) wäre aber sicher nicht ausreichend. Wichtig ist die Kompetenz zum Stoppen von akuten körperlichen und verbalen Angriffen, nicht nur zum Vermitteln unter Streithähnen, die beide eine Hilfe akzeptieren. Denn zum großen Teil geht es, wie dargelegt, nicht wirklich um «Streit», sondern um einseitiges Schikanieren von Schwachen durch Starke. Hier gibt es eigentlich nichts zu schlichten (sondern nur zu unterlassen), und solche Vorfälle kommen vermutlich selten in eine Mediation. Überdies können Streitschlichter den Lehrkräften nicht ihre Verantwortung abnehmen, sondern sie nur unterstützen. Die Ausbildung von Schüler-Mediatoren ist also kein Ersatz für ein umfassendes Schulprojekt!

Über die Hilfeleistung hinaus kann das *soziale Lernen* in der Klasse in vielfältiger Hinsicht gefördert werden. Zu denken ist unter anderem an das soziale Wahrnehmen und Verstehen, kommunikative Fertigkeiten und soziales Problemlösen. Geeignete Programme wurden bereits erwähnt (s. S. 285). In höheren Klassen können Aggression und insbesondere Bullying auch zum *Unterrichtsthema* gemacht werden, z. B. mit Sachtexten, literarischen Texten, Theaterspiel usw.

Auf der *individuellen Ebene* geht es um den Umgang mit einzelnen Schülern. Akute Angriffe sollte man in unaggressiver Form stoppen (durch Behindern, durch deutliche Stoppsignale etc.), damit die Angriffe keinen Erfolg haben; die unaggressive Form ist wichtig, damit die Lehrkraft nicht selbst ein falsches Modell bietet. Überdies kann man sich anschließend fürsorglich dem Opfer zuwenden (statt tadelnd dem Täter).

Nach dem akuten Geschehen sind *Einzelgespräche* selbstverständlich ein wichtiger Weg, besonders bei wiederkehrenden Vorfällen. Ein Gespräch ist keine Standpauke, das gilt auch für ernste Gespräche mit den *Tätern*. Wichtig sind vielmehr klare Botschaften, aber auch aktives Zuhören und Einfühlung. Man kann deutlich machen, dass man Gefühle, sogar Aggressionslust, als etwas Reales akzeptiert («hinnimmt»), nicht hingegen aggressives *Verhalten*. Auch sollten die Gespräche auf Lösungen für die Zukunft gerichtet sein und zu konkreten Vereinbarungen führen. Man kann versuchen, den *Eltern* von Tätern die eigene pädagogische Linie zu erläutern und hierfür um ihre Unterstützung zu werben. Leider sind manche Eltern unzugänglich oder selbst ein schlechtes Vorbild.

Gespräche mit den *Opfern* sollten vor allem zu deren Schutz und Stärkung dienen. Sie müssen die moralische Rückendeckung der Lehrkräfte spüren und auf ihre Hilfe vertrauen können. Da das typische Opfer sozial unsicher und schlecht integriert ist, müsste es soziale Fertigkeiten für positive Kontaktaufnahmen und sicheres Auftreten erlernen. Dazu beitragen können eventuell Modelle (Musterszenen) und Verhaltensübungen in der Schule, in der eigenen Familie oder in der psychologischen Praxis (s. Petermann & Petermann 2003). Die physische Stärkung durch sportliches Training und Selbstverteidigungskurse können ebenfalls hilfreich sein.

Weil viele Opfer sich von den Tätern einschüchtern lassen und über ihre leidvollen Erfahrungen schweigen, wissen oft weder Lehrkräfte noch die Eltern über ihr Problem Bescheid. Ein vertrauensvolles Klima und die Sicherheit, von den Erwachsenen wirklich Hilfe zu bekommen, sind daher eine wichtige Basis für Einflussnahmen. Ein gemeinsames Vorgehen von Lehrkräften und Eltern ist selbst dann wichtig, wenn das ängstliche Opfer zunächst lieber möchte, dass man nichts unternimmt. Um es stummen Opfern leichter zu machen, sich mitzuteilen, schlägt Olweus (1995) die Einrichtung eines Telefons für anonyme Erstkontakte vor.

Die Wichtigkeit *positiver Anreize* für erwünschtes Verhalten wurde bereits mehrfach hervorgehoben. Auch friedliches Verhalten bzw. Fortschritte zu weniger aggressivem Verhalten müssen sich lohnen und sollten auf vielfältige Weise bekräftigt werden: durch Beachtung und Lob, kleine Vergünstigungen und die Teilnahme an beliebten Aktivitäten, gelegentlich auch durch Urkunden. Auch Hilfeleistungen können entsprechend gewürdigt werden. Angriffe hingegen sollten nicht nur akut gestoppt werden, sondern auch, je nach Einzelfall, weitere Folgen haben. Wer z. B. Eigentum anderer kaputtmacht, muss den Schaden ersetzen; wer andere auf dem Heimweg verprügelt, kann erst zehn Minuten später nach Hause gehen usw.

So viel zu möglichen Komponenten des Gesamtkonzeptes. Wenn sich ein *Schul*projekt nicht realisieren lässt, weil es dafür im Kollegium zu wenig Resonanz gibt, kann man sich auf die Ebenen «Klasse» und «Individuum» beschränken.

In einem Rückblick auf eine größere Zahl kontrollierter Projekte in mehreren europäischen Ländern, in den USA und Australien kommen Pepler, Smith & Rigby (2004) zu dem Schluss, dass man heute noch nicht sagen kann, ob bestimmte Komponenten des Schulprojektes besonderes Gewicht haben. Doch zeichnet sich ab,

- dass Programme mit Kindern unter acht Jahren (Vorschule, Grundschule) mehr Erfolg versprechen als mit älteren Kindern oder Jugendlichen,
- dass die Gewaltreduktion sich nicht auf ein vorübergehendes Projekt beschränken darf, sondern zur schulischen Alltagsarbeit

gehören muss wie der Unterricht selbst (und auch zum Unterrichtsthema gemacht werden kann),
- dass das Engagement der Schulleitung und der Lehrer/-innen der Dreh- und Angelpunkt für den Erfolg ist,
- dass sie auf diese Aufgabe vorbereitet werden sollten (in ihrer Ausbildung, durch schulinterne Fortbildung).

Von diesen Punkten, und nicht von einer einzelnen Maßnahme, hängt es vorrangig ab, welche Erfolge erreicht werden und wie dauerhaft sie sind.

20 Frieden – psychologisch gesehen

In diesem letzten Kapitel geht es nicht um den häuslichen Frieden, sondern um den Frieden im gesellschaftlich-politischen Sinne. Er ist nicht der Schwerpunkt dieses Buches, aber da dieses Thema oft mit dem Stichwort Aggression verknüpft wird, möchte ich auch hierzu einige Anmerkungen machen. Sie greifen zurück auf den Abschnitt über politische Gewalt (Kapitel 10, S. 172 ff.).

20.1 Frieden als organisierte Gewaltlosigkeit

Für den Begriff des Friedens gibt es keine verbindliche Definition, doch in jedem Fall hat er mit Gewaltlosigkeit zu tun, und im vorliegenden Kontext ist die *Förderung* von Frieden identisch mit der *Verminderung* politischer Gewalt. Negativ definiert geht es um die Abwesenheit von Krieg, Verfolgung, Vertreibung, Terror und anderen Formen physischer Gewalt zwischen Gruppen sowie um die Abwesenheit struktureller Gewalt, die ebenfalls Lebenschancen vernichtet: Hunger, Slums, vergiftete Umwelten, vermeidbare Krankheiten oder schwere Formen gesellschaftlichen Zwanges (z. B. Sklaverei). Will man Frieden positiv definieren als «Anwesenheit von …», so eignet sich m. E. die Allgemeine Erklärung der Menschenrechte am besten für eine inhaltliche Ausfüllung. Sie umfasst sowohl Abwehrrechte, die die Menschen vor physischer Gewalt und Übergriffen auf die persönliche Freiheit schützen sollen, als auch soziale, kulturelle und wirtschaftliche Anspruchsrechte, die allen Menschen ein Minimum an sozialer Gleichheit und materiellem Lebensstandard garantieren sollen.

Bei aller begrifflichen Nähe von Frieden und Gewaltlosigkeit wird im allgemeinen Sprachgebrauch bei «Frieden» eher an einen Zustand und bei «Gewaltlosigkeit» eher an eine Art des Handelns gedacht. Der Begriff der Gewaltlosigkeit erleichtert damit den Übergang zur *psychologischen* Perspektive, weshalb ich ihn hier bevorzuge – allerdings mit dem Zusatz «organisiert». Denn der Frieden im gesellschaftlich-politischen Sinne ist *organisierte* Gewaltlosigkeit und nicht gleichzusetzen mit individueller Gewaltlosigkeit. Ein Beispiel: Wenn streitende Nachbarn sich nicht die Köpfe einschlagen, weil sie ihren Zorn bezähmen können, so ist dies individuelle Gewaltlosigkeit. Wenn sie es aber deshalb unterlassen, weil in ihrem Land Selbstjustiz verboten ist und stattdessen Gerichte anzurufen sind, so ist dies *organisierte* Gewaltlosigkeit. Es ist also ein Unterschied, ob man keine Gewalt zu befürchten hat, weil man glücklicherweise nur friedfertigen Personen begegnet oder weil durch gesellschaftliche Strukturen Gewalt üblicherweise unterbunden wird. Dies führt dazu, Frieden nicht als die Summe individueller Friedfertigkeit anzusehen. Das individuelle Verhalten ist wichtig, greift aber per se noch nicht in gesellschaftliche Prozesse ein.

Auf welchen Wegen wird Gewaltlosigkeit organisiert? Am wichtigsten ist sicherlich die Gewaltvermeidung durch *Gesetze und Institutionen*: durch Gesetze, die gewaltloses Handeln verlangen, und durch Institutionen, die solche Gesetze erlassen und durchsetzen (Parlamente, Regierungen, unabhängige Justiz). Die Durchsetzung wird in gewissem Maße durch Gewaltandrohung bzw. *Abschreckung* erzwungen. Dieses Prinzip ist allerdings umstritten, weil es häufig nicht wirksam ist (z. B. Todesstrafen schrecken weder Fanatiker noch psychisch gestörte Täter ab) oder weil in manchen Kontexten die abschreckend gemeinte Maßnahme zugleich provozierend wirkt (dass der Gegner eventuell nicht Abschreckungs-, sondern Angriffsabsichten wahrnimmt, ist bekanntlich ein altes Problem militärischer Hochrüstung). Dennoch: Ganz ohne Abschreckung geht es nicht; keine Gesellschaft kann es sich z. B. leisten, auf eine Polizei zu verzichten.

In vielen Bereichen wird Gewaltlosigkeit durch *Kooperation* zwischen verschiedenen Gruppen organisiert. Kooperation ist gemeinsame Arbeit für übergeordnete Ziele. International relevante Beispiele sind die Zusammenarbeit auf den Gebieten der Wirtschaft, des Umweltschutzes, der Verbrechensbekämpfung oder der Kultur.

Eine wichtige Einzelaktivität zur Organisierung von Frieden ist das *Verhandeln*. Verhandlungen dienen z.B. der Anbahnung von Kooperationen oder von Verträgen über Gewaltverzicht, über die Verteilung von Macht, von Territorien, von Wasser etc. Die Praxis des Verhandelns ist zum Gutteil eine Sache angewandter Psychologie (vgl. etwa Fisher et al. 2000, Druckman 2004).

Eine weitere Handlungsform zur Verminderung politischer Gewalt sind *gewaltfreie Aktionen* (im Überblick Bläsi 2004, Jochheim 1984). Sie sind für eine gesellschaftliche Gruppierung die letzte Alternative zur Gewalt, wenn sie mit allen anderen Wegen der Einflussnahme gescheitert ist. Bekannte Beispiele für große gewaltlose Aktionen sind die Befreiung Indiens unter der Führung Mahatma Gandhis, die Bürgerrechtsbewegung in den USA unter Martin Luther King sowie die Massenbewegungen, die in Polen, in der DDR und anderen Staaten zum Sturz der kommunistischen Regime führten.

Gewaltlose Kampfmethoden reichen von Demonstrationen und Mahnwachen über Boykottmaßnahmen und Streiks bis zur Besetzung bestimmter Einrichtungen und zum Aufbau von Parallelinstitutionen (z.B. eigene Zeitung, eigene Schulen) (Ebert 1981). Manche Aktionen sind nach dem Gesetzbuch illegal, aber nach Ansicht der Akteure notwendig, um ungerechte Zustände zu verändern.

Es sind unterschiedliche Haltungen möglich, aus denen man gewaltfreie Aktionen begründen kann: eine pragmatische oder eine prinzipielle, sozusagen philosophische. Pragmatiker halten die Aktionen unter den gegebenen Umständen für besonders wirkungsvoll und setzen sie eventuell auch für die Durchsetzung partikularer Interessen ein (z.B. höhere Löhne, Verteidigung eigener Privilegien). Die «Ethiker» hingegen vertreten Gewaltfreiheit als Lebensprinzip und wollen die Gesellschaft insgesamt gerechter und humaner machen. In diesem Sinne wird zuweilen zwischen «gewaltlos» und «gewaltfrei» unterschieden. An gewaltlosen Aktivitäten nehmen sehr viele Menschen irgendwann einmal teil, als «gewaltfrei» engagiert betrachtet sich aber nur ein begrenzter Personenkreis. Er bildet aber häufig den Motor und die Führung von gewaltlosen Massenbewegungen.

Gewaltfreiheit als Prinzip, wie sie unter anderem von Gandhi und King vorgelebt wurde, zeichnet sich vor allem durch folgende Merkmale aus:

- Achtung des Lebens und der Unversehrtheit anderer Menschen.
- Unterscheidung von Person und Rolle des Gegners: Bekämpft werden nicht Menschen, sondern ungerechte Entscheidungen und ein ungerechtes System; verweigert wird der Gehorsam gegenüber bestimmten Gesetzen und Anordnungen, nicht der persönliche Umgang mit bestimmten Menschen.
- Ertragen von Angriffen und eigenem Leid statt eigener Gewaltausübung.
- Übereinstimmung von Ziel und Mittel («Frieden ist der Weg»): Die Art des Handelns soll die angestrebte gewaltfreie Gesellschaft in gewissem Maß vorwegnehmen (ein zentraler Unterschied zu Gewalt als Mittel für einen «guten Zweck»).

Die Übereinstimmung von Ziel und Weg drückt sich bei strenger Gewaltfreiheit auch darin aus, dass die Art der Handlung symbolisch zum Anliegen passt. Beispiel: Demonstranten setzen sich vor ein Militärlager, um den Transport von Atomraketen zu verhindern. Diese Symbolik fehlt, wenn etwa Arbeiter wegen der Schließung ihres Betriebes die Straßen blockieren; die Art der Aktion hat hier nichts mit der Art des Anliegens zu tun. Prinzipielle Gewaltfreiheit setzt insofern vorrangig auf psychologische und moralische Beeinflussung; ihre Aktionen sind eine dramatische Form der Überzeugungsarbeit. Die pragmatische Position setzt mehr auf Machtausübung. Die Übergänge zwischen beiden Ansätzen sind aber zuweilen fließend, und sie können sich durchaus ergänzen (zu psychologischen Wirkungsweisen vgl. Bläsi 2004).

20.2 Anforderungen an das Denken und Handeln

Welche Anforderungen stellt eine solche organisierte Gewaltlosigkeit an den Einzelnen? Man könnte hier sehr viele Aspekte nennen. Die folgenden Überlegungen beschränken sich auf sechs Punkte. Klar ist: Es reicht nicht, wenn jeder versucht, Vorurteile abzulegen, aggressive Gefühle nichtaggressiv auszudrücken und Konflikte mit Mitmenschen friedlich zu regeln. Denn dies beseitigt keine Bomben, keine KZs, keine Armut usw. Die sechs Lernziele sind zwar als Anforderung an «den Einzelnen» formuliert, aber inhaltlich geht es um Denk- und Handlungsweisen, die wichtig sind, um auf den Ebenen der Intergruppen-Beziehungen sowie der gruppeninternen Prozesse (s. S. 173 f.) Gewaltlosigkeit zu organisieren.

Grundhaltung: «Wir» sind nicht wertvoller als «die». Diese Haltung ist von fundamentaler Bedeutung für die Verminderung von Kriegen, Völkermord, Vertreibung, Terrorismus etc. Denn subjektiv geht es nicht nur um einen Kampf «Wir gegen die», sondern «Wir Guten gegen die Bösen». Die Gewalt wird fast immer getragen von dem Glauben an die eigene Überlegenheit, vor allem die moralische Überlegenheit, z. B. der eigenen Nation («Am deutschen Wesen soll die Welt genesen», «God's own country»), des eigenen Volkes («auserwählt»), der eigenen Rasse («höherwertig») oder der eigenen Religion («nach Gottes Wille»). Dieser Glaube – stärker noch: diese «Wahrheit» – gibt die Gewissheit, nichts Unrechtes zu tun, sondern die Welt zu verbessern.

Die eigene Gruppe nicht für wertvoller zu halten schließt nicht aus, bestimmte Anschauungen und Normen anderer Gruppen abzulehnen und eigene für richtiger zu halten. Fragwürdig ist aber die Überzeugung, dass einzig die eigene Gruppe die Welt in der richtigen Weise begreift und die wirklich wahren Werte hochhält.

Sicherlich könnte man die nötige Grundhaltung auch umschreiben mit: «Die anderen sind nicht minderwertig», oder: «Wir und die anderen sind gleichwertig.» Doch ein überhöhtes Gruppen-Selbstbild ist m. E. besonders bedeutsam, um auch die vielen Beispiele von politischer Gewalt zur Eroberung, und nicht nur zur Verteidigung, zu verstehen. Die eigene Gruppe ist für jeden Einzelnen der Bezugspunkt des Handelns, und nur aufgrund der edlen Werte und Absichten, die man der *eigenen* Gruppe zuschreibt (und nicht schon durch die Existenz eines «Feindes»), wird die eigene Gewalt legitimiert.

Sich in den Gegner hineinversetzen: In Abwandlung eines bekannten Bibelwortes lautet ein zweite wichtige Anforderung bezüglich der Haltung zu anderen Gruppen: «Verstehe deinen Gegner wie dich selbst.» Dies gilt nicht nur für Konflikte in persönlichen, sondern auch in politischen Beziehungen. Der Versuch, sich in die Gefühle und Denkweisen hineinzuversetzen, kann z. B. zu der Erkenntnis führen, dass die andere Seite sich ebenfalls bedroht fühlt und überzeugt ist, sich «nur» zu verteidigen. Diese Einsicht könnte davor bewahren, das Handeln des Gegners einseitig als Angriff zu bewerten und eine Einigung für aussichtslos zu halten.

Die Dinge aus der Sicht des Gegners zu sehen ist zum Teil von der individuellen Bereitschaft und Fähigkeit zur Einfühlung abhängig. Auf der Ebene der politischen Führung ist dieser Perspektivenwechsel vor allem durch Experten zu sichern, die sich mit den Sichtweisen, Zielen und Empfindlichkeiten der jeweiligen Länder, Regierungen und Gruppierungen auskennen. Allerdings: Einfühlung kann auch dazu benutzt werden, die verletzlichen Stellen des Gegners zu erkennen und ihn wirksamer zu treffen. Sie wird also nicht in jedem Fall Gewalthemmungen verstärken. Dies macht den nächsten Punkt umso wichtiger.

Gewaltlegitimierungen kritisch prüfen: Wohl jeder Mensch kennt Politiker, denen er den Tod wünscht, und vielleicht auch Gruppen, die er mit feindseligen Gefühlen betrachtet. Ich denke, solche Gefühle sind nahezu unvermeidlich und für sich genommen noch kein Problem für den Frieden. Anders ist es, wenn Gefühle in Gewalthandlungen umgesetzt werden – mit der Überzeugung, dass *diese* Gewalt ausnahmsweise «gerechte» Gewalt ist.

Ich will hier nicht die schwierige Frage erörtern, in welchen Fällen (z. B. Tyrannenmord) Gewalt zu rechtfertigen ist; dies Thema sprengt den Rahmen dieses Buches. Ich will nur zwei Prüfkriterien erwähnen. Erstens: Gewalt wird meist mit der Absicht legitimiert, etwas zu «schützen». Die akute Notwehr zum Schutz von Menschen ist m. E. legitim. Doch im politischen Feld werden nicht nur Menschen geschützt, sondern auch Territorien, Privilegien, Flaggen, Kaiserkronen, Heiligtümer, Glaubenssätze und die Ehre. Die Rede vom Schützen und Verteidigen ist daher kritisch zu prüfen. Zweitens: Selbst wenn das Schutzargument einer kritischen Überprüfung standhält, ist zu fragen, ob Gewalt das richtige Mittel ist: Wie viele Opfer werden darunter zu leiden haben? Und: Sind gewaltlose Wege wirklich unwirksam?

Aufforderungen zur Gewaltbeteiligung widerstehen: Gerade im politischen Feld begehen viele Menschen Gewalthandlungen nur auf Befehl und Gruppendruck und nicht aus eigener Überzeugung. Ein wichtiger Ansatzpunkt zur Gewaltvermeidung ist es daher, den von außen kommenden Stimulierungen von Gewalt widerstehen zu können. Manche Menschen verweigern sich, weil sie generell pazifistisch gesinnt sind (z. B. Quäker oder andere religiöse Gruppen). Häufiger jedoch lehnen Menschen Gewalt nur für bestimmte politische Ziele ab, für andere hingegen nicht. (Hier geht es wieder um die kritische Legitimitätsprüfung.) Eine Verweigerung wird erleichtert durch Vorbilder, durch moralische Unterstützung aus der Familie oder einer Bezugsgruppe. Politisch bedeutsam ist Widerstand vor allem in der beruflichen Rolle. Wenn z. B. Polizisten, Juristen, Mediziner, Lehrer, Journalisten etc. ihr Berufsethos verteidigen und sich nicht einspannen lassen in Krieg, Verfolgung usw., hat dies meist mehr Gewicht als die private Verweigerung.

Gewaltfreie Aktionen unterstützen: Um Gewalt zu verhindern, müssen gewaltlose Alternativen in den zuvor beschriebenen Formen (s. S. 296) gefördert werden. Massenaktionen können sich dabei nicht allein auf Menschen stützen, die von Gewaltfreiheit als Lebensprinzip überzeugt sind. Pragmatisch denkende Akteure sind gewöhnlich in der Mehrheit. An den Bewegungen, die in der DDR und anderen Staaten die kommunistischen Regime stürzten, beteiligten sich vermutlich überwiegend Menschen, die sich nicht mit der Philosophie der Gewaltfreiheit beschäftigt hatten. Es wäre dennoch wichtig, dass sich mehr Menschen mit aktiver Gewaltlosigkeit und ihren Begründungen vertraut machen. Denn in manchen kritischen Situationen führen die ethische und die pragmatische Position zu unterschiedlichen Entscheidungen: Wie wichtig ist allein die erfolgreiche Durchsetzung, wie wichtig ist auch die menschliche Behandlung des Gegners?

Schwächeren helfen: Organisierte Hilfeleistung ist zur Verminderung politischer Gewalt unverzichtbar. Das gilt zum einen für den Abbau von struktureller Gewalt, z.B. von Hunger und Krankheiten in vielen Ländern der Welt, es gilt zum andern für den Schutz gegen Verfolgung. Solidarische Hilfe kann sich in Fürsorge für einzelne Opfer ausdrücken oder in politischer Unterstützung. Beide Arten des Helfens hängen nur lose zusammen. Bei manchen Menschen ist aufopferungsvoller Einsatz für andere Menschen mit völliger politischer Abstinenz verbunden – und umgekehrt. Man mag dies als eine Form der Arbeitsteilung akzeptieren, doch sollte man m.E. stets *beide* Zielbereiche als bedeutsam anerkennen.

20.3 Pädagogische Perspektiven

Alle genannten Einstellungen und Verhaltensweisen sind prinzipiell lernbar. Wodurch lässt sich solches Lernen fördern?

Viele Befunde legen nahe, dass gewaltfreie und prosoziale Orientierungen meist schon in der *Familie* erworben werden. Dafür sprechen unter anderem Untersuchungen an aktiven Pazifisten und hoch engagierten Bürgerrechtskämpfern in den USA (vgl. Mantell 1972, Mussen & Eisenberg-Berg 1979). Als Erziehungshintergrund findet man gewöhnlich Merkmale wie diese: Eltern als positives Verhaltensmodell, eine warme emotionale Eltern-Kind-Beziehung, Anregung von Einfühlung, opferbezogene Erklärungen bei Fehlverhalten, Konfliktlösung durch Argumentation statt durch Machtentscheidungen, Übertragen von Verantwortung und Ermutigung zu selbstverantwortlichem Handeln. Solche Erziehungsmerkmale wurden bereits mehrfach als förderlich für unaggressives, kooperatives und helfendes Verhalten erwähnt (s. Kapitel 14, S. 224 ff., Kapitel 15, S. 244 f., Kapitel 18), wobei dort allerdings das Verhalten in persönlichen Beziehungen gemeint war. Für *gesellschaftliches* Handeln im Sinne der vorgestellten Lernziele scheint wichtig,

- dass das elterliche Vorbild sich auch auf gesellschaftliches Engagement erstreckt,
- dass in der Familie über gesellschaftliche Probleme gesprochen wird,
- dass die Kinder zur Verantwortungsübernahme in gesellschaftlichen Aktivitäten ermuntert werden.

In gewisser Weise stimmt es also, wenn man sagt: «Der Frieden beginnt in der Familie.» Allerdings endet er dort auch – sofern nämlich gesellschaftliches Handeln ausgeklammert bleibt. Mit anderen Worten: Die Familie kann zu friedfertigem und zugleich unengagiertem Verhalten erziehen.

Politisches Engagement hängt von vielen Faktoren ab, von Persönlichkeitsmerkmalen bis hin zu gesellschaftlichen Rahmenbedingungen. Insofern ist die Sozialisation nicht die alleinige Einflussquelle, aber eine bedeutsame. Schon lange bevor sich, gewöhnlich im Jugendalter, politische Überzeugungen herausbilden, haben sich durch frühe Sozialisationseinflüsse Grundhaltungen wie Toleranz, Konfliktfähigkeit oder auch Autoritätshörigkeit entwickelt (Preiser 2004). Engagement für den Frieden wird ganz wesentlich durch Anregung von und Gelegenheiten zu aktivem Handeln gefördert.

Welchen Beitrag kann die *Schule* leisten? Literatur unter dem Titel Friedenserziehung ist weit häufiger für die Schule gedacht als für die Familie, weil in der Schule natürlich viel mehr *nach* Büchern und *mit* Büchern gearbeitet wird. Doch kann man auf diese Weise im Unterricht wirklich Frieden*serziehung* betreiben? Wohl nur sehr begrenzt. Eher möglich ist Frieden*kunde*. Dazu gehören beispielsweise Themen wie Krieg, Rüstung, Menschenrechte, Vereinte Nationen, politische Verfolgung, Völkermord, Hunger und Armut, Vorurteile, Rassismus. Solche friedensrelevanten Sachthemen könnten und sollten m. E. in der Schule mehr Raum einnehmen. Warum sind Gandhi und Martin Luther King nicht ein fester Bestandteil des Geschichtsunterrichts?

Warum werden nicht alle Schüler mit den *Prinzipien* von Gewaltfreiheit vertraut gemacht?

So wichtig Sachkenntnisse auch sind, ihre Vermittlung ist noch keine Erziehung im Sinne einer Förderung von Werthaltungen und Handlungskompetenzen. Diese Schwäche ist vielen Verfassern von friedenspädagogischer Literatur durchaus bewusst. Sie suchen daher nach Möglichkeiten für einen ich-nahen Unterricht, der zur Reflexion über eigene Gefühle, Denkweisen und Handlungen anregt. Doch hierfür werden dann meist Themen aus dem sozialen Nahraum gewählt: Umgang mit Ärger, friedliche Konfliktregelung im Alltag, Außenseiter in der Schule, Gewalt in Videospielen usw. Solche Inhalte zum sozialen Lernen haben ihren eigenen pädagogischen Wert. Aber mit gesellschaftlich-politischem Frieden haben sie wenig zu tun.

Das große Problem einer Friedenserziehung durch Unterricht ist also, «Gesellschaft» und «Ich-Bezug» miteinander zu *verbinden*. In einer Zeit, in der sehr viel friedenspädagogische Literatur für die Schule und die außerschulische Bildung publiziert wurde, nämlich in den frühen 1980er Jahren, ergab eine eigene Analyse (Nolting 1983), dass nur etwa acht Prozent dieser Schriften eben hierfür Anregungen gaben. Weit vorne lagen reine Sachthemen.

Einige Beispiele mögen verdeutlichen, was mit der Verbindung von Ich-Nähe und Gesellschaft bzw. Politik gemeint ist (und sicherlich im Unterricht mancher Lehrkräfte realisiert wird):

- Anstöße zur Reflexion über das Problem der Gruppenzugehörigkeit: Gegenüber welchen Völkern, welchen politischen Gruppierungen usw. habe ich positive Gefühle, gegenüber welchen negative? Zu welcher Gruppe möchte ich nicht gehören? Wie würde ich wohl darüber denken, wenn ich nicht hier, sondern in jenem Land, in jener Kultur usw. geboren wäre?
- Gespräche über persönliche Empfindungen bei Fernsehbildern über Kriege, Vertreibungen usw.
- Rollenspiele oder Planspiele zu einer Propagandakampagne, zur Bildung einer Bürgerinitiative oder einer Aktion gewaltlosen Widerstandes.
- Reflexion über eigene Erfahrungen mit Gehorsam, Konformitäts-

druck und Widerstandsschwäche (in der Schule, unter Altersgenossen usw.) und Vergleiche mit dem Verhalten von Menschen in Unrechtssystemen (Naziherrschaft usw.) (s. auch S. 143 zu den Gehorsamsexperimenten).
- Aufsätze zur Frage: Wofür engagiere ich mich? Oder auch: Warum es mir schwer fällt, mich zu engagieren.
- Praktische Aktionen solidarischer Hilfe, z. B. zu Patenschaften mit Projekten in armen Ländern oder für die Freilassung politischer Gefangener.

Die Beispiele können nur die Richtung verdeutlichen und kein Programm sein. Weitere Anregungen, insbesondere zum Thema Gruppenbeziehungen («Wir – die») bietet die interkulturelle Pädagogik (z. B. Auernheimer 2003). Ein solcher Unterricht ist etwas mehr als eine Friedenskunde, kann aber auch nur kleine Lernschritte in Richtung auf die oben genannten sechs Erziehungsziele anstoßen.

Vermutlich haben informelle Einflüsse eine größere Bedeutung als die formelle, organisierte Erziehung. Zu denken ist hier vor allem an den Einfluss von Bezugsgruppen, die sich mit dem Zustand der Welt und dem Sinn des Lebens beschäftigen und aus denen heraus möglicherweise auch organisiertes Handeln entsteht: für Menschenrechte, für die Erhaltung der natürlichen Umwelt, gegen Kriege und Völkermord, für fairen Welthandel usw. So gesehen ist Friedenserziehung ein lebenslanger Prozess, der viel mit Selbstreflexion und Selbsterziehung zu tun hat.

Literaturverzeichnis

Achtzehn Autoren (2000). *Die Kooperative Methode im Unterricht.* Materialien aus der Arbeitsgruppe Beratung und Training, herausgegeben von Alexander Redlich. Fachbereich Psychologie der Universität Hamburg.

Altmann, G. & Müller, R. (2003). Mediation. In E. Auhagen & H.W. Bierhoff (Hg.), *Angewandte Sozialpsychologie* (S. 136–154). Weinheim: Beltz PVU.

Amelang, M. & Krüger, C. (1995). *Mißhandlung von Kindern.* Darmstadt: Wiss. Buchgesellschaft.

Anderson, C.A. & Bushman, B.J. (2002). Human aggression. *Annual Review of Psychology*, 53, 27–51.

Anderson, C.A. & Bushman, B.J. (2002). The effects of media violence on society. *Science,* 295, 2377–2379.

Anderson, C.A. & Bushman, B.J. (2001). Effects of violent video games on aggressive behavior, aggressive cognition, aggressive affect, physiological arousal, and prosocial behavior: A meta-analytic review of the scientific literature. *Psychological Science*, 12, 353–359.

Anderson, C.A. (1989). Temperature and aggression: Ubiquitous effects of heat on occurrence of human violence. *Psychological Bulletin*, 106, 74–96.

Archer, J. (2000). Sex differences in aggression between heterosexual partners: A meta-analytic review. *Psychological Bulletin*, 126, 651–680.

Arendt, H. (1978). *Eichmann in Jerusalem. Ein Bericht von der Banalität des Bösen.* Reinbek: Rowohlt.

Auernheimer, G. (2003). *Einführung in die interkulturelle Pädagogik* (3., neu bearb. u. erw. Aufl.). Darmstadt: Wissenschaftliche Buchgesellschaft.

Averill, J.R. (1982). *Anger and Aggression.* New York: Springer.

Bach, G.R. & Goldberg, H. (1974). *Keine Angst vor Aggression.* Düsseldorf: Diederichs.

Bandura, A. (1965). Influence of model's reinforcement contingencies on the acquisition of imitative responses. *Journal of Personality and Social Psychology*, 1, 589–595.

Bandura, A. (1973). *Aggression. A social learning analysis.* Englewood Cliffs, N.J.: Prentice-Hall (Deutsch: Aggression: Eine sozial-lerntheoretische Analyse. Stuttgart: Klett. 1979).

Bandura, A. (1986). *Social foundations of thought and action.* Englewood Cliffs: Prentice Hall.

Bandura, A., Ross, D. & Ross, S. (1961). Transmission of aggression through imitation of aggressive models. *Journal of Abnormal and Social Psychology*, 63, 575–582.

Bandura, A., Ross, D. & Ross, S. (1963). Vicarious reinforcement and imitative learning. *Journal of Abnormal and Social Psychology*, 67, 601–607.

Bandura, A. & Walters, R. H. (1959). *Adolescent aggression.* New York: Ronald.

Bandura, A. & Walters, R. H. (1963). *Social learning and personality development.* New York: Holt, Rinehart & Winston.

Baron, R. A. (1971). Reducing the influence of an aggressive model: The restraining effects of discrepant modeling cues. *Journal of Personality and Social Psychology*, 20, 240–245.

Baron, R. A. (1973). Threatened retaliation from the victim as an inhibitor of physical aggression. *Journal of Research in Personality*, 7, 103–115.

Baron, R. A. (1976). The reduction of human aggression: A field study of the influence of incompatible reactions. *Journal of Applied Social Psychology*, 6, 260–274.

Baron, R. A. & Richardson, D. R. (1994). *Human aggression* (2nd ed.). New York: Plenum Press.

Baumeister, R. F., Smart, L. & Boden, J. M. (1996). Relation of threatened egotism to violence and aggression: The dark side of high self-esteem. *Psychological Review*, 103, 5–33.

Beatty, J. (1974). Widerspruch gegen Lorenz die Ute betreffend. In: M. F. Ashley Montagu (Hg.), *Mensch und Aggression* (143–148). Weinheim: Beltz.

Beelmann, A. (2003). Soziales Problemlösen im Kindergarten. *Zeitschrift für Pädagogische Psychologie*, 17, 27–41.

Beelmann, A. (2004). Förderung sozialer Kompetenzen im Kindergarten: Evaluation eines sozialen Problemlösetrainings zur universellen Prävention dissozialer Verhaltensprobleme. *Kindheit und Entwicklung*, 13, 113–121.

Belschner, W. (1971). Das Lernen aggressiven Verhaltens. In H. Selg (Hg.), *Zur Aggression verdammt?* (53–90). Stuttgart: Kohlhammer.

Berkowitz, L. (1962). *Aggression: A social psychological analysis.* New York: McGraw-Hill.

Berkowitz, L. (1964). Aggressive cues in aggressive behavior and hostility catharsis. *Psychological Review*, 71, 104–122.

Berkowitz, L. (1989). The frustration-aggression-hypothesis: An examination and reformulation. *Psychological Bulletin*, 106, 59–73.

Berkowitz, L. (1993). *Aggression: Its causes, consequences, and control.* New York: McGraw-Hill.

Berkowitz, L., Green, J. A. & Macauley, J. R. (1962). Hostility catharsis as the reduction of emotional tension. *Psychiatry*, 25, 23–31.

Berkowitz, L. & LePage, A. (1967). Weapons as aggression-eliciting stimuli. *Journal of Personality and Social Psychology*, 7, 202–207. (Deutsch in A. Schmidt-Mummendey & H. D. Schmidt, Hg.: Aggressives Verhalten. München: Juventa).

Betsch, T., Schmid, J., Glaubrecht, M., Kurzenhäuser, S. & Dondelinger, A. (1999). Zur empirischen Fundierung des Konzepts der feindseligen Aggression. *Zeitschrift für Sozialpsychologie*, 30, 194–206.

Bettencourt, B.A. & Miller, N. (1996). Sex differences in aggression as a function of provocation: A meta-analysis. *Psychological Bulletin*, 119, 422–447.

Bierhoff, H.W. (1998). Ärger, Aggression und Gerechtigkeit: Moralische Empörung und antisoziales Verhalten. In H.W. Bierhoff & U. Wagner (Hg.), *Aggression und Gewalt* (26–47). Stuttgart: Kohlhammer.

Birbaumer, N. & Schmidt, R.F. (2003). *Biologische Psychologie* (5., vollst. überarb. u. erg. Aufl.). Berlin: Springer.

Björkqvist, K., Lagerspetz, K.M. & Kaukiainen, A. (1992). Do girls manipulate and boys fight? Developmental trends in regard to direct and indirect aggression. *Aggressive Behavior*, 18, 117–127.

Bläsi, B. (2004). Gewaltfreier Widerstand. In G. Sommer & A. Fuchs (Hg.), *Krieg und Frieden. Handbuch der Konflikt- und Friedenspsychologie* (S. 412–424). Weinheim: Beltz PVU.

Bock, M. (2003). Häusliche Gewalt – ein Problemaufriss aus kriminologischer Sicht. *Der Bürger im Staat* 53, Heft 1 (Sicherheit und Kriminalität), 25–31.

Bohart, A.C. (1980). Toward a cognitive theory of catharsis. *Psychotherapy: Theory, Research and Practice*, 17, 192–201.

Borden, R.J. (1975). Witnessed aggression: Influence of an observer's sex and values on aggressive responding. *Journal of Personality and Social Psychology*, 31, 567–573.

Borden, R.J. & Taylor, S.P. (1973). The social instigation and control of physical aggression. *Journal of Applied Social Psychology*, 3, 354–361.

Bramel, D., Taub, B. & Blum, B. (1968). An observer's reaction to the suffering of his enemy. *Journal of Personality and Social Psychology*, 8, 384–392.

Brennan, P., Sarnoff, M., & Kandel, E. (1991). Congenital determinants of violent and property offending. In D.J. Pepler & K.H. Rubin (Eds.), *The development and treatment of childhood aggression* (81–92). Hillsdale: Erlbaum.

Brown, R.C. & Tedeschi, S.T. (1976). Determinants of perceived aggression. *Journal of Social Psychology*, 100, 77– 87.

Brown, R. (2001). Beziehungen zwischen Gruppen. In W. Stroebe, M. Hewstone & G.M. Stephenson (Hg.), *Sozialpsychologie* (3., erw. und überarb. Aufl.). Berlin: Springer.

Buford, B. (1992). *Geil auf Gewalt. Unter Hooligans.* München: Hanser.

Bushman, B.J., Baumeister, R.F. & Stack, A.D. (1999). Catharsis, aggression, and persuasive influence: Self-fullfilling or self-defeating prophecies? *Journal of Personality and Social Psychology*, 76, 367–376.

Buss, A. H. (1961). *The psychology of aggression.* New York: Wiley.

Buss, A. H. (1963). Physical aggression in relation of different frustrations. *Journal of Abnormal and Social Psychology*, 67, 1–7.

Buss, A.H. (1966). Instrumentality of aggression, feedback, and frustration as determinants of physical aggression. *Journal of Personality and Social Psychology*, 3, 153–162.

Buss, D.M. (2004). *Evolutionary psychology* (2nd ed.). Boston: Pearson.

Cairns, R.B. & Cairns, B.D. (1991). Social cognition and social networks: A developmental perspective. In D.J. Pepler & K.H. Rubin (Eds.), *The development and treatment of childhood aggression* (249–285). Hillsdale: Erlbaum.

Carlson, M., Marcus-Newhall, A. & Miller, N. (1990). Effects of situational aggression cues: A quantitative review. *Journal of Personality and Social Psychology*, 58, 622–633.

Cierpka, M. (Hg.) (2001). *Faustlos – Ein Curriculum zur Prävention von aggressivem und gewaltbereitem Verhalten bei Kindern der Klassen 1 bis 3.* Göttingen: Hogrefe.

Coie, J.D. & Dodge, K.A. (1998). Aggression an antisocial behavior. In W. Damon & N. Eisenberg (Eds.), *Handbook of child psychology* (5th ed., pp. 779–862). New York: Wiley.

Cowan, P.A. & Walters, R.H. (1963). Studies of reinforcement of aggression: I. Effects of scheduling. *Child Development*, 34, 543–551.

Crick, N.R. & Dodge, K.A. (1996). Social information-processing mechanisms in reactive and proactive aggression. *Child Development*, 67, 993–1002.

Crick, N.R. & Grotpeter, J.K. (1995). Relational aggression, gender, and social-psychological adjustment. *Child Development*, 66, 710–722.

Da Gloria, J. (1984). Frustration, aggression, and the sense of justice. In A. Mummendey (Ed.), *Social psychology of aggression* (127–141). Berlin: Springer.

Dann, H.D. (1971). *Aggression und Leistung.* Stuttgart: Klett.

Dembo, T. (1931). Der Ärger als dynamisches Problem. *Psychologische Forschung*, 15, 1–144.

Dodge, K.A. (1991). The structure and function of reactive and proactive aggression. In D.J. Pepler & K.H. Rubin (Eds.), *The development and treatment of childhood aggression* (201–218). Hillsdale: Erlbaum.

Dodge, K.A. (1993). Social-cognitive mechanisms in the development of conduct disorders and depression. *Annual Review of Psychology*, 44, 559–584.

Dodge, K.A. & Coie, J.D. (1987). Social information-processing factors in reactive and proactive aggression in children's peer groups. *Journal of Personality and Social Psychology*, 53, 1146–1158.

Dodge, K.A., Price, J.M., Bachorowski, J.A. & Newman, J.P. (1990). Hostile attributional biases in severely aggressive adolescents. *Journal of Abnormal Psychology*, 99, 385–392.

Dollard, J., Doob, L.W., Miller, N.E., Mowrer, O.H. & Sears, R.R. (1939). *Frustration and aggression.* New Haven: Yale Univ. Press 1939. (Deutsch: Frustration und Aggression. Weinheim: Beltz 1971).

Doob, A.N. (1970). Catharsis and aggression: The effect of hurting one's enemy. *Journal of Experimental Research in Personality*, 4, 291–296.

Doob, A.N. & Gross, A.E. (1968). Status of frustrator as an inhibitor of hornhonking responses. *The Journal of Social Psychology*, 76, 213–218. (Deutsch in J.J. Koch, Hg., Altruismus und Aggression. Weinheim: Beltz 1976).

Doob, A.N.& Wood, L. (1972). Catharsis and aggression: The effects of annoyance and retaliation on aggressive behavior. *Journal of Personality and Social Psychology*, 22, 156–162.

Druckman, D. (2004). Verhandeln: Prozesse, Einflüsse und Anwendungen. In G. Sommer & A. Fuchs (Hg.), *Krieg und Frieden. Handbuch der Konflikt- und Friedenspsychologie* (S. 466–479). Weinheim: Beltz PVU.

Eagly, A.H. & Wood, W. (1999). The origins of sex differences in human behavior: Evolved dispositions versus social roles. *American Psychologist*, 54, 408–423.

Ebbesen, E., Duncan, B. & Konecni, V. (1975). Effects of content of verbal aggression on future verbal aggression: A field experiment. *Journal of Experimental Social Psychology*, 11, 192–204.

Ebert, T. (1981). *Gewaltfreier Aufstand. Alternative zum Bürgerkrieg.* Waldkirch: Waldkircher Verlagsgesellschaft.

Eckert, R. (2003). Politisch motivierte Gewalt. *Der Bürger im Staat*, 53, Heft 1 (Sicherheit und Kriminalität), 53–57.

Edelmann, W. (2000). *Lernpsychologie* (6., vollst. überarb. Aufl.). Weinheim: Beltz PVU.

Eibl-Eibesfeldt, I. (1973). *Der vorprogrammierte Mensch.* Wien: Molden.

Eisenberg, N. & Fabes, R.A. (1998). In W. Damon & N. Eisenberg (Eds.), *Handbook of child psychology* (5th ed., pp. 701–778). New York: Wiley.

Ellis, A. (1977). *Die rational-emotive Therapie.* München: Pfeiffer (amerik. Orig. 1962).

Engfer, A. (1986). *Kindesmißhandlung. Ursachen, Auswirkungen, Hilfen.* Stuttgart: Enke.

Engl, J. & Thurmaier, F. (1995). *Wie redest du mit mir? Fehler und Möglichkeiten in der Paarkommunikation.* Freiburg: Herder.

Eron, L.D. (1982). Parent-child interaction, television violence, and aggression of children. *American Psychologist*, 37, 197–211.

Eron, L.D., Huesmann, L.R. & Zelli, A. (1991). The role of parental variables in the learning of aggression. In D.J. Pepler & K.H. Rubin (Eds.), *The development and treatment of childhood aggression* (169–188). Hillsdale: Erlbaum.

Eron, L.D., Walder, L.O., Toigo, R. & Lefkowitz, M.M. (1963). Social class, parental punishment for aggression, and child aggression. *Child Development*, 34, 849–867.

Esser, A. (2003). Mobbing. In E. Auhagen & H.W. Bierhoff (Hg.), *Angewandte Sozialpsychologie* (S. 394–408). Weinheim: Beltz PVU.

Farrington, D.P. (1995). Stabilität und Prädiktion von aggressivem Verhalten. *Gruppendynamik*, 26, 23–40.

Farrington, D.P. (1991). Childhood Aggression and adult violence: Early precursors and later life outcomes. In D.J. Pepler & K.H. Rubin (Eds.), *The development and treatment of childhood aggression* (5–29). Hillsdale: Erlbaum.

Farrington, D.P. (2003). Advancing knowledge about the early prevention of adult antisocial behavior. In D.P. Farrington & J.W. Coid (Eds.), *Early prevention of adult antisocial behavior* (pp. 1–31). Cambridge: University Press.

Felson, R.B. (1984). Patterns of aggressive social interaction. In A. Mummendey (Ed.), *Social psychology of aggression* (107–126). Berlin: Springer.

Felson, R.B., Ribner, S.A. & Siegel, M.S. (1984). Age and the effect of third parties during criminal violence. *Sociology and Social Research*, 68, 452–462.

Feshbach, N.D. (1983). Learning to care: A positive approach to child training and discipline. *Journal of Child Psychology*, 12, 266–271.

Feshbach, N.D. & Feshbach, S. (1982). Empathy training and the regulation of aggression: Potentialities and limitations. *Academic Psychology Bulletin*, 4, 399–419.

Feshbach, S. (1964). The function of aggression and the regulation of aggressive drive. *Psychological Review*, 71, 257–272.

Fisher, R., Ury, W. & Patton, B.M. (2000). *Das Harvard-Konzept: Sachgerecht verhandeln, erfolgreich verhandeln.* Frankfurt/M.: Campus.

Freedman, J.L. (1984). Effect of television violence on aggressiveness. *Psychological Bulletin*, 96, 227–246.

Freud, S. (1930). Das Unbehagen in der Kultur. *Ges. Werke*, Bd. 14. Frankfurt: S. Fischer.

Freud, S. (1933). Warum Krieg? *Ges. Werke*, Bd. 16. Frankfurt: S. Fischer.

Freud, S. (1938). Abriß der Psychoanalyse. *Ges. Werke*, Bd. 17. Frankfurt: S. Fischer.

Frindte, W. (1998). Rechtsextreme Gewalt – sozialpsychologische Erklärungen und Befunde. In H.W. Bierhoff & U. Wagner (Hg.), *Aggression und Gewalt* (165–205). Stuttgart: Kohlhammer.

Fromm, E. (1974). *Anatomie der menschlichen Destruktivität.* Stuttgart: Deutsche Verlags-Anstalt.

Fürntratt, E. (1974). *Angst und instrumentelle Aggression.* Weinheim: Beltz.

Galtung, J. (1975). *Strukturelle Gewalt.* Reinbek: Rowohlt.

Geen, R.G. (1968). Effects of frustration, attack, and prior training in aggressiveness upon aggressive behavior. *Journal of Personality and Social Psychology*, 9, 316–321.

Geen, R.G. (2001). *Human Aggression* (2nd ed.). Buckingham: Open University Press.

Geen, R.G. & Berkowitz, L. (1967). Some conditions facilitating the occurrence of aggression after the observation of violence. *Journal of Personality*, 35, 666–676.

Geen, R.G. & Pigg, R. (1970). Acquisition of an aggressive response and its generalization to verbal behavior. *Journal of Personality and Social Psychology*, 15, 165–170.

Geen, R.G. & Stonner, D. (1971). Effects of aggressiveness habit strength on behavior in the presence of aggression-related stimuli. *Journal of Personality and Social Psychology*, 17, 149–153.

Geen, R.G., Stonner, D. & Shope, G.L. (1975). The facilitation of aggression by aggression: Evidence against the catharsis hypothesis. *Journal of Personality and Social Psychology*, 31, 721–726.

Glogauer, W. (1991). *Kriminalisierung von Kindern und Jugendlichen durch Medien.* Baden-Baden: Nomos.

Gordon, T. (1995). *Lehrer-Schüler-Konferenz. Wie man Konflikte in der Schule löst* (9. Aufl.). München: Heyne (1. Aufl. 1977).

Gordon, T. (1996). *Familienkonferenz. Die Lösung von Konflikten zwischen Eltern und Kind* (21. Aufl.). München: Heyne (1. Aufl. 1972).

Gottman, J.M. (1995). *Glücklich verheiratet? Warum Ehen gelingen oder scheitern.* München: Heyne.

Greenfield, P.M. (1987). *Kinder und neue Medien.* München: Psychologie Verlags Union.

Guerra, N.G. & Slaby, R.G. (1989). Evaluative factors in social problem solving by aggressive boys. *Journal of Abnormal Child Psychology*, 17, 277–289.

Gurr, T.R. (1970). *Why men rebel.* Princeton: Princeton University Press.

Hacker, F. (1971). *Aggression. Die Brutalisierung der modernen Welt.* Wien: Molden.

Hanewinkel, R. & Knaack, R. (1997). *Mobbing: Gewaltprävention in Schulen in Schleswig-Holstein.* Kronshagen: Landesinstitut Schleswig-Holstein für Praxis und Theorie der Schule.

Hanratty, M.A., O'Neal, E. & Sulzer, J.L. (1972). Effect of frustration upon imitation of aggression. *Journal of Personality and Social Psychology*, 21, 30–34.

Harris, M.B. (1973). Field studies of modeled aggression. *The Journal of Social Psychology*, 89, 131–139. (Deutsch in J.J. Koch, [Hg.], Altruismus und Aggression. Weinheim: Beltz 1976.)

Harris, M.B. (1974). Mediators between frustration and aggression in a field experiment. *Journal of Experimental Social Psychology*, 10, 561–571. (Deutsch in J.J. Koch [Hg.], Altruismus und Aggression. Weinheim: Beltz 1976.)

Hartmann, D.P. (1969). Influence of symbolically modeled instrumental aggression and pain cues on aggressive behavior. *Journal of Personality and Social Psychology*, 11, 280–288.

Hermann, D. & Laue, C. (2003). Kommunale Kriminalprävention. *Der Bürger im Staat*, 53, Heft 1 (Sicherheit und Kriminalität), 70–76.

Hoffman, M.L. (1975). Altruistic behavior and the parent-child relationship. *Journal of Personality and Social Psychology*, 5, 937–943.

Hofstätter, P.R. (1986). *Gruppendynamik*. Reinbek: Rowohlt.

Hokanson J.E. (1970). Psychophysiological evaluation of the catharsis hypothesis. In E.I. Megargee & J.E. Hokanson (Ed.), *The dynamics of aggression* (74–86). New York: Harper & Row.

Huesmann, L.R. (1986). Psychological processes promoting the relation between exposure to media violence and aggressive behavior by the viewer. *Journal of Social Issues*, 42, 125–139.

Huesmann, L.R. (1988). An information-processing model for the development of aggression. *Aggressive Behavior*, 14, 13–24.

Huesmann, L.R., Eron, L.D., Klein, R., Brice, P. & Fischer, P. (1983). Mitigating the imitation of aggressive behavior by changing children's attitude about media violence. *Journal of Personality and Social Psychology*, 44, 899–910.

Jefferys-Duden, K. (1999). *Das Streitschlichter-Programm. Mediatorenausbildung für Schülerinnen und Schüler der Klassen 3 bis 6*. Weinheim: Beltz.

Jefferys-Duden, K. (2000). *Konfliktlösung und Streitschlichtung. Das Sekundarstufen-Programm*. Weinheim: Beltz.

Jochheim, G. (1984). *Die gewaltfreie Aktion. Idee und Methoden, Vorbilder und Wirkungen*. Hamburg: Rasch und Röhring.

Johnson, J.G., Cohen, P., Smailes, E.M., Kasen, S. & Brook, J.S. (2002). Television viewing and aggressive behavior during adolescense and adulthood. *Science*, 295, 2468–2471.

Jones, J.W. & Bogat, G.A. (1978). Air pollution and human aggression. *Psychological Reports*, 43, 721–722.

Kazdin, A.E. (1987). Treatment of antisocial behavior in children: Current status and future directions. *Psychological Bulletin*, 102, 187–203.

Kiener, F. (1983). *Das Wort als Waffe. Zur Psychologie der verbalen Aggression*. Göttingen: Vandenhoeck & Ruprecht.

Kleiter, E.F. (1997). *Film und Aggression – Aggressionspsychologie*. Weinheim: Deutscher Studien Verlag.

Knopf, H. (Hg.) (1995). *Aggressives Verhalten und Gewalt in der Schule. Prävention und konstruktiver Umgang mit Konflikten*. München: Oldenbourg.

Konecni, V.J. (1975). Annoyance, type and duration of postannoyance activity, and agression: The «cathartic effect». *Journal of Experimental Psychology: General,* 104, 76–102.

Kornadt, H.J. (1982). *Aggressionsmotiv und Aggressionshemmung,* Band 1. Bern: Huber.

Kornadt, H.J. & Zumkley, H. (1992). Ist die Katharsis-Hypothese endgültig widerlegt? In H.J. Kornadt (Hg.), *Aggression und Frustration als psychologisches Problem,* Band 2. Darmstadt: Wissenschaftliche Buchgesellschaft.

Korte, J. (1994). *Lernziel Friedfertigkeit. Vorschläge zur Gewaltreduktion in Schulen.* Weinheim: Beltz.

Krahé, B. & Greve, W. (2002). Aggression und Gewalt: Aktueller Erkenntnisstand und Perspektiven künftiger Forschung. *Zeitschrift für Sozialpsychologie,* 33, 123–142.

Krahé, B. (2001). *The social psychology of aggression.* Hove: Psychology Press.

Kube, E. (2003). Städtebau und Kriminalität. *Der Bürger im Staat,* 53, Heft 1 (Sicherheit und Kriminalität), 65–69.

Kuschel, A., Miller, Y., Köppe, E., Lübke, A., Hahlweg, K. & Sanders, M.R. (2000). Prävention von oppositionellen und aggressiven Verhaltensstörungen bei Kindern: Triple P – ein Programm zu einer positiven Erziehung. *Kindheit und Entwicklung,* 9, 20–29.

Lamborn, S.D., Mounts, N.S., Steinberg, L. & Dornbusch, S.M. (1991). Patterns of competence and adjustment among adolescents from authoritative, authoritarian, indulgent, and neglectful families. *Child Development,* 62, 1049–1065.

Lamnek, S. (1996). *Theorien abweichenden Verhaltens* (6. Aufl.). München: Fink.

Langfeldt, H.P. & Langfeldt-Nagel, M. (1990). Rekonstruktion und Validierung prototypischer Alltagstheorien aggressiven Verhaltens. *Sprache & Kognition,* 9, 12–25.

Lipsey, M.W., Chapman, G.L. & Landenberger, N.A. (2001). Cognitive-behavioral programs for offenders. In D.P. Farrington & B.C. Welsh (Eds.), *What works in preventing crime? Systematic reviews of experimental and quasi-experimental research* (pp 126–157). Thousand Oaks: Sage.

Loeber, R. & Hay, D. (1997). Key issues in the development of aggression from childhood to early adulthood. *Annual Review of Psychology,* 48, 371–410.

Loew, C.A. (1967). Acquisition of a hostile attitude and its relation to aggressive behavior. *Journal of Personality and Social Psychology,* 5, 335–341.

Lorenz, K. (1963). *Das sogenannte Böse. Zur Naturgeschichte der Aggression.* Wien: Borotha-Schoeler.

Lösel, F. & Bliesener, T. (2003). *Aggression und Delinquenz unter Jugendlichen. Untersuchungen von kognitiven und sozialen Bedingungen.* Neuwied: Luchterhand.

Lösel, F., Bliesener, T, Fischer, T. & Pabst, M.A. (2001). *Hooliganismus in Deutschland:*

Ursachen, Entwicklung, Prävention und Intervention. Berlin: Bundesministerium des Innern.

Lukesch, H. & Schauf, M. (1990). Können Filme stellvertretende Aggressionskatharsis bewirken? *Psychologie in Erziehung und Unterricht*, 37, 38–46.

Lukesch, H. & Scheungrab, M. (1995). Beiträge der Massenmedien zur Delinquenzgenese Jugendlicher. *Gruppendynamik*, 26, 63–87.

Mallick, S.K. & McCandless, B.R. (1966). A study of catharsis of aggression. *Journal of Personality and Social Psychology*, 4, 591–596.

Mandel, A., Mandel, K.H., Stadter, E. & Zimmer, D. (1971). *Einübung in Partnerschaft durch Kommunikationstherapie und Verhaltenstherapie.* München: Pfeiffer.

Mantell, D.M. (1971). Das Potential zur Gewalt in Deutschland. In A. Schmidt-Mummendey & H.D. Schmidt (Hg.), *Aggressives Verhalten* (161–177). München: Juventa.

Mantell, D.M. (1972). *Familie und Aggression.* Frankfurt: Fischer 1972.

Marcus-Newhall, A., Pedersen, W.C., Carlson, M. & Miller, N. (2000). Displaced agression is alive and well: A meta-analytic review. *Journal of Personality and Social Psychology*, 78, 670–689.

McCord, J. (1986). Instigation and insulation: How families affect antisocial aggression. In D. Olweus, J. Block & M. Radke-Yarrow (Eds.), *Development of antisocial and prosocial behavior* (343–357). Orlando: Academic Press.

Mees, U. (1992). Ärger-, Vorwurfs- und verwandte Emotionen. In U. Mees (Hg.), *Psychologie des Ärgers* (30–87). Göttingen: Hogrefe.

Mees, U. (Hg.) (1988). *Beobachtung, Interaktionsanalyse und Modifikation aggressiven Kindverhaltens.* Oldenburg: Bibliotheks- und Informationssystem der Universität Oldenburg.

Meeus, U. & Raaijmakers, Q. (1989). Autoritätsgehorsam in Experimenten des Milgram-Typs: Eine Forschungsübersicht. *Zeitschrift für Sozialpsychologie*, 20, 70–85.

Megargee, E.I. (1972). Die Bedeutung der Hemmung für die Diagnose und das Verständnis der Gewalttätigkeit. In J.L. Singer (Hg.), *Steuerung von Aggression und Gewalt* (150–174). Frankfurt: Akad. Verlagsanstalt.

Merz, F. (1965). Aggression und Aggressionstrieb. In H. Thomae (Hg.), *Allgemeine Psychologie II: Motivation.* Göttingen: Hogrefe.

Miles, D.R. & Carey, G. (1997). Genetic and environmental architecture of human aggression. *Journal of Personality and Social Psychology*, 72, 207–217.

Milgram, S. (1974). *Das Milgram-Experiment. Zur Gehorsamsbereitschaft gegenüber Autorität.* Reinbek: Rowohlt.

Miller, N.E., Sears, R.R., Mowrer, O.H., Doob, L.W. & Dollard, J. (1941). The frustration-aggression-hypothesis. *Psychological Review*, 48, 337–342. (Deutsch in

H. Thomae, Hg., Die Motivation menschlichen Handelns. Köln: Kiepenheuer & Witsch 1965).

Miller, P.A. & Eisenberg, N. (1988). The relation of empathy to aggressive and externalizing/antisocial behavior. *Psychological Bulletin*, 103, 324–344.

Minsel, B. (1994). Eltern- und Familienbildung. In R. Tippelt (Hg.), *Handbuch Erwachsenenbildung/Weiterbildung* (S. 549–555). Opladen: Leske + Budrich.

Mitscherlich, A. (1969). *Die Idee des Friedens und die menschliche Aggressivität.* Frankfurt: Suhrkamp.

Moffitt, T.E. & Caspi, A. (2003). Preventing intergenerational continuity of antisocial behavior: Implications of partner violence. In D.P. Farrington & J.W. Coid (Eds.), *Early prevention of adult antisocial behavior* (pp. 109–129). Cambridge: University Press.

Moffitt, T.E. (1993). Adolescence-limited and life-course persistent antisocial behavior: A developmental taxonomy. *Psychological Review*, 100, 674–701.

Montada, L. (2002). Moralische Entwicklung und moralische Sozialisation. In R. Oerter & L. Montada (Hg.), *Entwicklungspsychologie* (5., vollst. überarb. Aufl.) (S. 619–647). Weinheim: Beltz PVU.

Montada, L. & Kals, E. (2001). *Mediation. Lehrbuch für Psychologen und Juristen.* Weinheim: Beltz.

Moser, G. & Levy-Leboyer, C. (1985). Inadequate environment and situational control: Is a malfunctioning phone always an occasion for aggression? *Environment and Behavior*, 17, 520–533.

Müller, C.T. (2002). Wirksamkeitsstudien zu Personzentrierten Eltern- und Lehrertrainings nach Thomas Gordon – eine Meta-Evaluation. *Gesprächspsychotherapie und Personzentrierte Beratung*, 4, 293–299.

Müller, C.T., Hager, W. & Heise, E. (2001). Zur Effektivität des Gordon-Eltern-Trainings (PET) – eine Meta-Evaluation. *Gruppendynamik und Organisationsberatung*, 3, 339–364.

Mummendey, A., Bornewasser, M., Löschper, G. & Linneweber, V. (1982). Aggressiv sind immer die anderen. Plädoyer für eine sozialpsychologische Perspektive in der Aggressionsforschung. *Zeitschrift für Sozialpsychologie*, 13, 177–193.

Murphy, H.A., Hutchison, J.M. & Bailey, J.S. (1983). Behavioral school psychology goes outdoors: The effect of organized games on playground aggression. *Journal of Applied Behavior Analysis*, 16, 29–35.

Mussen, P.H. & Eisenberg-Berg, N. (1979). *Helfen, Schenken, Anteilnehmen. Untersuchungen zur Entwicklung des prosozialen Verhaltens.* Stuttgart: Klett-Cotta.

Nolting, H.-P. (1978). Zur Erklärung von Sündenbockphänomenen. *Gruppendynamik*, 9, 197–207.

Nolting, H.-P. (1981). *Lernschritte zur Gewaltlosigkeit. Ergebnisse psychologischer Friedensforschung.* Reinbek: Rowohlt.

Nolting, H.-P. (1983). Friedenserziehung ist mehr als Friedenskunde! Eine Analyse friedenspädagogischer Literatur im Lichte notwendiger Erziehungsziele. *Die Deutsche Schule*, 75, 113–122.

Nolting, H.-P. (2002). *Störungen in der Schulklasse. Ein Leitfaden zur Vorbeugung und Konfliktlösung*. Weinheim: Beltz.

Nolting, H.-P. (2004). Psychologie politischer Gewalt: drei Ebenen. In G. Sommer & A. Fuchs (Hg.), *Krieg und Frieden. Handbuch der Konflikt- und Friedenspsychologie* (S. 18–30). Weinheim: Beltz PVU.

Nolting, H.-P. & Knopf, H. (1997). Gewaltverminderung in der Schule. Erprobung einer kooperativen Intervention. *Praxis der Kinderpsychologie und Kinderpsychotherapie*, 46, 195–205.

Nolting, H.-P. & Knopf. H. (1998). Gewaltverminderung in der Schule: Viele Vorschläge – wenig Studien. *Psychologie in Erziehung und Unterricht*, 45, 249–260.

Nolting, H.-P. & Paulus, P. (1999). *Psychologie lernen. Eine Einführung und Anleitung* (vollst. überarb. Neuausg.). Weinheim: Beltz.

Nolting, H. P. & Paulus, P. (2004). *Pädagogische Psychologie* (3., vollst. überarb. u. erw. Aufl.). Stuttgart: Kohlhammer.

Novaco, R.W. (1975). *Anger control: The development and evaluation of an experimental treatment.* Lexington: Lexington Books.

Ohlemacher, T., Sögding, D., Höynck, T., Ethé, N. & Welte, G. (2001). *Anti-Aggressivitäts-Training und Legalbewährung: Versuch einer Evaluation.* Hannover: Kriminologisches Forschungsinstitut Niedersachsen.

Olweus, D. (1979). Stability of aggressive reaction patterns in males: A review. *Psychological Bulletin*, 86, 852–875.

Olweus, D. (1980). Familial and temperamental determinants of aggressive behavior in adolescent boys: A causal analysis. *Developmental Psychology*, 16, 644–660.

Olweus, D. (1986). Aggression and hormones: Behavioral relationship with testosterone and adrenaline. In D. Olweus, J. Block & M. Radke-Yarrow (Eds.), *Development of antisocial and prosocial behavior* (51–72). Orlando: Academic Press.

Olweus, D. (1995). *Gewalt in der Schule. Was Eltern und Lehrer wissen sollten – und tun können.* Bern: Huber 1995.

Papousek, M. & Hofacker, N. v. (2004). Klammern, Trotzen, Toben – Störungen der emotionalen Verhaltensregulation des späten Säuglingsalters und Kleinkindalters. In M. Papousek, M. Schieche & H. Wurmser (Hg.), *Regulationsstörungen der frühen Kindheit* (201–232). Bern: Huber.

Parke, R.D. & Slaby, R.G. (1983). The development of aggression. In P.H. Mussen (Ed.), *Handbook of Child Psychology* (4th ed., Vol. 4; 547–641). New York: Wiley.

Pass, H. (1983). Nachahmung von verbal übermittelten Modellen aggressiver und prosozialer Interaktionen. *Psychologie in Erziehung und Unterricht*, 30, 40–46.

Patterson, G.R. (1982). *Coercive family process.* Eugene: Castalia.

Patterson, G.R., Littman, R.A. & Bricker, W. (1967). Assertive behavior in children: A step toward a theory of aggression. *Monographs of the Society for Research in Child Development*, Vol. 32, No. 5.

Patterson, G.R., Chamberlain, P. & Reid, J.B. (1982). A comparative evaluation of a parent-training program. *Behavior Therapy*, 13, 638–650.

Patterson, G.R., DeBaryshe, B.D. & Ramsey, E. (1989). A developmental perspective on antisocial behavior. *American Psychologist*, 44, 329–335.

Pease, K. (1999). A review of street lighting evaluations: Crime reduction effects. In K. Painter & N. Tilley (Eds.), *Surveillance of public Space: CCTV, street lighting and crime prevention* (pp. 47–76). Monsey: Criminal Justice Press.

Pennebaker, J.W. & Beall, S.K. (1986). Confronting a traumatic event: Toward an understanding of inhibition and disease. *Journal of Abnormal Psychology*, 95, 274–281.

Peper, D. (1981). *Aggressive Motivation im Sport.* Ahrensburg: Czwalina.

Pepler, D., Smith, P.K. & Rigby, K. (2004). Looking back and looking forward: implications for making interventions work effectively. In P.K. Smith, D. Pepler & K. Rigby (Eds.), *Bullying in schools. How successful can interventions be?* (pp. 307–324). Cambridge: University Press.

Perry, D.G., Perry, L.C. & Rasmussen, P. (1986). Cognitive social learning mediators of aggression. *Child Development*, 57, 700–711.

Petermann, F., Döpfner, M. & Schmidt, M.H. (2001). *Aggressiv-dissoziale Störungen.* Göttingen: Hogrefe.

Petermann, F., Jugert, G., Rehder, A., Tänzer, U. & Verbeek, D. (1999). *Sozialtraining in der Schule* (2., überarb. Aufl.). Weinheim: Psychologie Verlags Union.

Petermann, F. & Petermann, U. (2001). *Training mit aggressiven Kindern* (10., vollst. überarb. Aufl.). Weinheim: Beltz PVU.

Petermann, F. & Petermann, U. (2003). *Training mit Jugendlichen. Förderung von Arbeits- und Sozialverhalten* (7., überarb. Aufl.). Göttingen: Hogrefe.

Petermann, U. & Petermann, F. (2003). *Training mit sozial unsicheren Kindern* (8., korr. u. erg. Aufl.). Weinheim: Beltz.

Pilz, G. (1998). Gewalt im Umfeld von Fußballspielen – Ursachen und Möglichkeiten der Prävention. In H.W. Bierhoff & U. Wagner (Hg.), *Aggression und Gewalt* (128–144). Stuttgart: Kohlhammer.

Preiser, S. (2004). Politisches Engagement für den Frieden. In G. Sommer & A. Fuchs (Hg.), *Krieg und Frieden. Handbuch der Konflikt- und Friedenspsychologie* (S. 399–411). Weinheim: Beltz PVU.

Raths, L.E., Harmin, M. & Simon, S.B. (1976). *Werte und Ziele. Methoden zur Sinnfindung im Unterricht.* München: Pfeiffer.

Redlich, A. & Schley, W. (1981). *Kooperative Verhaltensmodifikation im Unterricht.* München: Urban & Schwarzenberg.

Rhee, S.H. & Waldman, I.D. (2002). Genetic and environmental influences on antisocial behavior. A meta-analysis of twin and adoption studies. *Psychological Bulletin*, 128, 490–529.

Rogers, C.R. (1972). *Die klientenzentrierte Gesprächspsychotherapie*. München: Kindler (amerik. Orig. 1951).

Rule, B.R. & Nesdale, A.R. (1974). Differing functions of aggression. *Journal of Personality*, 42, 467–481.

Rutter, M., Maughan, B., Mortimer, P. & Ouston, J. (1980). *Fünfzehntausend Stunden. Schulen und ihre Wirkung auf die Kinder*. Weinheim: Beltz.

Ryan, E.D. (1970). The cathartic effect of vigorous motor activity on aggressive behavior. *Research Quarterly of the American Association for Health, Physical Education and Recreation*, 41, 542–551.

Safer, M.A. (1980). Attributing evil to the subject, not to the situation: Student reaction to Milgram's film on obedience. *Personality & Social Psychology Bulletin*, 6, 205–209.

Schäfer, M. & Korn, S. (2004). Bullying als Gruppenphänomen: Eine Adaptation des «Participant Role»-Ansatzes. *Zeitschrift für Entwicklungspsychologie und Pädagogische Psychologie*, 36, 19–29.

Scheithauer, H., Hayer, T. & Petermann, F. (2003). *Bullying unter Schülern*. Göttingen: Hogrefe.

Scherer, K.R. (1979). *Der aggressive Mensch*. Königstein: Athenäum.

Schick, A. & Cierpka, M. (2003). Faustlos: Evaluation eines Curriculums zur Förderung sozial-emotionaler Kompetenzen und zur Gewaltprävention in der Grundschule. *Kindheit und Entwicklung*, 12, 100–110.

Schindler, H., Hahlweg, K. & Revenstorf, D. (1998). *Partnerschaftsprobleme: Diagnose und Therapie* (2., aktual., vollst. überarb. Aufl.). Berlin: Springer.

Schmeck, K. (2003). Die Bedeutung von spezifischen Temperamentsmerkmalen bei aggressiven Verhaltensstörungen. In U. Lehmkuhl (Hg.), *Aggressives Verhalten bei Kindern und Jugendlichen* (S. 157–72). Göttingen: Vandenhoeck & Ruprecht.

Schmidt-Mummendey, A. (1972). *Bedingungen aggressiven Verhaltens*. Bern: Huber.

Schneewind, K. (1999). *Familienpsychologie* (2., überarb. Aufl.). Stuttgart: Kohlhammer.

Schulz von Thun, F. (1981). *Miteinander reden: Störungen und Klärungen. Psychologie der zwischenmenschlichen Kommunikation*. Reinbek: Rowohlt.

Schulz von Thun, F. (1989). *Miteinander reden 2: Stile, Werte und Persönlichkeitsentwicklung*. Reinbek: Rowohlt.

Schurz, G. (1985). Experimentelle Überprüfung des Zusammenhangs zwischen Persönlichkeitsmerkmalen und der Bereitschaft zum destruktiven Gehorsam gegenüber Autoritäten. *Zeitschrift für experimentelle und angewandte Psychologie*, 32, 160–177.

Schwäbisch, L. & Siems, M. (1974). *Anleitung zum sozialen Lernen für Paare, Gruppen und Erzieher.* Reinbek: Rowohlt.

Schwenkmezger, P., Steffgen, G. & Dusi, D. (1999). *Umgang mit Ärger. Ärger- und Konfliktbewältigungstraining auf kognitiv-verhaltenstherapeutischer Grundlage.* Göttingen: Hogrefe.

Sebastian, R.J., Buttino, A.J., Burzynski, M.H. & Moore, S. (1981). Dynamics of hostile aggression: Influence of anger, hurt instructions, and victim pain feedback. *Journal of Research in Personality*, 15, 343–358.

Selg, H. (1992). Ärger und Aggression. In U. Mees (Hg.), *Psychologie des Ärgers* (S. 190–205). Göttingen: Hogrefe.

Selg, H. (1997). Gewalt in Medien – Möglichkeiten von Eltern zur Vermeidung negativer Auswirkungen. *Kindheit und Erziehung*, 6, 79–83.

Selg, H., Mees, U. & Berg, D. (1997). *Psychologie der Aggressivität* (2., überarb. Aufl.). Göttingen: Hogrefe

Shure, M.B. & Spivack, G. (1981). *Probleme lösen im Gespräch. Erziehung als Hilfe zur Selbsthilfe.* Stuttgart: Klett-Cotta.

Siebert, M. (1977). *Ärger: Theorie, Messung und Kontrolle.* Unveröff. Dissertation, Univ. Oldenburg.

Sipes, R.G. (1973). War, sports and aggression. An empirical test of two rival theories. *American Anthropologist*, 75, 64–86.

Slaby, R.G. & Guerra, N.G. (1988). Cognitive mediators of aggression in adolescent offenders: I. Assessment. *Developmental Psychology*, 24, 580–588.

Smith, P.K., Pepler, D. & Rigby, K. (Eds.) (2004). *Bullying in schools. How successful can interventions be?* Cambridge: University Press.

Smith, P. & Sharp, S. (Eds.) (1994). *School bullying: Insights and perspectives.* London: Routledge.

Staub, E. (2003). *The psychology of good and evil. Why children, adults, and groups help and harm others.* Cambridge: University Press.

Steiner, G. (2001). *Lernen. Zwanzig Szenarien aus dem Alltag* (3., korr. Aufl.). Bern: Huber.

Stewart, O.C. (1974). *Was Lorenz und Margolin über die Ute-Indianer zu sagen haben.* In M.F. Ashley Montagu (Hg.), *Mensch und Aggression* (135–142). Weinheim: Beltz.

Stützle-Hebel, M. (1993). *Die emotional-kognitive Bewältigung von Ärger und Aggressivität durch Sport. Ergebnisse eines Experiments.* Frankfurt: Lang.

Tausch, R. (1993). Verzeihen: Die doppelte Wohltat. *Psychologie heute*, Heft 4, 20–26.

Tausch, R. & Tausch, A.M. (1998). *Erziehungspsychologie* (12. Aufl.). Göttingen: Hogrefe.

Tavris, C. (1995). *Wut. Das mißverstandene Gefühl.* München: Deutscher Taschenbuch Verlag.

Taylor, S. P. & Pisano, R. (1971). Physical aggression as a function of frustration and physical attack. *Journal of Social Psychology*, 84, 261–267.

Tedeschi, J. T. (1984). A social psychological interpretation of human aggression. In A. Mummendey (Ed.), *Social psychology of aggression* (5–20). Berlin: Springer.

Tharp, R. G. & Wetzel, R. J. (1975). *Verhaltensänderungen im gegebenen Sozialfeld.* München: Urban & Schwarzenberg.

Toch, H. (1992). *Violent men* (Rev. ed.). Washington: American Psychological Association.

Tremblay, R. E. & Japel, C. (2003). Prevention during pregnancy, infancy and the preschool years. In D. P. Farrington & J. W. Coid (Eds.), *Early prevention of adult antisocial behavior* (pp. 205–242). Cambridge: University Press.

Utting, D. (2003). Preventing through family and parenting programmes. In D. P. Farrington & J. W. Coid (Eds.), *Early prevention of adult antisocial behavior* (pp. 243–264). Cambridge: University Press.

Verres, R. & Sobez, I. (1980). *Ärger, Aggression und soziale Kompetenz. Zur konstruktiven Veränderung destruktiven Verhaltens.* Stuttgart: Klett-Cotta.

Wagner, U. & Stellmacher, J. (2004). Intergruppenprozesse. In G. Sommer & A. Fuchs (Hg.), *Krieg und Frieden. Handbuch der Konflikt- und Friedenspsychologie* (S. 156–168). Weinheim: Beltz PVU.

Walters, R. H. & Brown, M. (1963). Studies of reinforcement of aggression: III. Transfer of responses to an interpersonal situation. *Child Development*, 34, 563–571.

Watzlawick, P., Beavin, J. H. & Jackson, D. D. (1969). *Menschliche Kommunikation: Formen, Störungen, Paradoxien.* Bern: Huber.

Weber, H. (1994). *Ärger. Psychologie einer alltäglichen Emotion.* München: Juventa.

Weber, H. (1999). Ärger und Aggression. *Zeitschrift für Sozialpsychologie*, 30, 139–150.

Webster-Stratton, C. & Hammond, M. (1997). Treating children with early-onset conduct problems: A comparison of child and parent training interventions. *Journal of Consulting and Clinical Psychology*, 65, 93–109.

Weidenmann, B. (2003). Medien. In E. Auhagen & H. W. Bierhoff (Hg.), *Angewandte Sozialpsychologie* (S. 463–479). Weinheim: Beltz PVU.

Weidner, J. & Malzahn, U. (2000). Zum Persönlichkeitsprofil aggressiver Jungen und Männer. In Weidner, Kalb & Kraft (Hg.), *Gewalt im Griff. Neue Formen des Anti-Aggressivitäts-Trainings*, Weinheim: Beltz.

Weidner, J., Kalb, R. & Kraft, D. (Hg.) (2000). *Gewalt im Griff. Neue Formen des Anti-Aggressivitäts-Trainings* (S. 43–47). Weinheim: Beltz.

Werner, N. E., Bigbee, M. A. & Crick, N. R. (1999). Aggression und Viktimisierung in Schulen: «Chancengleichheit» für aggressive Mädchen. In M. Schäfer & D. Frey

(Hg.), *Aggression und Gewalt unter Kindern und Jugendlichen* (S. 153–177). Göttingen: Hogrefe.

Wetzels, P. (1997). *Gewalterfahrungen in der Kindheit. Sexueller Missbrauch, körperliche Misshandlung und deren langfristige Folgen.* Baden-Baden: Nomos.

Wickler, W. & Seibt, U. (1977). *Das Prinzip Eigennutz.* Hamburg: Hoffmann & Campe.

Widom, C.S. (1989). Does violence beget violence? A critical examination of the literature. *Psychological Bulletin*, 106, 3–28.

Willems, H. (1993). *Fremdenfeindliche Gewalt.* Opladen: Leske + Budrich.

Williams, R. (1992). *Herzvertrauen. Der Infarkt: Ursachen und Vorbeugung.* München: Droemer/Knaur.

Winkel, R. (1996). *Der gestörte Unterricht. Diagnostische und therapeutische Möglichkeiten* (6., abermals überarb. Aufl.). Bochum: Kamp.

Wood, W., Wong, F.Y. & Cachere, J.G. (1991). Effects of media violence on viewers' aggression in unconstrained social interaction. *Psychological Bulletin*, 109, 371–383.

Zillmann, D. (1979). *Hostility and aggression.* Hillsdale: Erlbaum.

Zillmann, D., Katcher, A.H. & Milavski, B. (1972). Excitation transfer from physical exercise to subsequent aggressive behavior. *Journal of Experimental Social Psychology*, 8, 247–259.

Zumkley, H. (1978). *Aggression und Katharsis.* Göttingen: Hogrefe.

Zumkley, H. (1981). Der Einfluß unterschiedlicher Absichtsattributionen auf das Aggressionsverhalten und die Aktivierung. *Psychologische Beiträge*, 23, 115–128.

Zumkley, H. (1996). Aggression und Aggressivität. In M. Amelang (Hg.), *Temperaments- und Persönlichkeitsunterschiede* (S. 337–375). Göttingen: Hogrefe.

Zumkley-Münkel, C. (1976). *Imitationslernen. Theorien und empirische Befunde.* Düsseldorf. Schwann.

Sachregister

Personenregister

Weitere Titel

Abschied von der Küchenpsychologie

Psychologie der Aggression

MIX
Papier aus verantwortungsvollen Quellen
FSC® C083411

Das für dieses Buch verwendete Papier ist FSC®-zertifiziert.